Anja Reich/Alexander Osang
WO WARST DU?

Anja Reich/Alexander Osang

WO WARST DU?
Ein Septembertag in New York

Piper München Zürich

Mehr über unsere Autoren und Bücher:
www.piper.de

MIX
Papier aus verantwor-
tungsvollen Quellen
FSC® C083411

ISBN 978-3-492-05436-2
3. Auflage 2011
© Piper Verlag GmbH, München 2011
Satz: seitenweise, Tübingen
Litho: Lorenz und Zeller, Inning am Ammersee
Druck und Bindung: CPI – Clausen & Bosse, Leck
Printed in Germany

Für Mascha und Ferdinand

Überraschend aufgerufen,
etwas Großes und Schreckliches zu bezeugen,
kämpfen wir darum,
es nicht mit unserer eigenen Kleinheit zu erklären.

John Updike, September 2001

Als Junge habe ich morgens manchmal regungslos und mit geschlossenen Augen versucht zu rekonstruieren, wie ich im Bett liege. Ich wollte in der Dunkelheit herausfinden, ob ich mich im Schlaf zur Wand oder zum Fenster oder sogar vom Kopf- zum Fußende gedreht hatte. Ich war ein kleiner, blinder und gefesselter Detektiv. Die Lage ist heute nicht mehr mein Problem, die Frage ist vielmehr, wo das Bett steht.

Es ist dunkel, ich halte die Augen geschlossen, ich will nicht wach werden. Augen geschlossen halten, ist meine Taktik, um den Jetlag zu bekämpfen, und meine Frau würde sagen, dass es die Taktik meines Lebens ist. Augen schließen und warten, bis die Dinge sich glätten.

Das Bett steht in Amerika, so viel ist klar, aber ich bin noch auf der Reise. Ich treibe im Zeitstrom. Ich habe noch nie eine Schlaftablette genommen und auch noch nie eine dieser Melatoninkapseln, die mir von allen Seiten empfohlen werden, vor allem von meiner Mutter. Ich will kein Melatonin, es klingt mir zu sehr nach Methadon. Ich kann es auch ohne Melatonin schaffen. Ich habe auf meinen Reisen in andere Zeitzonen nachts um vier im Hotelfernsehen uralte Sitcoms oder asiatische Tennisturniere

9

gesehen, ohne ungeduldig zu werden oder gar panisch. Ich schwitze es aus wie ein Indianer. Ich öffne die Minibar. In den zwei Jahren, die wir in Amerika leben, bin ich bestimmt zwanzig Mal über den Atlantik geflogen. Ich schleppe die Zeit hinter mir her wie eine Eisenkugel. In Deutschland bin ich immer der letzte Gast an der Bar, in Amerika der Erste im Bett. Das Bett steht in Amerika, richtig. Ich bin seit anderthalb Tagen zurück in New York, aber ich bin noch nicht da.

Ich lausche in die Dunkelheit hinein nach Anzeichen für die Zeit.

Keine Vögel, noch keine Vögel, aber da ist ein Rauschen ganz hinten, das von der 4th Avenue kommen könnte oder vom Brooklyn Queens Expressway, dort wo die Stadt wach wird. Es könnte um vier sein. Es sind noch keine Flugzeuge zu hören. Die Route nach La Guardia führt direkt über unseren Hinterhof. Meine Augen sind geschlossen, das Windspiel unserer Nachbarn Mike und Roxy klimpert leise. Es hat mich in den ersten sechs Wochen, die ich noch allein in dem Haus wohnte, fast in den Wahnsinn getrieben. Mike ist ein irischer Bauarbeiter, der seinen Nachbarn – all den Anwälten, Ärzten, Schauspielern, Künstlern, Wissenschaftlern und Autoren – beweisen will, dass er es geschafft hat. Er lässt seine Tochter Erin nach dem Abendessen auf der Terrasse Querflöte spielen. Wenn Erin endlich still ist, übernimmt das Windspiel. Ein Geräusch wie aus einem Horrorfilm. Es klimpert nur müde, der Sturm von gestern Abend wirkt wie ein Traum. Ich erinnere mich an den Regen, weil er mir zeigte, dass ich auf einem anderen Kontinent lief. Ein dichter, heftiger Regen, den es so zu Hause in Deutschland nicht gibt. Es fällt hier einfach viel mehr Wasser aus dem Himmel. Sie nennen es *rain storm*. Ich bin in den Regensturm gerannt, gestern Abend.

Es war natürlich keine gute Zeit zum Laufen, weil sie das Unwetter vorhergesagt hatten, und dann war ich ja auch gerade erst aus Deutschland zurückgekommen. Die Kinder hatten mich fast zwei Wochen nicht gesehen, Anja hatte das Abendessen so gut wie fertig. Aber ich brauche die Kilometer, ich will im November den New York Marathon rennen. Es ist eine Sucht. Ich muss. Normalerweise laufe ich die sechs Kilometer in einer knappen halben Stunde, aber als ich halb um den Park herum war, regnete es so heftig, dass es mir beinahe die Kontaktlinsen aus den Augen spülte. Ich stellte mich unter einen der riesigen Bäume im Prospect Park. Als es anfing zu donnern, rannte ich dann doch weiter, weil ich nicht genau wusste, ob man bei Gewitter unter Bäumen stehen soll oder nicht. Ich habe das mal gelernt, aber vergessen. Ich weiß noch, dass man besser nicht mit einer Sense in der Hand über ein freies Feld gehen soll. Ich weiß auch noch, wie man anhand von Ameisenhaufen die Himmelsrichtung bestimmen kann, aber die Sache mit dem Baum habe ich vergessen. Ich habe fast alles vergessen. All die Formeln, die ich mal gelernt habe, all die Vokabeln und die Definitionen. Ich wusste mal, wie ein Emscherbrunnen funktioniert, und konnte die Hauptaufgabe des Sozialismus auf Russisch hersagen. Jedenfalls rannte ich dann weiter. Ich war klitschnass, als ich ankam, aber da war kein Mitgefühl in den Augen meiner Frau.

Sie war mit den Kindern im Bad und sah die lange Treppe hinunter, an deren Fuß ich stand wie ein nasser

Hund. Auf dem Küchentisch stand ein einsamer Teller, mein Teller.

Anja hat mir später gesagt, sie habe sich Sorgen gemacht, als es anfing zu blitzen, aber ich glaube, sie war immer noch sauer, weil ich zehn Tage länger in Berlin geblieben bin und sie allein mit den Kindern nach New York zurückfliegen musste. Das Schuljahr fing an, aber ich wollte noch zwei Geschichten zu Ende recherchieren, die in Deutschland spielten. Eine handelte von Gregor Gysi, einem Ostberliner Sozialisten, der demnächst Oberbürgermeister von Berlin werden will, die andere von Nadja Bunke, der uralten Mutter von Tamara Bunke, die einst mit Che Guevara im bolivianischen Dschungel starb, beim Versuch die Revolution zu exportieren. Gysi und Che und die Weltrevolution. Das sind immer noch meine Themen, obwohl ich jetzt schon zwei Jahre für den *Spiegel* in New York bin. Ich habe meine Familie vor zwölf Tagen nach Tegel gebracht, sie geküsst und zum Abschied gewunken, und dann bin ich zurück zu meinem Mietwagen gegangen. Ein schwarzer Chrysler im Retrolook, der mich an das Auto auf der ZZ-Top-Platte *Afterburner* erinnerte. Ich war traurig, aber auch erleichtert, und ich glaube, meine Frau weiß, dass ich diese Erleichterung verspüre, und womöglich beneidet sie mich sogar darum.

Ich war so lange weg, und dann renne ich gleich wieder los. Das denkt sie, darum geht's doch. Wir versuchen ja, gemeinsam zu joggen, aber Anja läuft mir nicht schnell genug. Ich renne dann immer ein Stück vor und wieder zu ihr zurück, hin und her, wie der Hase in *Hase und Igel*. Ich umkreise meine Frau wie eines dieser Hütchen, die die Assistenztrainer auf dem Fußballplatz aufstellen. Es macht mir keinen Spaß, und sie sagt manchmal, sie hasst es, wenn ich vor ihr laufe. Ich glaube einfach, dass es keine gute Idee ist, zusammen zu laufen als Ehepaar, vor allem wenn ein Ehepartner sich auf den Marathon vorbereitet und der andere reden will. Es gibt Dinge, die man nicht zusammen machen muss. Ich finde diese Paare, denen man ansieht, dass sie ihre Sportsachen zusammen eingekauft haben, auch irgendwie bedauernswert.

Die Trucks auf der 4th Avenue werden etwas lauter, es gibt immer noch keine Vögel, und ich würde gern noch ein wenig schlafen. Früher habe ich vor dem Einschlafen an die schönsten Tore gedacht, die ich in letzter Zeit geschossen habe, aber seit wir in New York leben, spiele ich keinen Fußball mehr. Ich laufe, und Laufen ist nur ein endloser Strom, der die Orte miteinander verbindet, an denen ich bin. Ich habe immer meine Laufschuhe dabei.

Es war ein langer Sommer, und ich bin die ganze Zeit gerannt. Immer gerannt, sogar in Venedig, wo wir im Juli zu unserem fünften Hochzeitstag waren, hakenschlagend über die Brücken; in Wien, wo wir Freunde besuchten, über den Kies irgendwelcher Schlossparks; auf Usedom, wo wir Urlaub machten; um den kleinen Brandenburger See am Wochenendgrundstück meiner Eltern, wo wir den dritten Geburtstag meiner Tochter Mascha feierten, und dann natürlich in Berlin, wo ich die letzten zwei Wochen verbrachte, um Gregor Gysi und Nadja Bunke besser kennenzulernen. Ich habe im Maritim Hotel in der Friedrichstraße geschlafen, das früher Metropol hieß und einen Intershop beherbergte, in dem ich Anfang der 8oer die erste Levi's Jacke meines Lebens kaufte. Ich war sechs- oder siebenmal da, damals, es war der bedachtetste Kauf meines Lebens. Vorgestern bin ich noch durch den Tiergarten gejoggt, bevor ich zum Flughafen fuhr. Gestern Abend rannte ich dann endlich wieder um den Prospect Park in Brooklyn, der abwechslungsreicher ist als sein Berliner Bruder, grüner und anspruchsvoller. Es ist die Strecke auf der Welt, die ich inzwischen am besten kenne, zweikommaacht Meilen die Runde, dazu vielleicht noch eine halbe Meile hin und eine halbe zurück.

Der Gedanke an die Gleichförmigkeit der Runden, das langsame Auf und Ab der Strecke, wiegt mich dann in einen leichten Morgenschlaf, auch wenn ich mir nicht sicher bin. Es ist mehr so ein Gefühl, dass mir ein kleines Stück Bewusstsein fehlt, bis zu dem Moment, in dem ich die ersten Flugzeuge höre, die über unserem Haus kreuzen, und auch das Licht auf meinen Lidern spüre.

Das Licht kommt von Osten. Es fährt, so stelle ich mir das vor, wie eine Hollywoodkamera über den Atlantik, über die schmalen Inseln vor der Ostküste New Yorks, streicht über das flache, vorwiegend dreistöckige Brooklyn hinweg, gelangt ungehindert von Wolkenkratzern direkt in die *Backyards* der Carroll Street und fällt dann durch eines der drei schmalen Fenster im dritten Stock unseres Hauses auf mein Gesicht.

So beginnt der Tag, so fängt der Film an.

Ich liege auf der Seite des Fensters, links, das ist mein Platz in unserem Bett – überall auf der Welt. Von hier aus kann ich meine Frau am natürlichsten in den Arm nehmen, denke ich. Meine Frau wiederum meint, dass ich näher am Licht liegen muss, weil sie den leichteren Schlaf

hat. Sie will die Möglichkeit haben, sich sowohl vom Licht
als auch von mir wegdrehen zu können, sagt sie. Und
jetzt schläft sie, und ich bin wach. So sieht's aus.

Ich werde vom Knistern wach, so einem Knistern, als
blättere jemand eine Zeitung um. Es kommt von der
Seite neben mir, links neben mir, da, wo die Kinder
schlafen, wenn sie schlecht träumen, oder der Kater,
wenn er vor der Tür miaut und ich die Nerven verliere,
oder mein Mann, wenn er da ist.

Er ist da, vorgestern ist er wiedergekommen, er hat
Jetlag, er ist wach und sucht seine Brille zwischen den
Zeitungen neben dem Bett. Ich stelle mich schlafend,
es ist noch fast dunkel im Zimmer, halb sechs vielleicht
oder sechs. Die Tage werden kürzer, es geht so schnell.
Gestern Abend ist ein Gewitter über die Stadt gezogen,
ein kurzes, kräftiges. Danach war die Luft nicht mehr so
stickig wie in den letzten Tagen, sondern angenehm,
fast kühl. Wir konnten nachts die Klimaanlage aus-
lassen, den Kasten hinter unserem Bett, der so laut
brummt, als stehe ein Traktor im Raum. Nur der Ventilator kreist träge über meinem Kopf. Ich mag das, das
Summen und den leichten Luftzug. Es ist, als würde
ich in einem Haus in den Tropen schlafen.

Das Knistern hört auf. Alex hat seine Brille gefunden.
Er steigt aus dem Bett, tastet sich zur Tür vor. Er gibt
sich Mühe, keine Geräusche zu machen, aber er kann
einfach nicht leise auftreten, und das Haus, eines dieser
Reihenhäuser mit Vorgarten und Steintreppe, hat seine

eigenen Regeln. Es lebt. Die Dielen und Treppenstufen knarren, der Wasserhahn jault, die Türrahmen sind verzogen von der schwülen New Yorker Sommerluft, die Schlafzimmertür zur Kleiderkammer hängt nur lose im Rahmen, während die zum Flur klemmt, man muss sie anheben und dann mit einem Ruck zu sich ziehen, um sie zu öffnen.

Dieses altersschwache Haus ist mit Abstand das beste, was wir bei unserer Wohnungssuche vor zwei Jahren gefunden haben.

Alex hatte einen Job beim *Spiegel* bekommen, und der *Spiegel* erfüllte ihm seinen Wunsch, in New York zu leben und zu arbeiten. Es war sein Lebenstraum, er riss mich mit. Das kann er gut. Und wenn ich einmal dabei bin, dann will ich es auch. Manchmal mehr als er. Als Alex in den Wochen vor unserem Umzug nachts aufschreckte, aus Angst vor dem Neuen, vor der Ungewissheit, vor der Verantwortung, beruhigte ich ihn. Alles wird gut.

Ich hatte Lust auf etwas Neues, und Amerika passte gut. Unsere Tochter war gerade geboren, ich war im Erziehungsurlaub, und New York nahm mir die Entscheidung ab, ob ich ein Jahr zu Hause bleiben sollte oder zwei oder drei. Wir würden erstmal in Ruhe ankommen und dann weitersehen.

Alex suchte zunächst alleine nach Wohnungen. Er suchte im Greenwich Village, in Chelsea, in der Upper West Side, da, wo in den romantischen Hollywoodkomödien Familien mit Kindern leben. Alex wollte unbedingt nach Manhattan, mitten zwischen die Wolkenkratzer, ins Herz von New York.

Am Telefon erzählte er mir dann, wie unfreundliche Makler ihn in winzige, dunkle Apartments führten, mit Blick auf Häuserwände, und sagten, unter 5000 Dollar Kaltmiete sei nichts anderes zu kriegen.

»Was ist mit Harlem?«, fragte ich, weil ich gelesen hatte, Harlem sei gerade im Kommen.

»Ja, vielleicht Harlem«, sagte er. »Oder Brooklyn. Eine Kollegin hat gesagt, Brooklyn sei besser, wenn man Kinder hat.«

Ich war erst zweimal in New York gewesen, immer auf der Durchreise. Ich kannte Brooklyn nur aus *Smoke*, dem Film von Paul Auster, und stellte es mir wie eine amerikanische Kleinstadt am anderen Ufer des East Rivers vor – eine ruhige Gegend, in der Schriftsteller in alten Häusern sitzen und sich Gedanken über das Leben machen.

Als uns Steven, ein Büchersammler aus Boston, den Alex mal auf einer Lesung in Berlin kennengelernt hatte, Bilder von einer Wohnung in Brooklyn nach Berlin schickte, sagten wir zu, ohne die Wohnung gesehen zu haben. Auf den Fotos sahen die Zimmer groß aus und hell, es gab sogar einen Garten. Ich weiß nicht, mit welchen Tricks diese Bilder entstanden waren, ich weiß nur, dass wir am 22. September 1999 im Erdgeschoss eines Brownstonehauses in der 2nd Street, Ecke 5th Avenue standen und ich dachte, dass ich lieber wieder in mein winziges Lichtenberger Kinderzimmer ziehen würde als in dieses Loch in Brooklyn. Es war mein 32. Geburtstag, und das war kein Geschenk. Die Wohnung war dunkel und kalt, ein Schlafzimmer befand sich im Keller, und der Garten war so groß wie unser

Balkon in Berlin, nur nicht so sonnig, denn er war von hohen Mietshäusern umringt, aus deren Fenstern laute Musik pumpte und Männer gelangweilt auf uns herunterschauten, denen ich nachts ungern auf der Straße begegnet wäre.

Das Problem war, dass wir bereits zwei Monatsmieten als Kaution bezahlt hatten, weil der Büchersammler uns versichert hatte, die Wohnung sei sonst weg. Das behauptete auch die Maklerin, eine Freundin des Büchersammlers. Sie hatte uns vom Flughafen in Newark abgeholt und mir eine Rose mitgebracht, zum Geburtstag. Wir dachten, es handle sich um einen Freundschaftsdienst. In Wirklichkeit wollte sie zwei ahnungslosen, völlig übermüdeten Deutschen ein paar Kellerräume andrehen. Den Vertrag hatte sie dabei. Die Vermieterin wartete in einem Restaurant in Manhattan auf uns. Da sollten wir unterschreiben, gleich jetzt.

Ich schaute Alex flehend an.

»Wir sollten morgen früh nochmal wiederkommen, wenn es hell ist«, sagte er traurig. Er wollte so gerne nach New York. Amerika war das Land seiner Helden.

»Klar«, sagte ich. »Wir kommen morgen früh nochmal wieder.«

Am nächsten Morgen war dann zum Glück auch Alex überzeugt, dass wir hier niemals wohnen konnten. Nicht mit zwei kleinen Kindern. Wir schrieben die Kaution ab und suchten weiter. Am letzten Tag vor unserer Abreise nach Berlin zeigte uns Tony, einer der Makler, die in der 7th Avenue in Ladenbüros hinter winzigen Schreibtischen saßen, ein Haus in der Carroll

Street. Es lag im Einzugsbezirk der P.S. 321, einer guten Grundschule, nur zwei Blocks vom Prospect Park entfernt, es war groß und hell, und nach hinten hatte es einen verwilderten Garten mit einem Maulbeerbaum und einer Schaukel für die Kinder. Wir sagten sofort zu, und dann liefen wir durch die Septembersonne in den Park, setzten uns auf eine Bank, sahen Familien beim Ballspielen und Picknicken auf der Wiese zu, lehnten uns aneinander, und ich fühlte mich ruhig und sicher, dass uns dieses neue Leben hier schon gelingen würde. Zwei Jahre ist das her, fast auf den Tag genau.

Ich liege still in meinem Bett und hoffe, dass der Schlaf zurückkommt, aber es sieht nicht so aus.

Heute ist Dienstag, denke ich.

Dienstag kommt die Straßenreinigung.

Weiß Alex, dass er das Auto umparken muss?

Wo steht das Auto?

Wo ist der Autoschlüssel?

Wird er daran denken, die Mülltonnen rauszustellen?

Alex ist dran, so heißt das bei uns. Er weckt die Kinder, er macht Frühstück, er bringt Ferdinand zur Schule. Und zwischendurch parkt er das Auto um und stellt die Mülltonnen raus. Wir sind beide Nachtmenschen, wir gehen spät ins Bett und schlafen morgens gerne länger, und irgendwann in unserer Beziehung haben wir uns darauf geeinigt, uns mit dem Aufstehen abzuwechseln. Das klingt gut, klappt aber fast nie, weil Alex ständig unterwegs ist oder nachts schreiben oder sich von der Nachtschicht erholen muss. Dieser Morgen ist also eine Ausnahme, eine Chance für mich, und die will ich nutzen.

Über die Mülltonnen haben wir gestern Abend gesprochen, über das Auto auch. Ich dämmere gerade wieder weg, aber da taucht der nächste Gedanke auf. Er hat nichts mit Mülltonnen und Parken zu tun, sondern mit mir. Ich kann ihn trotzdem nicht gebrauchen, nicht jetzt, nicht so früh am Morgen. Aber er ist da.

In zwei Tagen wird mein erster Text in der *Zeit* erscheinen. Er handelt von Dave Eggers, einem jungen amerikanischen Schriftsteller, der hier in unserem Viertel gewohnt und ein wunderbares Buch geschrieben hat. Ich habe ihn in Philadelphia besucht, wo er eine Lesung hatte. Wir haben uns unterhalten, nach der Lesung waren wir auf einer Party. Er hat mich seiner Kollegin Zadie Smith vorgestellt. »Das ist Anja, sie ist aus Berlin und lebt in Brooklyn«, hat er gesagt. Ich fand, dass das gut klang, und ich fühlte mich gut, anders als sonst, freier. An diesem Abend war ich nicht die deutsche Mutter, die Frau des Korrespondenten – ich war eine junge Europäerin, eine Schreiberin, die in Brooklyn wohnte wie Eggers. Wir tranken Bier, er schwärmte von Amsterdam und sagte, dass er bald in Berlin lese und dass ich ihn an die Schwester seiner Freundin erinnere. Ich wäre gerne länger geblieben, aber ich fühlte, dass Alex gehen wollte. Er war mit nach Philadelphia gekommen, weil er hier auch ein Interview hatte. Meine Mutter war zu Besuch in New York, und wir sahen eine Chance, mal wieder zu zweit unterwegs zu sein.

»Das ist mein Mann«, sagte ich zu Dave Eggers,

nachdem ich Alex an die Bar gezogen hatte, und wusste sofort, dass das ein Fehler war, dass es überhaupt ein Fehler gewesen war, mit ihm gemeinsam nach Philadelphia zu fahren. Ich war hier die Reporterin, er war mein Mann. Normalerweise ist es umgekehrt, normalerweise bin ich diejenige, die mitgebracht wird und dasteht und darauf wartet, ins Gespräch einbezogen zu werden und daran denkt, dass es doch besser gewesen wäre, zu Hause zu bleiben, dass man diese Dinge nicht mischen sollte.

»Hi«, sagte Alex kühl und wollte sich sofort wieder aus dem Staub machen. Er hält diese Situationen noch schlechter aus als ich. Er bekommt dann so einen kalten, unnahbaren Blick und spielt *Coolman*.

»Hi«, sagte Eggers. »Nice to meet you.«

Ich versuchte, die Situation zu retten, erzählte Eggers von Alex' Arbeit und Alex von Eggers' Amsterdam-Reise, ich redete und redete, immer mehr, die Musik war laut, ich schrie fast, kämpfte um meinen Abend, um meinen Mann, um meine Geschichte. Ich wollte alles, und alles war zu viel. Später in Brooklyn habe ich Eggers nochmal wiedergesehen, ich habe seinen Laden in der 7th Avenue besucht, in dem er Leuten die Haare schneidet und unnütze Sachen verkauft. Als er gehört hat, dass ich im Sommer nach Europa fliege, hat er mich gebeten, ihm von überall, wo ich bin, ein bisschen Erde mitzubringen, die er dann in seinem Laden verkaufen werde, *dirt in jars*, und ich habe für ihn Sand aus Venedig, Wien, Berlin und Ückeritz durch den Zoll geschmuggelt, Spuren unseres schönen langen Sommers, der nun zu Ende geht.

Ich drehe mich auf die Seite. Wenn Alex erst einmal unten in der Küche ist, gibt es vielleicht noch eine Chance, weiterzuschlafen. Er ist bereits vor den Kinderzimmern, noch eine Etage, seine Schritte werden schneller, er ist ein ungeduldiger Mensch. Eine Tür klappt, es ist wieder still im Haus, die Kinder schlafen noch, draußen bellt ein Hund, das Windspiel von Roxy und Mike, unseren Nachbarn, klimpert leise, der Ventilator summt, irgendwo heult die Alarmanlage eines Autos, ein Flugzeug, auf dem Weg nach La Guardia, fliegt über unser Dach.

Die Treppe zum zweiten Stock knarrt am allerschlimmsten, aber wenigstens konnten wir im Frühling die Sicherheitsgitter an den Treppengeländern abbauen, weil unsere Tochter Mascha inzwischen ziemlich sicher auf den Beinen ist. Ich habe diese Gitter gehasst, ich habe mich gefühlt wie ein Pferd, wenn ich durch unsere Wohnung lief. Ich habe sie selber angeschraubt, aber das macht es natürlich nicht besser.

Vor knapp zwei Jahren trafen die Gitter zusammen mit unseren anderen Sachen hier ein, am letzten Tag, den ich allein in New York verbrachte. In den ersten sechs Wochen hatte ich auf einer Luftmatratze geschlafen. Ich hatte bis dahin noch nie in einem mehrstöckigen Haus gelebt und musste erst überlegen, in welches der sechs leeren Zimmer, in welches der drei Stockwerke ich die Matratze lege. Ich habe mich für das kleinste Zimmer im zweiten Stock entschieden. Sechs Wochen lang war ich mit dieser Luftmatratze, mit Bagels, Bier und einem Sony-Fernseher ausgekommen, dann stand plötzlich ein riesiger, deutscher Container in der schmalen Carroll Street. In dem Container waren all die seltsamen Dinge drin, die man so ansammelt in einem Familienleben: die verstaubten Likörflaschen, die Kaffeetassen mit lustigen Sprüchen, die Stephen King- und die Scholochow-Bücher, die Rod Stewart- und die BAP-CDs, die Videokassetten, deren Beschriftung man nicht mehr lesen kann, die Elektrogeräte, die hier nicht funktionieren, unsere deutschen Kinderbücher und die Gitter für die Treppen, die wir noch in Deutschland gekauft hatten, weil man deutschen Gittern mehr trauen konnte als amerikanischen. Ich habe meine Frau verflucht, als ich die Kisten auspackte, die sie in Berlin eingepackt hatte. Die sechsteilige Videobox *Chronik der Wende*, die ich schon in Deutschland nicht aus ihrer Plastikhülle befreit hatte, weil mich bereits ihr Anblick schläfrig machte, hatte es über den Atlantik geschafft, genau wie die Langlaufskier meiner Frau, die sie ein einziges Mal in ihrem Leben benutzt hatte, als sie sich zu schwanger für den Abfahrtslauf fühlte. Wenn man sechs Wochen lang nur mit einem Fernseher und einem Kühlschrank lebt, versteht man, wie wenig der Mensch braucht im Leben. Die deutschen Sicherheitsgitter haben dann nicht zu den schmalen New Yorker Brownstonetreppen gepasst, so dass ich im Eisenwarenladen auf der 7th Avenue amerikanische kaufen musste. Die habe ich mit Hans angeschraubt, dem Vorarbeiter der deutsch-amerikanischen Umzugsfirma, die unseren Container leerräumte. Hans stammte aus Ostberlin wie ich. Er lebte seit acht Jahren in New York, sprach aber erstaunlicherweise kaum Englisch. Als alles angeschraubt war, holte er ein Sixpack Corona aus dem Supermarkt an der Ecke und erzählte mir, dass er kurz nach seiner Ankunft in New York seinen Pass verloren habe und deswegen nicht zurückkönne. Außerdem gebe es in Berlin noch verärgerte Türken, denen er Geld schulde, und einen ehemaligen Geschäftspartner, der ihm die Frau ausgespannt habe. Hans lebte in einem Container in New Jersey, er hatte Hunderte amerikanische Videokassetten gesammelt, mit denen er später in Deutschland ein Geschäft aufmachen wollte, von dem noch nicht klar war, wie es konkret aussehen sollte. Wir tranken Bier, fluchten auf die amerikanischen Wände, die weitgehend aus Putz bestehen, der sich in tellergroßen Flatschen löst, wenn man versucht, ein Loch zu bohren. Hans zeigte mir ein Foto, auf dem er am letzten Weihnachtsfest in seinem Container zu sehen war. Er trug einen roten Anzug und einen Cowboyhut, im Hintergrund sah man einen kleinen Weihnachtsbaum und ein Regal mit Videokassetten.

Ich schlief eine Nacht in unserem Ehebett und flog am nächsten Morgen nach Berlin, um meine Familie nach New York zu holen. Ich hatte ihnen zusammen mit Hans ein Nest in Brooklyn gebaut. Als die Tür in Berlin aufging, stand meine einjährige Tochter da. Meine Schwiegermutter hatte sie vorgeschickt, um mich zu begrüßen. Meine Tochter hatte mich sechs Wochen nicht gesehen, was ja ziemlich viel war in so einem kurzen Leben. Irgendwann sagte sie: »Ma...ppa.« Mapa. Zwei Silben, die mein Standing in dieser Familie ganz gut beschreiben.

Ich wasche mir das Gesicht im Kinderbad im zweiten Stock, um meine Frau nicht zu stören. Die Leitung faucht,

Der erste Winter in New York.

morgens muss hier auch das Wasser immer erst geweckt werden. Es ist der Charme des Hauses, sagt Bill McGuiness, der Vermieter. Es gibt keinen Tag, an dem ich nicht mit Wut an Bill denke. Besonders schlimm ist es an Tagen wie diesem, wenn ich aus Deutschland zurückkehre, aus Berlin mit seinen schönen, großen und preiswerten Wohnungen, in denen alles funktioniert. Es gibt Badewannen in Deutschland, hier haben wir nur flache, rechteckige Tröge, in denen man nicht untertauchen kann. Anfangs gab es nicht einmal Stöpsel. Wir zahlen 4200 Dollar Miete, kalt, und haben nicht einmal Stöpsel für die winzigen Witzbadewannen. Bill McGuiness hat mir einen Laden genannt, wo man Stöpsel kaufen kann. Es ist der *Hardware Store*, in dem es auch die Treppengitter gibt sowie die Ventile für unsere Heizkörper, die ächzen wie die

Maschinen des Totenschiffes. Bill McGuiness ist Rechtsanwalt in einer renommierten Wirtschaftskanzlei, er wohnt in einem großen Haus auf Long Island, aber den Spülkasten im oberen Bad, der alle zwei Monate auseinanderfällt, repariert er jedes Mal mit Bindfaden. Die amerikanischen Klospülungen funktionieren anders als die deutschen, sie explodieren geradezu, wenn man sie antippt. Das hält Bills Bindfaden immer nur zwei Monate aus. Dann muss ich ihn wieder anrufen. Ich weigere mich, die Klospülung für all das Geld, das wir bezahlen, selbst zu reparieren, obwohl ich einst den Beruf des Instandhaltungsmechanikers beim VEB Wasserwirtschaft und Abwasserbehandlung erlernt habe. Bill steht irgendwann wieder mit seinem verschossenen, steifen Rechtsanwalts-Trenchcoat vor der Tür, ein Bier in der einen Hand, einen Bindfaden in der anderen. Er knüpft den Faden, spült dreimal und sieht mich belustigt an, weil ich das nicht allein auf die Reihe kriege. Ich fühle mich wie ein Kind in diesen Momenten, aber egal. Ich warte darauf, dass er die Nerven verliert und irgendwann mit einem neuen Spülkasten vor der Tür steht.

Es ist eine Schlacht zwischen unseren Nationen. Hier in Amerika wird ja alles erstmal geflickt. Sie werfen nichts weg, in den Vorgärten auf dem Land stapeln sich die rostigen Autos, aus denen man vielleicht noch mal was machen kann, und wenn die Straße ein Loch hat, legt man erstmal eine Metallplatte drauf. Die New Yorker Straßen sind gepflastert mit diesen Metallplatten, in Berlin reißen sie bei einem Loch die ganze Straße auf. Da wird abgesperrt, aufgestemmt, der Unterboden erneuert und dann alles schön wiederaufgebaut. Deswegen laufen unsere deutschen Besucher, allen voran mein Vater und mein Schwager aus Kaulsdorf, durch unsere Wohnung wie der Welt-TÜV, klopfen die Wände ab, prüfen die Elektroleitungen, inspizieren den Keller und erklären immer wieder: »Das würde bei uns so nicht abgenommen werden!«

An Tagen wie diesen, an Tagen, an denen ich noch zwischen Europa und Amerika pendle, verstehe ich meinen Schwager aus Kaulsdorf ein bisschen. An Tagen wie diesen kommt mir mein Leben hier absurd vor. All der Müll, der Lärm und das ganze Geld. Wenn man mit dem Taxi vom JFK-Flughafen kommt, sieht New York aus wie eine verrumpelte, russische Provinzstadt. Holzhäuschen, Maschendrahtzäune, Autowracks, Müllsäcke und Schnapsläden, die gesichert sind wie die Bank von England. Der Taxifahrer ist sauer, wenn man ihm den kürzesten Weg vorschreibt und am Ende nicht mindestens sechs Dollar Trinkgeld gibt, obwohl er versucht hat, einen zu bescheißen. Aber das geht vorbei. Es geht vorbei. Wenn ich irgendwann in zwei oder drei Monaten nach Deutschland fliege, wird mir Berlin unglaublich leer vorkommen, bleich und leblos. Wenn man an einem Sonntagvormittag von Tegel mit dem Taxi in die Stadt fährt, sieht sie aus, als sei sie von einer Neutronenbombe getroffen worden. Es gibt breite Bürgersteige, aber keine Menschen und null Energie, nur ab und zu sieht man einen Berliner Neutronenbombenzombie mit schlecht gelauntem Gesichtsausdruck unter tiefen, grauen Wolken herumtaumeln.

Es gibt kein Zurück mehr, nie wieder, am Ende geht es mir nicht viel anders als Hans. Ich habe meinen Pass verloren. Ich muss nur nicht in einem Container in New Jersey schlafen.

Ich hole mir die *New York Times* und die *New York Post* von der Türschwelle, mache die Kaffeemaschine an und setze mich an den Küchentisch. Auf der *Post* ist eine Tochter von Mick Jagger zu sehen, Elizabeth, die für die Fashion Week nach New York gekommen ist. Sie trägt einen Hut und macht die Stones-Lippen. Die *Times* zeigt vorn lauter Fotos von den Primary-Kandidaten der Demokratischen Partei. Heute wird in New York gewählt. Ich habe das Wahlsystem hier nie richtig begriffen, es hat mich auch nie interessiert, aber ich bin der Mann des *Spiegel* in New York, von mir wird erwartet, dass ich mich mit diesen Dingen auskenne. Ich fühle mich oft überfordert von der Größe meiner Aufgabe. Es ist so ein riesiges Land, so ein bedeutsames Magazin. Manchmal ruft mich ein außenpolitischer Redakteur aus Hamburg an, morgens, wenn ich noch im Bett liege, es in Deutschland aber bereits Nachmittag ist, und fragt: »Was halten Sie von der Sache in Cleveland? Sollten wir da was machen?«, und ich habe keine Ahnung, was er überhaupt meint. Cleveland? Ich versuche in diesen Momenten, keine Bettgeräusche zu machen, und hoffe, dass mir meine Tochter nicht kreischend auf den Bauch springt oder mein Sohn aus der zweiten Etage ruft, dass das Klopapier alle ist. Dann sage ich dem außenpolitischen Redakteur auf der anderen Seite des Atlantik: »Cleveland ist natürlich interessant, man muss mal sehen, wie sich das entwickelt. Lassen Sie uns doch morgen nochmal telefonieren.«

Es soll ein schöner Tag werden, sagt die Wetterseite der *Times*, nicht mehr so schwül wie gestern, 79 *Degree Fah-*

renheit und sonnig. Die Küche ist bereits in dieses wundervolle New Yorker Spätsommerlicht getaucht, klar und kühl und scharf wie ein Pfefferminzbonbon. *Crisp*, nennen sie das. Ein Skilicht, ein Winteralpenlicht. Ich ziehe den Sportteil aus dem dicken Zeitungspacken.

Die Football Saison hat begonnen, die *Jets* und die *Giants* haben verloren, vier Seiten lang werden die beiden ersten Spiele der New Yorker Teams aus jedem möglichen Blickwinkel betrachtet. Ich finde das übertrieben, ich kann American Football noch nicht richtig ernst nehmen. Kurze Bewegungen, ewig lange Pausen, Schiedsrichter, die in gestreiften Hemden und mit einem großen roten Pfeil übers Feld rennen wie Figuren aus einer Kindersendung. Baseball interessiert mich noch weniger, übergewichtige Männer mit verschwollenen Gesichtern und zu engen Hosen, die sich am Sack kratzen und spucken. Basketball wird im Moment nicht gespielt, die US Open im Tennis sind zu Ende gegangen, als ich in New York landete. Lleyton Hewitt hat gewonnen und eine der Williams-Sisters. Die interessieren mich alle nicht richtig. Ich mag nur noch Andre Agassi, aber der läuft auch schon so seltsam hüftsteif.

Und der amerikanische Fußball schafft es irgendwie nicht. Lothar Matthäus, der zur gleichen Zeit wie ich nach New York zog, um für die *Metro Stars* zu spielen, hat inzwischen aufgegeben. Ich habe ihn einmal an einer *Tollbooth* vorm Hudson River getroffen. Er stand in seinem BMW-Geländewagen direkt in der Reihe neben mir. Zwei Deutsche in zwei schwarzen Geländewagen, ich habe ihn aus meinem Autofenster angelächelt wie einen alten Bekannten, er hat natürlich durch mich hindurchgestarrt. Es war mir noch tagelang peinlich. Es ist die Fremde.

Wie jeden Dienstag gibt es im Tabellenteil der *Sports Section* die europäischen Fußballergebnisse. Ich kenne die Bundesligaresultate ja aus Deutschland, aber ich schaue sie mir trotzdem an. Ich könnte stundenlang in den Tabellen versinken. Cottbus hat 3:3 gegen Wolfsburg gespielt, Hansa 1:1 gegen Freiburg. Cottbus ist Fünfter, sehr schön. Ich hab am Sonnabend noch die Sportschau auf meinem Berliner Hotelzimmer gesehen, ich habe alle fünf Spieltage der Hinrunde in Europa erlebt, aber jetzt ist die Saison für mich vorbei. Fußball verblasst hier, ich weiß nicht mal genau, wer im letzten Jahr Meister wurde. Ich habe das Champions-League-Finale verpasst, obwohl die Bayern mitspielten, und es war mir egal. Es ist ganz erholsam, vor allem, wenn man bedenkt, dass ich in Deutschland zuletzt Premiere-Abonnent war. Ich habe ganze Sonnabende auf der Couch verbracht, meine Frau hat mich manchmal angesehen wie ein Möbelstück, das nicht mehr in die Wohnung passt. Es ist bestimmt gut für uns, dass es hier keinen Fußball gibt, aber eine Lücke ist da doch.

Der *Spiegel* hat mir angeboten, im nächsten Jahr als Berichterstatter zu den Fußballweltmeisterschaften nach Japan und Korea zu fahren. Ich habe es Anja noch nicht gesagt, und im Moment ist natürlich keine gute Zeit. Ich habe Angst vor ihrer Reaktion, dabei weiß ich eigentlich, dass ich sowieso fahre. Ich muss. Es ist ein Traum.

Die Kinder sehen mich überrascht an, wenn ich nach so langer Zeit wieder an ihrem Bett auftauche, freudig, aber auch fremdelnd. Ich bin ein Besucher in ihrem Leben, ein

gern gesehener Gast. Ich gebe ihnen die süßen Cornflakes, um die Fremdheit wegzuspülen. Zucker ist ihre
Droge, ich bin ihr Dealer. Ich habe gestern im *Key Focd*-
Supermarkt in der 7th Avenue Frosties gekauft, die Anja
hasst. In Frosties steckt am meisten Zucker, aber ich war
zwei Wochen weg. Ich lausche dem Gemurmel der Kinder, dem schlaftrunkenen Geschiebe und Gestreite, sie
reden Englisch miteinander, was mich stolz macht, obwohl das natürlich falsch ist. Sie sollten Deutsch reden,
hier in unserem Haus sollten sie Deutsch sprechen.
Wenn Mascha am Telefon mit ihren Großeltern Deutsch
spricht, erinnert sie mich an Elvis Presley in *Wooden Heart*,
Ferdinand spricht ohne Akzent, aber sein Wortschatz
schrumpft, er umschreibt bereits einfache Begriffe. Ich
glaube, dass wir irgendwann zurückkehren, und genieße
meine Englisch sprechenden Kinder vorbehaltlos. Sie beweisen mir, dass ich es aus der ostdeutschen Provinz
heraus geschafft habe. Als wir im Juli in Berlin landeten,
rief meine Tochter durchs ganze Flugzeug: »I didn't
throw up, Daddy.« Ich strahlte meinen Sitznachbarn stolz
an, meine Tochter hatte diesmal bei der Landung nicht
gekotzt und konnte das mit wunderbarem Brooklyn-
Akzent sagen.

Die Kinder löffeln ihre zuckrigen Cornflakes. Ihre
Augen schauen gierig und leer in die Schalen wie Katzen-
augen. Ich frage mich, was von solchen Morgen bleibt,
was von mir als Vater bleibt, von all dem Zucker, den kleinen Scherzen, dem guten Willen. Meine Tochter trägt
immer noch gern das rosa Koalabär-T-Shirt, das ich ihr
von der Olympiade in Sydney mitgebracht habe, aber
irgendwann wird es zu klein sein. Ich habe fast jede Er-

innerung an gemeinsame Frühstücke mit meinen Eltern verloren, bis auf den Trick mit dem umgedrehten, leeren Ei, den Geruch des Rasierwassers meines Vaters und den Blumenteller. Wir hatten zu Hause nie ein Frühstücksservice oder so etwas, wir hatten verschiedene, zusammengewürfelte Teller, einer hatte eine Rose in der Mitte. Irgendwann entschied meine kleine Schwester beim Tischdecken: »Papa krischt den Blumentella, weilla imma uffa Arbeit muss.« Es wurde ein Familienmotto. Eines Morgens hat mein Vater den Blumenteller in einem Streit mit meiner Mutter an die Wand geworfen. Ich weiß nicht, worüber sie stritten, ich sehe nur noch den Teller fliegen, mein Vater steht auf und geht, und ich renne hinterher und rufe ins Treppenhaus, er soll bitte zurückkommen. Aber er kommt nicht zurück, er geht einfach weiter. Uffa Arbeit wahrscheinlich.

Ich muss nochmal eingeschlafen sein. Als ich die Augen öffne, ist es ganz hell draußen, und ich höre Alex und Ferdinand im Kinderzimmer Fußball spielen, vermutlich zwischen Hochbett, Schreibtisch und Kleiderkammer. Sie toben herum wie kleine Kinder und ich hier oben in meinem Bett warte darauf, dass die Stimmung umschlägt, Ferdinand sich weh tut, Mascha mitspielen will oder es einfach an der Zeit ist, zur Schule zu gehen. Das ist der Moment, in dem sich Alex aus einem sechsjährigen Jungen in einen 39-jährigen Vater zurückverwandelt. Meist ohne Vorwarnung. Ich kann nicht sehen, wie er auf die Uhr sieht, aber ich höre es an dem winzigen Moment der Stille, dem ein: »Okay, let's go. Ferdi, do you have your lunchbox, your backpack?« folgt.

Alex spricht Englisch mit Ferdinand, seine New Yorker Lehrerin hatte uns dazu geraten. Er war gerade sieben geworden, als wir umzogen, und er konnte nicht viel mehr als: »My name is Ferdinand. I'm seven years old. I'm from Berlin.« Wir hatten ihn auf einer ganz normalen öffentlichen amerikanischen Schule angemeldet und nicht in der deutschen in White Plains, weil wir nicht wollten, dass er zwischen Diplomatenkindern in der Vorstadt aufwächst. Wir wollten das echte New York erleben. Vielleicht war das egoistisch, ich weiß es nicht, wir haben es einfach gemacht, und unser Sohn hat es nie in Frage gestellt. Er war ja kein Einzelfall. In seiner Schule gab es etliche Kinder, die kein Englisch konnten. Viermal pro Woche bekamen sie Nachhilfe, und einmal in der Woche gab es einen Sprachkurs für Eltern in der Schule. Ich war einmal da, aber die Lehrerin schickte mich nach Hause, denn die Mütter, die sie unterrichtete, konnten überhaupt kein Englisch.

Ich hatte in der Schule Englisch gelernt, im Studium und später noch auf einer Abendschule, verstand aber trotzdem nie die Ansagen in der Subway und wenn ich bei Starbucks einen Sesam-Bagel bestellte, bekam ich einen mit Mohn. Einmal, im Florida-Urlaub, klingelte ein Mann in einer braunen Latzhose an der Tür unseres Ferienhauses. Er sagte, er sei von der *Pest Control*, ich verstand *Pass Control* und holte meinen deutschen Pass. Der Mann sah mich verwundert an. »Pest Control«, sagte er. Er war ein Kammerjäger.

Ich meldete mich auf dem Baruch City College in Manhattan für einen Sprachkurs an und las nachmittags mit meinem Sohn Kinderbücher. Nach einem Jahr war sein Englisch fließend, und unsere Nachbarin glaubte sogar einen leichten Brooklyn-Akzent bei ihm festzustellen. Alex hätte jetzt eigentlich wieder Deutsch mit ihm reden können. Aber er dachte nicht daran.

»Stop it«, ruft er jetzt, schon etwas genervt. Ferdinand versteht sofort den Ernst der Situation, Mascha nicht, sie will weiterspielen.

»Mascha«, höre ich meinen Mann rufen, bereits von unten. »Willst du mitkommen? Dann musst du jetzt deine Schuhe anziehen.« Mascha quengelt und wahrscheinlich verspricht er ihr jetzt, auf dem Rückweg bei Starbucks vorbeizugehen. Starbucks heißt in diesem Fall Kaffee für ihn, Muffin für sie – ein Muffin, zweimal so groß und so nährreich wie ein Berliner Pfannkuchen. Ich höre schnelle, kleine Kinderschritte auf der Treppe, das quietschende Öffnen der Tür, und ich wette mit mir selbst: Schließt er die Tür ab oder nicht? Ich tippe auf »nicht«.

Auch das gehört zur morgendlichen Routine meines Mannes. Er lehnt die Tür nur an, weil das Schloss klemmt, weil er den Schlüssel gerade nicht findet und weil es schon niemand wagt, einfach ins Haus zu spazieren. Egal, was unsere Nachbarn für Horrorgeschichten von Einbrechern erzählen. Egal, ob ich Angst habe oder nicht.

Ich schlage die Decke zurück, stehe auf, renne barfuß die Treppe hinunter. Die Tür ist nur angelehnt, ich hab's gewusst. Ich gehe in Deckung, als ich sie abriegele, bevor mich eine der energetischen Mütter, die um diese Zeit in Scharen an unserem Haus vorbeiziehen, durch die Scheibe sehen kann.

Unser Auto steht zwischen 5th und 6th Avenue auf der linken Straßenseite, die dienstags zwischen 8 Uhr und 11 Uhr geräumt werden muss, damit Platz für die Straßenreinigung ist. Am Freitagmorgen wird die andere Straßenseite gereinigt. Es ist jetzt fünf vor acht und ich renne. Man fährt das Auto meist nur auf die andere Straßenseite und parkt es neben den dort stehenden Wagen. Man legt einen Zettel mit seiner Telefonnummer hinter die Windschutzscheibe für den Fall, dass eines der Autos, die auf der nicht zu räumenden Seite stehen, wegfahren muss, und wartet bis elf. Manchmal kommt gar keine Straßenreinigung, aber das ist egal. Es ist eine Regel, ein Verstoß kostet hundert Dollar und die Polizei kommt immer. Sie steht mit ihren Autos schon fünf vor acht an den Straßenecken und wartet.

Es ist sicher lustig, aus dem Fenster des Polizeiwagens heraus zu beobachten, wie all die verschlafenen Autobesitzer gleichzeitig aus ihren Häusern springen. Es ist ein Spiel, ein Wettkampf. Ich habe manchmal nur knapp verloren, ich habe schon Strafzettel bekommen, wenn ich nur zwei Minuten zu spät war. Das gilt auch für das Zurückparken. Eine Minute zu spät und man hat einen Strafzettel. Es gibt keinen Spielraum hier mit den Behörden. In Deutschland kann man den Polizisten um Nachsicht bitten, um Verhältnismäßigkeit, hier wird das schnell als

Widerstand gegen die Staatsgewalt ausgelegt. Es gibt eine Linie, es gibt die Regel. Die Regel ist die Regel.

Als ich unser Auto bei der New Yorker Autoanmeldungsbehörde registrieren lassen wollte, wartete ich gut drei Stunden. Hinterm Schalter saß eine dicke, schwarze Polizeibeamtin, ich schob meine Papiere über den Tresen. Fahrerlaubnis, Pass, Presseausweis, Mietvertrag, Gasabrechnung. Fünf Dinge, die mich auswiesen, sie wollte sechs.

Ich sagte: »Ich habe drei Stunden gewartet.«

Sie sagte: »Six pieces of ID.«

Ich sagte: »Warum reichen Ihnen nicht fünf?«

Sie sagte: »Es ist die Regel, Sir.«

Ich sagte: »Das kann doch nicht Ihr Ernst sein.«

Sie sagte: »Sir, beruhigen Sie sich. Sir. Bitte treten Sie vom Schalter zurück.«

In ihren Augen war nicht der winzigste Spielraum zu erkennen. Ich packte meine fünf Ausweise ein, lief nach Hause, holte noch eine Stromrechnung, wartete wieder drei Stunden und meldete mein Auto an.

Man darf über diese Dinge nicht so viel nachdenken, man macht sie so lange, bis sie ins Blut übergehen. Man rennt raus, parkt das Auto um, rennt zurück. Nach einem halben Jahr ärgert man sich nicht mehr über das Umparken, man ist froh über jeden muslimischen, jüdischen oder christlichen Feiertag, weil man da ausnahmsweise nicht umparken muss. Es ist schwer, das Glücksgefühl zu beschreiben, wenn man an einem Montagabend einen Parkplatz auf der Straßenseite bekommt, die erst am Freitag geräumt werden muss. Man scheint plötzlich unendlich viel Spielraum zu haben.

Ich parke das Auto in der zweiten Reihe an der Ecke Carroll Street und 6th Avenue, gegenüber der katholischen Kirche, die wir zu Weihnachten besuchen und zu Ostern. Einen Augenblick sitze ich noch hinterm Steuer, höre die Acht-Uhr-Nachrichten und sehe aus dem Fenster auf die Polizei und die anderen Autos. Ich habe einen ganz guten Überblick, denn ich habe mir einen Geländewagen gekauft, einen alten *Pathfinder*, der ist eckig und schwarz und an der Heckklappe klebt ein großes Ersatzrad. Meine Frau mag ihn nicht, weil er zu viel Benzin verbraucht und zu den Modellen gehört, die in den Kurven manchmal umkippen, aber ich liebe ihn. Man sitzt ein bisschen höher über dem Leben in so einem Auto, denke ich. Die Dinge sehen einfacher aus von hier oben, sie sehen beherrschbar aus. Es wird ein schöner Tag, sagen sie im Radio. *Lots o' sunshine.*

Einen Moment lang denke ich, dass Alex gerade ganz umsonst zum Auto gerannt ist. Heute sind ja Wahlen, und es kann durchaus sein, dass man an Wahltagen nicht umparken muss. Wir haben den Zettel mit den Ausnahmetagen an den Kühlschrank geklebt, aber Alex schaut nicht auf den Zettel. Er erwartet, dass ich ihm Instruktionen gebe. Ich sehe ihn vor mir, wie er mir sagt, du hättest es doch wissen müssen, schließlich ist Debbie deine Freundin.

Debbie ist meine einzige Verbindung zu den Wahlen heute.

Ich wohne seit fast zwei Jahren in New York. Aber

ich bin immer noch Gast. Bei der Einreise muss ich mich in die Touristenschlange einreihen und werde jedesmal wieder gefragt, was ich in New York will. Ich habe keine Green Card, ich bekomme nicht mal die Rabattkarte des Modeladens GAP, die sie sonst jedem andrehen. Nicht kreditwürdig, sagt die GAP-Verkäuferin mit einem mitleidigen Lächeln, nachdem ich einen langen Fragebogen ausgefüllt habe und sie meine Daten in ihren Computer übertragen hat. Nicht kreditwürdig. Ich habe keine Ahnung, warum ich nicht kreditwürdig bin. Ich bin nicht arm, ich habe keine Schulden, ich wohne in einem der besten Viertel der Stadt, unsere Nachbarn laden mich zu ihren *Dinner Parties* ein. Sie denken, ich sei eine von ihnen, ich wiederum denke, dass mich ihre polnische Putzfrau besser verstehe als sie. Donna, die in Wirklichkeit Danuta heißt und in ihrer Heimat Krankenschwester gelernt hat, darf auch nicht wählen und hat vermutlich genauso wenig Ahnung wie ich, ob Mark Green oder Fernando Ferrer der bessere Bürgermeister für New York wäre. Es fällt schwer, Anteil zu nehmen, wenn man nicht Teil von etwas ist. Das Einzige, was mich an diesen *Primaries* interessiert, ist, ob Marty Markowitz Bürgermeister von Brooklyn wird, denn dann bekommt Debbie wieder einen Job. In den letzten Wochen redet sie von nichts anderem. Marty hat das gesagt, Marty hat diesen und jenen getroffen, heute Morgen steht sie im Marty-Markowitz-Shirt vor Schulen und fordert die Leute auf, ihn zu wählen. Wahrscheinlich ist sie schon seit Stunden unterwegs.

Debbie heißt eigentlich Deborah, aber niemand

nennt sie so, nicht einmal sie selbst. »Hi, I'm Debbie«, hat sie gesagt, als sie am Morgen nach unserer Ankunft aus Berlin an unserer Tür klingelte. Alex hatte die Kinder, den Kater und mich aus Berlin abgeholt, war aber noch in der gleichen Nacht nach Texas weitergeflogen. Mascha und Ferdinand saßen zwischen Umzugskisten im Wohnzimmer und legten ein Puzzle zusammen. Ich stand am Fenster, guckte mir die Leute an, die an unserem Haus vorbeiliefen, und hätte heulen können. Mütter brachten ihre Kinder zur Schule, redeten mit anderen Müttern, Männer hetzten zur Subway, alle hatten etwas zu tun, nur ich nicht. Ich hatte alles in Berlin zurückgelassen, was meinem Leben eine Struktur gegeben hatte: die Schule meines Sohnes, den Kindergarten meiner Tochter, meine feste Stelle in der Redaktion, meine Familie, meine Freunde, meine Sprache – an diesem ersten, grauen Dezembermorgen in Brooklyn hatte ich vergessen, warum.

Ich dachte an die Mütter in meinem Kreuzberger Pekip-Kurs, wie sie mich ansahen, als wir nach der Babygymnastik im Café saßen und ich ihnen von unseren Umzugsplänen erzählte. Eine von ihnen zog gerade mit ihrem Mann nach Namibia, das konnten die Pekip-Mütter verstehen. In Namibia war es warm, Namibia war exotisch, in Namibia konnte man sich auf Deutsch verständigen. Aber warum um alles in der Welt wollte man mit zwei kleinen Kindern nach New York, wo es laut war und teuer und dreckig und kalt im Winter?

»Weil es aufregend ist«, sagte ich. »Weil unsere Kinder Englisch lernen werden. Weil wir Geschichten aus

39

Amerika schreiben können.« Die Pekip-Frauen verstanden mich nicht, sie hatten kein Fernweh, sie hatten ihrer kleinen Familie ein Nest gebaut, und darin machten sie es sich gemütlich, während ich zu Hause Kisten packte und überlegte, was ich in der neuen Welt brauchte, was bis zu unserer Rückkehr eingelagert werden würde, bei welchen Ämtern ich mich abmelden, welche Verträge ich kündigen musste.

Die Frau, die nach Namibia ziehen wollte, gab mir eine Telefonnummer in Bonn, wo man mir weiterhelfen könnte, wie sie sich ausdrückte. Ich wählte die Nummer, ein Mann nahm ab, ich schilderte meine Situation. Der Mann am anderen Ende der Leitung schien genau zu wissen, wovon ich redete. Er sagte, es tue ihm leid, aber der Kurs sei schon ausgebucht.

»Was für ein Kurs?«, fragte ich.

»Die Schulung für mitreisende Ehefrauen«, sagte er.

»Es gibt Schulungen für mitreisende Ehefrauen?«, fragte ich.

Ich hatte davon noch nie gehört. Ich wusste bis zu diesem Zeitpunkt nicht mal, dass es die mitreisende Ehefrau gibt, als Kategorie, als Problemgruppe mit Beratungsbedarf. Und selbst jetzt, da ich es wusste, wollte ich keine von ihnen sein. Ich konnte mir nicht im Traum vorstellen, zwischen Diplomatenfrauen an Schultischen zu sitzen und mich gewissenhaft auf meine neue Aufgabe als Mutter und Hausfrau vorzubereiten.

»Ja, diese Kurse sind sehr beliebt, aber leider auch schnell ausgebucht«, sagte der Mann. »Wir könnten Sie höchstens noch auf die Warteliste setzen.«

Das sei nicht nötig, sagte ich. Ich brauchte keine Schulung. Ich würde das schon alles selbst schaffen.

Während Alex vorflog, packte ich die Sachen zusammen. Der große Fernseher wurde eingelagert, weil er in New York nicht funktionieren würde, Kleiderschränke brauchten wir auch nicht, weil es Kleiderkammern gab. Die Grünpflanzen schenkte ich meiner Schwester, unseren Küchentisch überließ ich unserem Nachmieter, den Volvo verkaufte unser Schwager aus Steglitz. Ich schrieb Briefe ans Einwohnermeldeamt, die Kindergeldkasse, die Krankenkasse, die Rentenversicherung, die Steuerberaterin, kündigte die Schule und den Kindergarten, ließ den Kater impfen, ging zum Zahnarzt, zum Frauenarzt, zum Friseur, traf alle meine Freunde, manche zweimal, verlängerte meinen Erziehungsurlaub und versicherte meinem Chefredakteur, dass ich gerne als Korrespondentin arbeiten würde, sobald wir eine gute Kinderbetreuung gefunden hätten. Mein Kalender war vollgestopft mit Terminen und Verabredungen: »Willi, Tierarzt«, »Lieferung Umzugskartons«, »Einpacken New York«, »Neuen Presseausweis abholen«, »Abschiedsfeier Redaktion«, »Hausmeister bestellen«, »Nachmieter Übergabe«, »Ferdinand Weihnachtsfeier«, »Luftfracht abholen«, »Mama Essen«. Der letzte Eintrag ist vom 16. Dezember 1999. Er lautet: »9.55 Uhr Berlin-Tegel, New York«. Dann kommt nichts mehr. Kein einziger Termin, kein Eintrag, keine Verabredung. Man könnte denken, ich sei abgestürzt, verlorengegangen auf meinem Weg in die neue Welt.

Die Frau, die an unserer Haustür in Brooklyn klingelte, war klein, hatte dunkle Locken, dunkle Augen

41

und ein lustiges Lachen. Sie sagte, sie sei Debbie aus dem Kinder-Second-Hand-Laden im Erdgeschoss, sie freue sich, dass wir jetzt hier wohnten. Wenn ich irgendwelche Fragen hätte, könne ich bei ihr klingeln.

Debbie war meine Rettung. Ihr Sohn Derek war nur ein Jahr älter als Ferdinand und baute genauso gerne mit Lego wie er. Nach der Schule spielten sie bei uns im Haus oder im Garten oder unten bei Debbie im Laden. Bei Debbie war immer was los, es gab Bagels und Kaffee, billige Kleidung für die Kinder und buntes Plastikspielzeug, das auf Knopfdruck Tiergeräusche machte, Musik abspielte oder das Alphabet aufsagte. Ich spürte, wie ich nach Vorwänden suchte, um nach unten zu gehen. Ich war fast jeden Tag da. In Debbies Laden erfuhr ich, wie man sich für einen Kindergarten-platz anmeldet, wie man das Wasser in der Ölheizung im Keller nachfüllt, ich lernte Beth kennen, eine Opernsängerin, die früher mal in Deutschland aufge-treten war und Zwillingsmädchen hatte, sowie Bettina, eine Deutsche, die mit ihrer Familie auf der anderen Seite des Parks wohnte. Nach Dienstschluss kam Deb-bie zu mir nach oben, wir kochten zusammen, tranken *Salmon Run*, einen Weißwein aus dem Staat New York, und redeten über Schulen, über Kinder, über Männer, über uns.

Debbie war Jüdin, ich kam aus Ostberlin. Ich wusste nichts über Juden, Debbie nichts über die DDR. Sie erzählte mir, wie sie vor dem Fernseher geweint hatte, als sie die Bilder vom Mauerfall sah. Ich sagte, dass ich mit meiner Schulklasse im Konzentrationslager Buchenwald gewesen sei, und entschuldigte mich bei

Debbie für die Verbrechen der Deutschen, was sie lustig fand, denn ihre Familie war schon vor über hundert Jahren von Ungarn nach New York ausgewandert.

Sie war in Queens geboren, ihr Vater hatte vor seinem Tod eine Kneipe geführt, ihre Mutter lebte in Florida. Debbies jüngste Schwester war heroinabhängig und galt als verschollen. Die mittlere, Lisa, arbeitete im Schnapsladen in der 5th Avenue in Brooklyn. Debbie war mit Walter verheiratet, einem schmalen Mann mit langen dunklen Haaren. Er sah aus wie ein Indianer, kam aus einer puertoricanischen Familie und sprach Englisch mit Akzent. Meistens sprach er aber gar nicht, sondern saß lächelnd mit uns am Tisch und trank Rotwein.

Es war eine schöne Zeit, die ein abruptes Ende fand, als Bill, unser Vermieter, Debbies Laden von einer Woche auf die andere dicht machte, weil er nicht genug Geld einbrachte. Debbie war sauer und schenkte uns alle Sachen, die in Ferdinands und Maschas Größe im Lager waren, und viel singendes, bellendes und knatterndes Plastikspielzeug. Dann schloss sie den Laden ab und machte sich gut gelaunt auf die Suche nach einer neuen Arbeit, so als würde die Welt da draußen nur auf sie warten. Sie sagte, Derek sei ja jetzt schon ziemlich groß und wahrscheinlich sei das genau der richtige Zeitpunkt, sich beruflich neu zu orientieren. Der Job im Laden sei sowieso nichts für die Ewigkeit gewesen. Sie meldete sich nicht einmal arbeitslos, und ich habe sie nicht ein einziges Mal klagen hören. Wir tranken viel *Salmon Run* in dieser Zeit, und Debbie erzählte aus der Zeit, als sie noch Musikagentin war und mit Helen Schneider und den Bay City Rollers um die Welt reiste.

Im Mai rief sie an, um zu berichten, dass sie einen neuen Job hatte, einen befristeten zunächst. Sechs Monate konnte sie für den State Senator Marty Markowitz arbeiten. Und wenn Marty, wie Debbie ihn nannte, Bürgermeister von Brooklyn werden sollte, würde Debbies Sechs-Monats-Vertrag auf unbefristete Zeit verlängert werden.

Marty trat gegen die stellvertretende Präsidentin des Abgeordnetenhauses in Brooklyn an sowie gegen einen Anwalt aus Brooklyn Heights. Debbie sagte, die Präsidentin des Abgeordnetenhauses habe gute Chancen, weil sie schwarz sei. Der Anwalt habe gute Chancen, weil er beliebt sei. Und Marty sei eben Marty. Viel hänge vom Wetter ab, bei schönem Wetter würden viele New Yorker wählen gehen, und aus irgendeinem Grund stünden Martys Chancen dann besser.

Debbie hatte Glück. Bis gestern Abend war es noch schwül und heiß gewesen, viel zu warm für September, aber nach dem Gewitter war der Himmel wolkenlos und die Luft klar. Marty-Wetter.

Another beautiful day in New York City«, sage ich, als ich mit meinen Kindern aus dem Haus trete. Wieder so ein schöner Tag. Das hat mir im Juni 1999 eine alte Frau zugerufen, die ich vor einem Zeitungsladen in Murray Hill traf.

Ich war damals für ein paar Tage nach New York gekommen, um eine Wohnung für uns zu finden. Die Stadt war heiß und staubig, die Börse kochte und die Mieten schossen in den Himmel. Ich hatte mir am Tag zuvor mit einem Immobilienmakler ein paar Wohnungen in Manhattan angesehen, die unbezahlbar waren. Zuletzt war ich mit dem Mann, der bestimmt zehn Jahre jünger war als ich und billige Schuhe mit angegossenen Sohlen trug, in einer Wohnung in der 20th Straße gewesen, die 5700 Dollar im Monat kosten sollte. Die Wohnung war vielleicht 120 Quadratmeter groß, alle Fenster gingen auf einen dunklen Hof hinaus, ein paar Türen in den Küchenschränken hingen in den Angeln und eines der beiden Bäder war nur halb fertig, es roch nach Farbe und Desinfektionsmittel. 5700 Dollar waren damals etwa 14000 Mark, ein kranker Preis, auf den mich niemand vorbereitet hatte. Mal abgesehen davon, dass wir uns die Wohnung nicht leisten konnten, konnte ich mir auch nicht vorstellen, hier mit meiner Familie zu wohnen. »Das Badezimmer machen wir natürlich noch fertig«, sagte der Makler. Ich nickte und dachte daran, wie mich eine Kollegin aus dem *Spiegel*-Büro vor den Versprechen der Makler gewarnt hatte. Was bei Unterschrift des Mietvertrages nicht in Ordnung ist, wird nie mehr in Ordnung gebracht. »Überleg's dir bis heute Abend«, sagte der Makler, als wir wieder unten auf der Straße standen, die laut war und dreckig. »Wir haben noch ein paar andere Interessenten, morgen ist die Wohnung weg.« In diesem Moment fing es an zu regnen. Ein heftiger Juniregen, der aus dem Nichts kam. Der Makler spannte einen Regenschirm auf und ging mit schnellen Schritten davon. Ich stand da im Regen und merkte erst gar nicht, dass ich heulte. Ich fühlte mich winzig, unbedeutend, wertlos. Ich war so dicht dran an meinem Traum, in dieser Stadt zu leben. Aber es reichte nicht, und womöglich würde es nie reichen. Ich ging ins *Gramercy Park Hotel* zurück, das mir mein Reiseführer empfohlen hatte, weil es an einem der letzten Privatparks New Yorks lag. Als Gast des Hotels hatte man ein Anrecht auf den Park, stand im Reiseführer. Man konnte sich den Schlüssel an der Rezeption holen. Die Frau an der Rezeption sah mich nur gelangweilt an. Davon wisse sie nichts, sagte sie und wandte sich dem nächsten Gast zu. Ich ging auf mein Hotelzimmer, das 200 Dollar die Nacht kostete, und sah aus dem schmalen Fenster in den halbdunklen Hofschacht. Auf der Klimaanlage am Fenster gegenüber saß eine fette New Yorker Taube und blinzelte mich an. In diesem Moment ließ ich den Traum fast los.

Am nächsten Morgen traf ich dann die alte, dicke Frau wie einen Engel. Sie strahlte mich an und rief: »Another beautiful day in New York City.« Das trug mich durch den Morgen, den Tag, und ich habe es bis heute nicht vergessen.

Man fühlt sich fast immer besser, wenn man hier auf die Straße tritt. Wildfremde Menschen loben deinen Mantel oder dein Kind oder das Wetter. Die Stadt nimmt einen mit, wenn man nach draußen geht. In Berlin ist es oft umgekehrt. Vielleicht ist das der Preis der schönen, großen, billigen Wohnungen, in denen alles perfekt funktioniert. Jedenfalls habe ich mir den Spruch gemerkt und rufe ihn meinen Kindern zu, wenn ich sie zur Schule bringe. Es ist mein Familienvermächtnis. Mein Vater ruft manchmal: »Genau wie olle Lajussen seiner«, ohne dass ich wüsste, was das bedeutet, mein Großvater rief gern: »Ei gewiss, Herr Ungewiss«, ich rufe: »Another beautiful day in New York City«. So geht's. Irgendwann, in einem Pankower Altersheim vielleicht, wird niemand mehr wissen, was ich damit eigentlich meine, wenn sie mich auf den Balkon schieben. Aber noch sprechen es die Kinder mit. Und noch stimmt es. Der Himmel ist hoch und hellblau, die Bäume sind voll mit sonnigem, leicht angestaubtem Septembergrün, der Schulbus, der vor der Privatschule auf der anderen Straßenseite steht, ist knallgelb, die Schule ist rot, unser Nachbar Terry hat sein Haus gerade blau angestrichen. Es sind Farben wie aus einem Kindertuschkasten. Die Straßen und die Bürgersteige summen. Es gibt Privatschulkinder, die mit schwarzen Limousinen gebracht werden, die meisten Kinder aber laufen mit ihren Eltern zur 7th Avenue, wo de P.S. 321 liegt, eine der besten öffentlichen Grundschulen der Stadt. Alles ist voller Vorfreude. André, ein Berliner Freund, der uns schon nach drei Monaten besuchen kam, hat gesagt, ihn erinnere das Viertel am Morgen an die Sesamstraße. André riss sich geradezu darum, meinen Sohn zur Schule zu bringen. Und auch meine Tochter w ll heute unbedingt mit. Links halte ich ihre Hand, rechts d e meines Sohnes.

Man hat das Gefühl, in ein Broadway-Musical zu steigen. Ich würde mich nicht wundern, wenn jemand anfängt zu singen. Einer der koreanischen Blumenhändler auf der 7th Avenue zum Beispiel oder der Truckfahrer von *Boars Head*, der unseren Supermarkt mit Fleisch beliefert, oder einer der nassgescheitelten, hüpfenden jungen Männer, die auf dem Weg sind zu ihren winzigen Schreib-

Wohnungssuche in New York City.

tischen in den unzähligen Immobilienbüros, die die 7th Avenue säumen. Oder der zahnlose Bettler, der jeden Tag an der Ecke Garfield Place auf einem Hydranten sitzt und den Kindern zuruft: »Don't forget to read a book!« Die stolzen Väter, die energischen Mütter, die vertrottelten Starbucks-Angestellten und allen voran natürlich die ältere, schwarze Frau in der gelben Schülerlotsenkutte, die wie jeden Morgen auf der 1st Street steht, über die mein Sohn zur Schule geht. Ich weiß nicht, wie sie heißt, wir nennen sie den Pinguin, weil sie klein ist und watschelt.

»Good Morning, my Angels«, ruft sie den Kindern zu, die an ihr vorbeilaufen. »Have a wonderful day, handsome«, sagt sie meinem Sohn, nimmt seinen Kopf zwischen ihre Hände und küsst ihn auf die Wange. Er wird immer noch ein bisschen rot, obwohl er das gewohnt ist.

Vielleicht Manhattan, vielleicht Harlem, vielleicht Brooklyn.

Der Pinguin küsst ihn jeden zweiten Tag. Ich strahle. Ich habe einen schönen Sohn. Meine dreijährige Tochter kichert. Wir stehen am Schultor und sehen zu, wie der Kopf ihres Bruders zwischen den anderen Köpfen verschwindet. Es ist eine hässliche Schule, grau, die Fenster sind vergittert, und in der Lobby sitzen zwei dicke Wachfrauen mit unfreundlichen Gesichtern. Es ist die beste Schule, die ich kenne. Als mein Sohn hier vor gut anderthalb Jahren seinen ersten Schultag begann, hatten seine Klassenkameraden an die Tafel, die Bänke, an Blumentöpfe, Fenster und alle möglichen anderen Gegenstände im Klassenzimmer kleine Zettel geheftet, auf denen in Deutsch und Englisch stand, wie sie heißen.

Mein Sohn war im September 1999 noch in Berlin eingeschult worden und dann im Dezember nach New York gezogen. Seine Berliner Lehrerin hatte ihm eine kleine Einschätzung für seine neue Schule in Amerika geschrieben und von einer Englischlehrerin übersetzen lassen. »Ferdinand ist ein freundlicher Schüler, er hat noch Schwierigkeiten im Umgang mit der Schere«, stand dort. Das nahm mein Sohn als Botschaft mit in die neue Welt. Er hatte noch Schwierigkeiten im Umgang mit der Schere. Auf sein erstes amerikanisches Zeugnis schrieb seine New Yorker Klassenlehrerin ein knappes Jahr später: »Du bist ein wundervoller Junge. Genieße die Sommerferien. Ich werde Dein Lächeln vermissen.«

Auf dem Rückweg trete ich mit dem linken Fuß immer auf die Metallplatten, die auf den Kellereinstiegsluken der Geschäfte auf der 7th Avenue liegen. Ich liebe das leise Scheppern, es klingt nach New York. Im Winter laufe ich in Manhattan oft ganz dicht an den Schächten vorbei, aus denen weißer Dampf steigt, weil es mir das perfekte New Yorker Bild zu sein scheint. Ich stelle mir dann vor, mich selbst in dieser neuen, beeindruckenden Landschaft zu sehen, von der ich als Kind immer nur geträumt habe. Es ist, als betrete ich ein Gemälde. Als Junge habe ich die Rückseite der Amiga-Platte von *Double Fantasy* angeschaut und mir vorgestellt, dass ich dort hinten in der Ecke auftauche in der Upper West Side, ein kleiner schwarz-weißer Fleck, der langsam größer wird, bis er irgendwann an John und Yoko vorbeiläuft. Jetzt bin ich da und kann es manchmal selbst nicht glauben. Ein unsichtbarer Kameramann filmt mich, wie ich nachts mit dem Taxi aus dem Büro in Midtown die leere Fifth Avenue hinuntergleite, wie ich zu Weihnachten mit dem Fahrrad über die Brooklyn Bridge reite oder am Times Square mit meiner Frau in allerletzter Minute aus einem *Lincoln Town Car* springe und in eines der Broadway-Theater renne. Und jetzt sieht mich die Kamera in Brooklyn, einen Fuß auf die Metallplatte eines arabischen Feinkostladens setzend, an der Hand meine kleine Tochter. Es sind Momente, in denen ich mich in dieser wundervollen Stadt wie in einer Schaufensterscheibe beobachte.

Vor ein paar Wochen habe ich an so einem wundervollen Morgen einen Zettel unter der Windschutzscheibe meines Autos gefunden, auf dem sich jemand über unsere *fucking* Alarmanlage beschwerte, die anspringt, wenn man zu dicht am Auto entlangfährt. »Bring das Stück Scheiße in Ordnung oder ich kümmere mich selbst darum, du Verlierer!«, stand da.

Ich habe die Alarmanlage ausgebaut.

Vor dem Bäcker treffen wir Seily. Sie wohnt auf der anderen Seite unseres Backyards. Sie hat einen Husky, vier Kinder und die weitaufgerissenen Augen einer amerikanischen Mutter. Damit sieht sie allerdings nur meine Tochter an. Es passiert mir hier oft, dass Leute auf der Straße nicht mit mir, sondern mit dem dreijährigen Mädchen reden, das meine Hand hält. Sie setzen nur noch auf die Kinder, denke ich. Eltern sind so was wie die Batterien in der Matrixwelt. Und so kleiden sich die meisten auch, wie Untote. Ihre Sachen baumeln farblos und kraftlos an ihren wegsackenden Körpern. Die Frauen tragen die Haare lang und grau und schminken sich nicht, wenn sie aus dem Haus gehen, die Männer tragen verbeulte Sweatshirts und steigen sofort in unvorteilhafte Shorts, wenn es Frühling wird. Sie haben ihren Job getan, könnte das bedeuten, sie müssen nicht mehr gut aussehen, nur noch die Jungen füttern. Seily fragt meine Tochter, wie die Ferien waren. Ich bin unsichtbar, ein großer weißer Hase.

Mascha erzählt Seily, dass wir schnell nach Hause müssten, weil *Clifford* im Fernsehen laufe. *Clifford, the big red dog*. Das sei ihre Lieblingssendung und auch meine. »My daddy loves Clifford«, sagt meine Tochter. Seilys Augen streifen mich nun doch kurz, spöttisch. Ich zucke mit den Schultern. Clifford ist ein riesiger roter Trickfilmhund, der immer alles richtig macht und mir mit seinen moralischen Ratschlägen unfassbar auf die Nerven geht. Eine Art Rolf Zuckowski als Hund. Ich hasse ihn, aber weil meine Tochter ihn liebt und ich sie und weil ich so selten da bin, habe ich ihr in einer Minute der Schwäche gesagt, dass Clifford natürlich auch mein Lieblingshund ist.

»Have fun«, sagt Seily, und da ist kein Spott mehr. Ich bin wieder eine Batterie in einer Kinderwelt.

Als ich zum zweiten Mal an diesem Morgen die Treppe unseres Hauses herunterkomme, sitzt Mascha vor dem Fernseher und sieht *Clifford, the big red dog*, eine amerikanische Zeichentrickserie über einen roten Hund, der in einer Familie lebt und viel Unsinn anstellt. Mein Mann behauptet immer, es sei die Lieblingsserie unserer Tochter. Aber ich glaube, er will früh nur in Ruhe Zeitung lesen. Und er kann nicht Nein sagen, wenn unsere kleine Tochter mit ihren roten Locken ihn um etwas bittet. Er ist ziemlich inkonsequent, was ihre Erziehung anbelangt, aber ich sage nichts, er ist ja gerade erst wieder gekommen.

Er ist New-York-Korrespondent für den *Spiegel*, aber trotzdem ständig in der ganzen Welt unterwegs. Diesmal ist er nach unserem Urlaub in Deutschland geblieben, um Gregor Gysi zu begleiten, den PDS-Politiker. Das hat zwar nichts mit New York zu tun, aber Gysi – Anwalt, ostdeutsch, Jude, ein Mann mit Brüchen im Leben – interessiert Alex. Ich war ein wenig verspannt, als er wiederkam, erschöpft, ausgebrannt und glücklich seinen Koffer in den Flur stellte und die Kinder, die an ihm hochsprangen, umarmte. Irgendwann sah er über ihre Schultern zu mir, lächelte, kam auf mich zu, vergrub seinen Kopf in meinem Haar und gab mir einen Kuss.

»Schön, wieder hier zu sein«, sagte er und ich sagte auch so was in der Art.

Wir sind beide Journalisten, und wenn er so mit seinem Koffer in der Tür steht, erinnert er mich an das Leben, das ich nicht habe. Mein Erziehungsurlaub ist gerade abgelaufen. Wenn wir in Berlin geblieben wären, würde ich jetzt wieder in der Redaktion der *Berliner Zeitung* arbeiten, aber wir sind in New York. Mein letzter Text, ein Maximilian-Schell-Interview, wurde vor einem halben Jahr veröffentlicht. Kurz darauf sagte mir mein Chefredakteur, ein Korrespondentenvertrag für New York sei nicht drin, die Zeitung müsse sparen, und die Stadt sei nicht interessant genug. Mein Mann dagegen schreibt eine *Spiegel*-Geschichte nach der anderen, hat einen Roman veröffentlicht und schreibt eine wöchentliche Kolumne für die *Berliner Zeitung*.

Meine Arbeit in New York ist momentan eher ein

Hobby, das ich mir leiste, um zu Hause nicht durchzudrehen. Ich liebe meine Kinder, ich gehe mit ihnen in den Park, ich koche für sie, lese ihnen Geschichten im Bett vor und tröste sie, wenn sie traurig sind. Aber ich bin auch gerne bei mir, mache die Tür meines Arbeitszimmers hinter mir zu und versinke in den Geschichten, die ich schreibe. Je weniger ich das kann, desto mehr zerrt es an meinen Nerven, wenn die Kinder sich streiten, desto mehr langweilt es mich, mit meiner Tochter zehnmal hintereinander *Old Mac-Donald had a farm* zu singen. Wenn ich sie im Garten anschaukele, nehme ich mir ein Buch mit, auf dem Spielplatz lese ich Zeitung und fange mir strafende Blicke von New Yorker Müttern ein, die ihre Kinder nicht einen Moment aus den Augen lassen, ununterbrochen auf sie einreden und applaudieren, wenn ihnen etwas gelungen ist. *Good job! Great! Do it again!* Diese Mütter kommen mir manchmal vor, als hätten sie ihr vorheriges Leben, ihre Bildung, ihre Freunde, die Liebe zu ihrem Mann abgeschaltet. Sie arbeiten nicht, gehen abends nie weg, sie haben jetzt Kinder, das ist ihre Aufgabe, ihr neuer Ganztagsjob.

Die New Yorkerinnen, die nach der Geburt ihrer Kinder wieder arbeiten, sind das andere Extrem. Sechs Wochen nach der Entbindung ziehen sie ihr Businesskostüm an und überlassen die Erziehung ihrer Kinder Nannys, die jeden Morgen aus der Bronx oder dem tiefsten Brooklyn anreisen und ihre eigenen Kinder in der Zeit Nachbarn oder Familienmitgliedern überlassen. Manche der Nannys haben ihre Kinder auch in ihrer Heimat bei Verwandten zurückgelassen, um in

New York Geld zu verdienen. Es hat eine Weile ge-
dauert, bis ich begriffen habe, warum so viele müde
schwarze Frauen weiße Kinder in teuren McLauren-
Buggies über die 7th Avenue schieben. Neben den Super-
marktverkäufern sind die Nannys fast die einzigen
Schwarzen in unserem Viertel. Die meisten leben il-
legal in New York, haben keine Krankenversicherung
und sprechen so schlecht Englisch, dass sie den Kindern, die sie betreuen, nicht mal ein Buch vorlesen
können. Sie sind dafür da, die Kinder zu füttern, zu
wickeln und sie zu Beschäftigungsprogrammen zu kut-
schieren. Turnen für Kleinkinder, Kinderyoga, musika-
lische Früherziehung.

Debbie hatte mir auch mal eine Nanny vermittelt,
ein paar Monate nach unserem Umzug. Die Nanny
war eine hübsche junge Frau von einer karibischen
Insel. Sie saß auf unserem Sofa, lächelte viel, sagte aber
nichts. Ich zeigte ihr Maschas Zimmer, erklärte, wie die
Murmelbahn funktionierte, bot ihr Kaffee an. Ich be-
handelte sie wie einen Hausgast. Die Nanny lächelte.
Vielleicht verstand sie mich nicht, weil mein Englisch
zu schlecht war, vielleicht war ihres nicht gut genug.
Vielleicht war sie unsicher, vielleicht spürte sie, dass
mich das Nanny-Prinzip nicht überzeugte. Ich finde,
dass es Kindern gut tut, mit anderen Kindern zusammen zu sein, und ich kann mir nicht vorstellen, zu
Hause zu arbeiten und durch die Tür Maschas kleine
Stimme zu hören, ihr Lachen, ihr Weinen. Ich hätte
ständig das Bedürfnis zu ihr zu gehen und würde keine
einzige Zeile aufs Papier kriegen.

Eine Nachbarin schlug vor, ich könne es ja auch mal

bei *Sunflower* probieren. *Sunflower* ist ein Kindergarten, der sich in einem Erdgeschoss in Carroll Gardens befindet und von russischen Frauen betrieben wird, die auch dort wohnen. Morgens, bevor die Kinder kommen, klappen Nina und Oksana ihre Sofas zusammen und verwandeln ihre Schlafzimmer in Spielräume. Nachmittags kommen Oksanas Kinder von der Schule und manchmal sitzt auch ihr Mann mit am Tisch, ein kräftiger Russe, der mit den Kindern im Winter einen Schneemann gebaut hat, groß und stark wie ein sibirischer Braunbär. Mascha gefällt es bei Nina und Oksana, es ist nur ein bisschen weit weg und Mascha muss dort immer drei Stunden Mittagsschlaf halten, weil Nina und Oksana gerne ihre Ruhe haben. Sie studieren nebenbei.

Wenn ich Mascha abhole, bleibe ich manchmal noch ein bisschen und unterhalte mich mit ihnen. Ich fühle mich wohl bei den russischen Frauen. Sie sind eher so wie ich. Sie wollen was vom Leben, sie versuchen, das Angenehme mit dem Nützlichen zu verbinden, sie verhalten sich nicht wie die New Yorker Mütter, die nur noch für ihre Kinder da sind, *Play Dates* organisieren, Bücher über die besten Kindergärten studieren, auf Spielplätzen durch den Buddelkasten kriechen und ihren Töchtern und Söhnen unentwegt zurufen, nicht so hoch zu klettern, nicht so wild zu schaukeln, keinen Sand in den Mund zu stecken und nicht über andere Kinder zu stolpern. *Watch out!*, sind die zwei Wörter, die ich am häufigsten in meinem neuen New Yorker Alltagsleben hörte, und manchmal habe ich das Gefühl, schon selber viel ängstlicher zu sein als damals in Berlin.

Mascha setzt sich auf den Fußboden im Wohnzimmer. Ich schalte Channel 13 an, wo *Clifford* bereits angefangen hat, nehme mir die Kaffeetasse und die *Times* und setze mich dazu. Im Wissenschaftsteil steht, dass die Haiangriffe an der amerikanischen Ostküste im vorigen Jahr dramatisch gestiegen sind, auch in den letzten beiden Wochen sind im Atlantik schon wieder zwei Menschen totgebissen worden – ein zehnjähriger Junge in Florica und ein 28-jähriger Mann in North Carolina. Es gibt Säulendiagramme, die beweisen, dass die Haie an die amerikanische Küste zurückkommen wie die Wölfe nach Brandenburg. Haie faszinieren mich, seit ich ein Kind bin. Es lag an *Flipper* und am zweiten Band von *Urania-Tierreich*, glaube ich, *Fische, Lurche, Kriechtiere*, in dem es unheimliche Fotos von Ammenhaien gab, deren Augen kalt aus der Dunkelheit leuchteten. Als Junge habe ich mir manchmal vorgestellt, dass jemand einen Hai in dem kleinen See, der ans Wochenendgrundstück meiner Eltern grenzte, ausgesetzt hat. Ich schwamm durch den See und dachte an den Hai, der dort unter mir im trüben grünen Wasser kreiste, ein Süßwasserhai. Manchmal spürte ich ihn, seine raue Haut an meinen Beinen. Es gibt ein dreispaltiges Bild von einem *Bullshark* in der *New York Times*, das sind die schlimmsten, wie ich weiß, weil sie im Gegensatz zu den anderen Menschenfleisch mögen.

Im Fernsehen berät *Clifford* seinen Freund *T-Bone*, eine begriffsstutzige Bulldogge, ich schwimme mit den Haien, als Anja die Treppe zu uns herabsteigt. Es ist eine lange Treppe, und ich bilde mir ein, dass sich die Anspannung der letzten beiden Wochen, der Ärger von gestern Abend, als ich wegrannte und sie wartete, langsam löst, während meine Frau die Treppe herunterläuft und uns ansieht, den Fernseher, die Wissenschaftsseite mit den Haien, mich, Mascha, *Clifford*, den großen roten Hund. Als sie unten bei uns ist, sagt sie: »Eure Lieblingssendung, was?«, lächelt leicht, und ich weiß, dass alles gut wird.

Wir haben morgens oft Schwierigkeiten, einen Rhythmus zu finden, weil ich meiner Frau zu viel Energie habe und sie mir zu wenig. Sie sagt, es liege am Blutdruck, was mich ärgert, weil es mir unterstellt, ich hätte zu hohen, dabei ist meiner völlig okay. Ich habe einen vorbildlichen Blutdruck, ihrer ist zu niedrig. Ich muss morgens meine gute Laune verstecken, bis das Blut meiner Frau den richtigen Druck hat. Das ist nicht einfach und führt manchmal dazu, dass ich schlechte Laune habe, wenn meine Frau endlich in Schwung kommt. In ganz dunklen Stunden glaube ich, sie braucht meine schlechte Laune, um selbst gute zu bekommen. Aber in Momenten wie diesem jetzt, zwischen der bunten Kinderwelt dort draußen und den Haien in der Zeitung, habe ich das Gefühl, dass wir dem Blutdruck standhalten können. Ich bin keine Batterie hier und kein weißer Hase, ich bin ein Mann, ein unzuverlässiger, zerstreuter, flüchtender Mann vielleicht, aber doch wenigstens sichtbar. Ich bin 39 Jahre alt, ich bin noch da.

Ich gebe Mascha einen Kuss, gehe in die Küche, gebe Alex einen Kuss. Er liest Zeitung und sieht überrascht auf, als würde er mich jetzt erst bemerken. Ich bin mir nicht sicher, ob er wirklich in den Artikel vertieft ist, den er gerade liest, oder nur so tut. Wir haben uns gestern Abend gestritten, weil er joggen ging, als das Abendbrot gerade fertig war. Ich hatte gekocht, zweimal sogar, Nudeln für die Kinder, Fisch mit Salat für uns, und genau in dem Moment, als alles fertig war, lief er in seiner Turnhose die Treppe herunter. »Nur ganz kurz«, rief er mir zu, bevor die Haustür hinter ihm zufiel. »Nur ganz kurz« war eine halbe Stunde, plus zehn Minuten Duschen. Da war das Essen kalt.

Kurz nachdem er losgerannt war, fing es an zu stürmen, zu blitzen und zu donnern. Ich stand am Fenster und dachte an den Abend in Berlin, als ich mit einer Lungenentzündung im Bett lag und ihn bat, diesen Montag nicht zum Fußball zu gehen, nur diesen einen Montag mal zu Hause zu bleiben, um Ferdinand ins Bett zu bringen. Er ging, er spielte, er stürzte, er schlug sich einen Vorderzahn aus. Ich fand damals, dass das eine gerechte Strafe war, und hoffte, dass er in Zukunft in solchen Situationen andere Prioritäten setzen würde. Aber bald ging es wieder los. Fußball. Jeden Montagabend. Außerdem: Fußball am Mittwoch im Fernsehen, Fußball am Samstag und Sonntag im Fernsehen, Fußball im Urlaub, Fußball unter Ferdinands Hochbett, selbst auf unserer Hochzeit hat Alex die Hosenbeine seines Anzugs hochgekrempelt und ist mit den männlichen Gästen dem Ball hinterhergerannt. Ich finde, dass Fußball einen viel zu großen Platz in unserem Leben einnimmt. Und ich bin froh, dass es hier in New York keine Bundesligaübertragungen und keinen Montagsfußball gibt. Dafür gibt es aber den Park und den New York Marathon. Der Marathon ist der Fußballersatz.

»Morning«, sagt Alex und strahlt mich an, und ich muss lachen. Ich würde ihn gerne ein bisschen um mich werben lassen. Aber ich kann nicht. Er hat dieses unschuldige, jungenhafte Lachen, mit dem er mich rumkriegt.

»Morgen«, sage ich und gehe hinter den Tresen, um mir Kaffee zu machen, den guten alten Jacobs Kaffee, den wir uns aus Deutschland mitbringen lassen, weil mir der amerikanische zu bitter ist. Kaffee, Schokolade, Elmex, Mückenspray sage ich, wenn unser Besuch aus Deutschland fragt, was wir brauchen.

Ich bekomme gerne Besuch. Für mich ist es eine willkommene Abwechslung in meinem Mutter-Kind-Alltag, und wenn es mir die Zeit erlaubt, begleite ich unsere Gäste nach Brooklyn Heights, nach Chinatown, Little Italy und Soho, zur Freiheitsstatue, aufs Empire State Building oder aufs World Trade Center. Ich habe fast alle Broadway-Musicals gesehen. Ich bin Mitglied im Aquarium von Coney Island und weiß, dass man vor zwei Uhr kommen sollte, um die Haifischfütterung nicht zu verpassen. Mafiainteressierte schicke ich an die Kreuzung in Brooklyn, wo Al Capone angeschossen wurde, und erzähle die Geschichte seiner Todesumstände.

Alex ist der Besuch manchmal zu viel. Er muss für ihn sein Arbeitszimmer räumen und zum Schreiben ins *Spiegel*-Büro nach Manhattan fahren, in ein kleines, dunkles Zimmer auf einer Etage, auf der sonst nur Anwälte sitzen. Er ist nicht der Typ, der morgens mit Aktenkoffer in die Stadt fährt. Er verzieht sich lieber in sein Zimmer in der obersten Etage unseres Hauses und kommt runter, wenn er Hunger hat oder mit Ferdinand im Garten Fußball spielen will. Zum Schreiben braucht er Kaffee, eine knappe Deadline und einen Film, der ihn in Stimmung bringt. Deshalb verbindet er einen Besuch im Büro oft mit einem im Kino am Times Square. Ich merke das daran, dass sein Handy zwei Stunden aus ist, oft aber auch erst dann, wenn wir abends zusammen ins Kino gehen wollen und überlegen, welchen Film wir uns ansehen. Er kann mich nicht angucken, wenn er mir scheinbar beiläufig gesteht, dass er den Film, den ich gerne sehen würde, schon gesehen hat.

»Wann hast du den denn schon wieder gesehen«, sage ich.

»Ist schon 'ne Weile her«, sagt er, »da warst du gerade mit deiner Freundin unterwegs, glaube ich.«

»Aber du weißt doch, dass ich den Film auch sehen wollte.«

»Wenn du willst, guck' ich ihn nochmal mit dir.«

»Ach, das ist doch total blöd, du kennst ja dann schon alles.«

Es kommt selten vor, dass Alex einen Film zweimal sieht. Er hat unser Gespräch bereits in Gedanken durchgespielt und immer ein paar Alternativvorschläge parat, Filme, die mir angeblich sowieso viel besser gefallen würden als der, den er schon gesehen hat. Er ist ein Spieler, er weiß, dass ich nicht lange sauer auf ihn sein kann.

Ich setze mich zu ihm an den Küchentisch. Er liest den Wissenschaftsteil der *New York Times*. Auf dem Cover ist ein riesiger Hai zu sehen.

»Bullsharks«, sagt er, und nach einer Weile »Florida«
und schließlich: »Unfassbar!«

»Was ist unfassbar?«, frage ich.

»Es ist unfassbar, dass die meisten Haiangriffe in Florida passieren«, sagt er und sieht mich an, als müsste
auch ich nun endlich begreifen, wie sie hinter ihm her
sind, die Bullenhaie dieser Welt. Nur weil wir schon
zweimal in Florida Urlaub gemacht haben.

Alex bezieht Dinge, die überhaupt nichts mit ihm zu
tun haben, auf sich. Wenn ich sage, dass mir der Bauch
weh tut, fasst er sich an seinen. Und wenn in Neusee-
land einem Surfer von einem Hai ein Bein abgebissen
wird, hat er Phantomschmerzen.

Ich spritze ihn nass, wenn er am Strand steht und das
Meer nach Flossen absucht. Er rächt sich, indem er sich
von hinten anschleicht, während ich ahnungslos
brustschwimme. Etwas zwickt mich ins Bein, ich drehe
mich erschrocken um, dann taucht Alex aus dem Wasser auf und fletscht die Zähne. Am Wochenende spielt
er mit den Kindern Hai unter der Decke im Bett. Die
Kinder lieben das. »Haispielen«, ruft Mascha jeden
Sonntagmorgen, während ich versuche, im Bett zu
lesen. Ich kann früh nicht rumtoben. Ich brauche eine
Weile, um zu mir zu kommen. Ich habe einen niedri-
gen Blutdruck, Alex einen hohen. Ich habe Angst vor
Einbrechern, Alex vor Haien.

Und vor Flugzeugabstürzen. Bevor er irgendwohin
fliegt, ruft er mich an, egal von wo, egal zu welcher
Tageszeit.

»Und, wie ist dein Gefühl?«, fragt er mich.

»Gut«, sage ich.

»Wirklich?«, fragt er.

»Ja, wirklich.«

Dann steigt er ein.

Ich sehe meiner Frau hinterher, wie sie in die Küche geht, um sich einen Kaffee zu machen, und fühle, wie ich wieder ankomme in meinem Leben zwischen den Zeiten. Ich renne so gern weg, aber das hier ist mein Zuhause. Ich höre das Surren des kleinen batteriebetriebenen Milchaufschäumers und die Schlussmelodie von *Clifford*, dem großen roten Hund. Meine Tochter springt auf, läuft in die Küche, und ich denke nicht mehr an gestern und vorgestern, nicht mehr an den Regensturm und nicht mehr an Berlin, sondern an den Tag – an den Text, den ich heute, in meinem kleinen Arbeitszimmer unterm Dach, beginnen werde zu schreiben, an die gescheiterten Weltrevolutionäre Gysi, Bunke und mich und auch daran, dass meine Frau und ich in unserer Mittagspause vielleicht zu *Yamato* gehen könnten, dem besten japanischen Restaurant in Park Slope. Ich bin jetzt da oder fast da, in diesem Moment, als das Telefon klingelt und mir Kerstin, meine Kollegin aus dem Büro in Manhattan, sagt, dass ein Loch im World Trade Center ist.

Das Telefon klingelt. Alex geht ran.

»Hi, Kerstin«, sagt er.

Kerstin arbeitet im *Spiegel*-Büro in New York, so früh

63

ruft sie nur an, wenn Alex wieder irgendwo hinfahren oder jemand aus Hamburg unbedingt mit ihm sprechen muss. Kein gutes Zeichen, dieser Anruf, zumal Alex, noch mit Telefon in der Hand, zum Fernseher läuft, die Fernbedienung vom Couchtisch nimmt und die Trickfilmfiguren wegschaltet.

»Daddy, Daddy!«, schreit Mascha.

»Was ist los? Warum lässt du sie nicht zu Ende sehen?«, frage ich, und noch während ich Mascha auf den Arm nehme, um sie zu trösten, sehe ich über ihren roten Haarschopf hinweg auf dem Bildschirm die verwackelte Aufnahme eines Turmes mit einer Antenne oben drauf. In einer Seite des Turmes ist ein Loch, aus dem Loch schlagen Flammen. Ich kenne den Turm und die Antenne, vor ein paar Monaten habe ich mit meiner Schwester, ihrem Mann, ihren und meinen Kindern dort auf der Aussichtsplattform in der Sonne gestanden. Es muss auch so etwa um diese Tageszeit gewesen sein, meine Schwester und ihr Mann sind Frühaufsteher.

»Guck mal, Mascha, da waren wir mit Tante Katrin und Anton«, sage ich.

Es ist kurz vor neun. Kerstin ist heute früher im Büro, weil sie für ein paar Tage im Haus ihrer Eltern wohnt, um ihre kleine Schwester zu betreuen. Sie nimmt in dieser Zeit einen anderen Zug in die Stadt und ist gerade von Juliette angerufen worden, die zweimal die Woche in unser Büro in Midtown kommt, um die Bücher zu führen.

Juliette wohnt 30 Meilen weiter nördlich am Hudson River und schaltet, sobald sie die Augen aufschlägt, das *National Public Radio* ein, den Deutschlandfunk Amerikas. NPR hat sofort vom Unfall im World Trade Center berichtet, Juliette hat Kerstin angerufen – und Kerstin hat die drei Redakteure informiert, die für den *Spiegel* in New York sind. Thomas im West Village, Jan in White Plains und mich in Brooklyn. Der *Spiegel* läuft wie ein Uhrwerk, in dem sich Privates und Berufliches mischt, jeder fühlt sich verantwortlich, jeder handelt irgendwie, und so schalte ich, am Ende der Informationskette des *Spiegel*, von *Channel 13*, wo jetzt *Jay Jay* läuft, die nächste Kinder-Morgenshow, auf *New York 1* um, den lokalen Nachrichtensender. Und da ist das Loch.

Es sieht klein aus und nicht sehr beeindruckend, technisch irgendwie, was aber auch an der seltsamen Kameraperspektive liegen kann, die sich nicht verändert. Es ist immer dasselbe Bild, starr, als würde man auf den Monitor einer Überwachungskamera schauen wie ein Pförtner. Darüber redet eine Moderatorin von einem Sportflugzeug, *one-engined* sagt sie, und das Wort »einmotorig« raubt mir jegliche Energie. Ich fühle mich von dem Loch belästigt. Es bedroht meinen kleinen Tagesplan, der mich nach dem Kaffee in mein Arbeitszimmer unters Dach führen sollte, wo ich mein Material sichten wollte, das Wichtige vom Unwichtigen trennen. All den Sand, den ich wochenlang gesammelt habe, wollte ich doch sieben, bis nur noch Gold da wäre – die Geschichte.

»Was ist denn?«, fragt Anja.

»Kerstin sagt, da ist ein Flugzeug ins World Trade Center geflogen«, sage ich. »Ein kleines.«

»Was?«

»Hier, guck doch mal.«

Wir schauen auf den Fernseher. Das Loch, klein, starr, technisch.

»Musst du da hin?«, fragt Anja.

Ich sage erstmal nichts. Ich habe keine Lust, da hinzu-fahren. Es ist Dienstag. Der nächste *Spiegel* erscheint am Montag. Sechs Tage. Bis dahin ist das Sportflugzeug im World Trade Center eine Meldung im Vermischten, denke ich. Vielleicht saß ein Prominenter im Cockpit, aber auch das rettet es nicht. Es hätte schon Präsident Bush sein müssen. Ich mache das, was ein Reporter eigentlich nicht machen sollte: Ich nehme die Geschichte vorweg, ich rede sie mir aus. Ich stelle mir vor, wie ich dort unten am Fuß des World Trade Centers stehe und hochschaue. Ich stelle mir vor, wie ich ein paar Statements von Feuerwehr-leuten zusammentrage. Wie ich, weil sonst nichts pas-siert, die exakte Farbe des Himmels in meinen Block schreibe, Metaphern für die Form des Loches suche, die das Flugzeug in die Turmspitze gerissen hat. Ich werde dort unten stehen wie Egon Erwin Kisch an den brennen-den Mühlen in Prag, weit weg, ohne Zugang, ohne Geschichte. Und deshalb werde ich nicht hinfahren, denke ich, aber ich spüre, wie etwas in mir zerrt. Etwas zerrt mich dorthin. Der Qualm auf dem Fernseher scheint dunkler zu werden, heftiger.

»Ich habe keine Lust«, sage ich.

»Versteh' ich«, sagt meine Frau.

Alex hat mir versprochen, erstmal ein paar Tage Pause zu machen, bevor er wieder loszieht. Er will zu Hause schreiben und bei den Kindern sein, die er so lange nicht gesehen hat. Seit wir aus Deutschland zurück sind, bin ich jeden Tag mit Mascha zu Hause gewesen, obwohl ich schreiben musste. Das ging gut, solange Ferien waren und Mascha mit ihrem Bruder und den anderen Nachbarskindern im Garten spielen konnte.

Aber nun hat Ferdinands Schule wieder auf und Maschas neuer Kindergarten *Huggs* immer noch zu, obwohl schon fast Mitte September ist. Morgen erst geht es los, mit einer Stunde Eingewöhnung von neun bis zehn Uhr. Am Donnerstag sind zwei Stunden vorgesehen, am Freitag drei, und ab nächsten Montag kann Mascha endlich wie vereinbart von 9 bis 16 Uhr dorthin gehen, vorübergehend, denn dann kommen die jüdischen Feiertage: Dienstag und Mittwoch Rosch Haschana, das jüdische Neujahr, und in der Woche darauf Yom Kippur – und *Huggs* hat wieder zu.

Wenn Alex wirklich nach Manhattan muss, könnte ich Mascha auch wieder zu Nina und Oksana bringen, denke ich. Das geht auch. Es geht ja immer irgendwie.

Wir schauen auf den Fernseher. Es zerrt in mir. Irgendwas muss ich machen. Ich bin *Spiegel*-Reporter. Irgendwas machen, tun, sich verhalten wie ein Reporter.

»Ich geh' mal aufs Dach«, sage ich meiner Frau. Sie nickt.

Ich klettere durch die Luke im dritten Stock auf das Dach, von dem aus man die Türme sehen kann. Da ist eine schwarze Wolke, klein nur, aber deutlich sichtbar, sie weht nach links wie eine schwarze Fahne, ein Fähnchen eher. Auf dem Dach des Eckhauses stehen auch zwei Männer und schauen nach Manhattan. Ich habe etwas gemacht, eine kleine Szene, eine Beobachtung in einer Geschichte. Ich kann schreiben, dass ich auf dem Dach meines Hauses in Brooklyn stand und mich die Wolke an ein schwarzes Fähnchen erinnerte, ein Halbsatz für eine Kolumne. Ich fühle mich ein wenig besser, aber noch nicht erleichtert.

C_{NN} zeigt den brennenden Nordturm von allen Seiten, von Nahem und von Weitem. Eine Frau, die in Battery Park wohnt, sagt übers Telefon, sie sehe aus ihrem Fenster, wie Menschen aus dem Gebäude rennen und Feuerwehrleute hineinlaufen. Die Rauchwolke ist größer geworden, es sieht so aus, als ob sie direkt zu uns nach Brooklyn rüberzieht. Alex sagt, er würde mal aufs Dach gehen. Während er die Treppe hochläuft, gehe ich mit Mascha auf die Straße, vielleicht ist von dort ja auch was zu sehen.

Draußen ist alles so ruhig wie immer um diese Zeit, wenn in der Berkeley Carroll School der Unterricht angefangen hat. Ein paar Mütter und Nannys stehen noch vor dem Eingang und reden – die Mütter mit den Müttern, die Nannys mit den Nannys. Ansonsten sieht die Straße aus wie jeden Dienstagmorgen: Auf einer

Straßenseite stehen Autos, auf der anderen keine. Auf dem Bürgersteig versperren Mülltonnen den Weg, manche sind leer, manche voll, manche liegen quer über dem Gehweg.

Dienstag ist Großkampftag in unserer Straße. Erst kommt die Müllabfuhr, dann kommt die Straßenreinigung, und später rücken auch noch die blauen Recyclingfahrzeuge an, die Flaschen und Papier abholen. Im Gegensatz zu Berlin kommen die Müllmänner nicht ins Haus, man muss die Tonnen selbst auf die Straße stellen und rechtzeitig wieder reinstellen, bevor die Hundebesitzer die Chance bekommen, ihren *Dogpoop* reinzuwerfen, der, wenn es heiß draußen ist und die Müllmänner nur die großen Beutel aus den Tonnen nehmen, unter unserem Wohnzimmerfenster vor sich hinstinkt.

Nebenan fällt eine Tür ins Schloss. Eine Sekunde später taucht Kate, unsere Nachbarin, neben der Vortreppe ihres Hauses auf. Sie trägt Jeans und ein langes Shirt, in der Hand hält sie einen Kaffeebecher. Ich winke ihr zu.

»Hi Anja, hi Mascha«, ruft Kate, »no *Huggs* today?«

Mascha schüttelt den Kopf.

»Morgen ist der erste Tag«, sage ich.

»Stimmt ja, *Huggs* fängt immer so spät an. Maeve kommt um drei aus der Schule. Dann könnt ihr im Garten spielen.«

Kate fragt, wie es mir geht. Ich frage, wie es ihr geht.

»Gut«, sage ich.

»Not bad«, sagt sie.

Ich weiß nie so richtig, woran ich an ihr bin. Kate ist anders als Debbie, unverbindlicher. Das erste Mal habe ich sie ein paar Tage nach unserem Umzug nach New York gesehen, es war kurz vor Weihnachten. Ich ging gerade mit den Kindern aus dem Haus, als nebenan zwei Hunde, ein kleines blondes Mädchen und eine Frau mit einer Schürze um den Bauch und einem Holzlöffel in der Hand aus der Tür stürzten. Die Frau hatte schulterlange mittelblonde Haare und erinnerte mich an Meg Ryan. Als sie uns sah, blieb sie stehen und begrüßte uns überschwänglich. Ja, sie habe schon gehört, dass eine deutsche Familie nebenan einziehe. Es sei sooo schön, uns endlich kennenzulernen. Sie sei Kate, das sei ihre Tochter Maeve und das seien Frieda und Maggie. Sie zeigte auf das blonde Mädchen und dann auf die beiden Hunde, einen kleinen wuscheligen schwarzen und einen gescheckten mit langen Ohren und Hängebauch. Kate buk gerade *Gingerbreadmen*, Lebkuchen mit Ingwer, sie werde uns später welche rüberbringen, versprach sie.

Ich war fest davon überzeugt, gerade meine neue beste Freundin kennengelernt zu haben, aber irgendwie kamen wir nicht weiter. Immer, wenn ich dachte, wir waren uns näher gekommen, ging sie wieder auf Distanz und flüchtete sich in »Wie geht es den Kindern?« – »Was für ein schöner Tag« – »Oh, ich wünschte, es wäre endlich Frühling«-Smalltalk. Sie und ihr Mann sind Schauspieler, jeder in der Nachbarschaft kennt sie, vielleicht liegt es daran.

Terry ist gerade in der HBO-Serie *Oz* zu sehen. Kate spielt die Kommissarin in *Law & Order*. Normalerweise wird Kate morgens um sechs mit einer großen schwarzen Limousine abgeholt und erst spätabends wieder zurückgebracht, während ihre Nanny auf ihre Tochter aufpasst.

Heute ist kein Drehtag, heute muss Kate nach Manhattan zum Nachsynchronisieren einer Folge, sagt sie. Sie ist auf dem Weg zur Subway.

Anja steht auf dem Bürgersteig. Sie redet mit Kate, unserer Nachbarin. Ich schaue die Straße rauf und runter, man sieht nichts, alles ist wie immer. Dann gehe ich nach unten auf den Bürgersteig zu den Frauen und erzähle ihnen von der kleinen schwarzen Fahne, die man vom Dach aus sieht. Kate ist auf dem Weg nach Manhattan. Sie weiß von keinem Loch im World Trade Center. Sie hat nicht Juliette und nicht Kerstin und nicht das *Spiegel*-Getriebe. Sie hat Terry, ihren Mann, und der schläft noch.

Kate und Terry haben sich in der *Steppenwolf Theatre Company* in Chicago kennengelernt, die Terry zusammen mit John Malkovich und Gary Sinise gegründet hat. Sinise und Malkovich waren schon mal für den Oscar nominiert, Terry noch nicht. Aber er ist trotzdem der berühmteste Amerikaner, mit dem ich privat verkehre. Er hat bei *Sleepers* mitgespielt, wo auch Robert De Niro und Brad Pitt mitmachten, und er ist mit Matt Damon befreundet. Ich habe sowohl Kate als auch Terry schon in deutscher Synchronisation gehört und ich habe mit den beiden mal einen Joint in ihrem Keller geraucht. Danach haben wir dort unten Tischtennis gespielt, was sehr lustig war. Wir kommen uns immer mal ganz nahe, reden, essen und trinken zusammen, aber dann ziehen sich Kate und Terry

wieder zurück. Ich vermute, es ist so eine Prominenten-
sache, die Sehnsucht nach Wirklichkeit einerseits und die
Angst davor andererseits. Es gibt Wochen, da scheinen
sich die beiden regelrecht in ihrem Haus zu verschanzen.
Als ich Kate das erste Mal sah, hat sie mir erzählt, wir sollten im Park vorsichtig sein, es gebe da böse Menschen.
Sie hat wirklich BÖSE Menschen gesagt. Terry betritt
manche Etagen seines Hauses nicht gern, weil da
schlechte Schwingungen herrschen, wie er sagt. Sie
haben Kerzen aufgestellt, um den Geist des Vorbesitzers
zu vertreiben, der in dem Haus gestorben war. Sie haben
die aufwändigste Alarmanlage im gesamten Block, aber
weil sie so sensibel ist, dass selbst Terrys fast lahme Hündin Maggie sie manchmal mitten in der Nacht auslöst,
stellt er das Gerät nachts ab. So ist ihr ganzes Erdgeschoss
vor ein paar Wochen ausgeraubt worden, während Kate,
Terry und ihre Tochter schliefen, und ihre Hündin Maggie
wohl auch. Manchmal steht Terry mit einer Zigarette in
seinem Vorgarten und guckt die Straße vorsichtig hoch
und runter, als erwarte er, demnächst von irgendjeman-
dem angegriffen zu werden.

Kate und Terry machen Aktionen. Sie nehmen sich
Dinge vor, manchmal kleine Dinge, wie, sagen wir mal,
weniger Wein zu trinken, manchmal größere, wie ein
aktiveres Sozialleben zu führen. Im vorletzten Sommer
haben sie ihre Terrasse ausgebaut, im Garten ein paar
Fackeln, eine kleine Sitzgruppe und eine antike Figur aufgestellt. Sie haben Freunde und Nachbarn eingeladen,
um das zu feiern, es gab Champagner und ein Barbecue,
und dann ist das Sozialleben von Kate und Terry sofort
wieder eingeschlafen. Ich habe weder Terry noch Kate

noch sonst irgendjemanden jemals auf der Sitzgruppe neben der antiken Figur sitzen sehen. Im letzten Frühjahr hat Terry zusammen mit seiner Familie einen Baum auf dem Bürgersteig gepflanzt, der für irgendetwas stehen sollte, wofür, habe ich inzwischen vergessen. Kurz danach hat Terry sein Brownstonehaus hellblau anmalen lassen. Es sieht ganz furchtbar aus, und er weiß das auch. Er lacht darüber. Ich mag Kate und Terry sehr. Ich habe das Gefühl, sie zu verstehen.

Kate muss in Manhattan eine Folge von *Law & Order* nachsynchronisieren, sagt sie. Wir erzählen ihr von dem Flugzeug im World Trade Center. »Dann fährt die rote Subway sicher nicht«, sagt Kate. Das ist alles, was sie sagt. Sie denkt nicht an eine Katastrophe, sie denkt an die U-Bahn. »Die rote Linie führt ja direkt unterm World Trade Center entlang«, sagt Kate. »Dann gehe ich besser zum R-Train.« Sie macht kehrt und geht die Carroll Street runter in Richtung 4th Avenue, wo die R-Linie der New Yorker Subway fährt. Ich stehe mit Anja noch einen Moment da, ruhiger jetzt, da nicht mal Kate beunruhigt ist, Kate, die sofort anfängt, Lebensmittel und Wasser in ihrem Keller zu bunkern, wenn der Wetterbericht Schnee vorhersagt. Ich glaube, ich muss nicht los. Wir gehen zurück ins Haus, und als wir die Tür schließen, donnert es in der Ferne, ein dumpfer Knall. Für einen Moment scheint die Welt zu schwingen, ein leichtes Zittern fährt in die alten Dielen und Wände unseres Hauses. Ich sehe Anja an, und Anja sieht mich an, es ist kein Schrecken in ihrem Blick, eher Neugier und dann höre ich, wie die Stimme der Moderatorin auf *New York 1* lauter wird, sie kippelt und schriekst und dann klingelt das Telefon wieder.

Den Knall höre ich, als wir ins Haus zurückgehen, es ist ein dumpfes Geräusch, das die Erde zittern lässt, als sei ein Blitz eingeschlagen oder ein paar Straßen weiter ein Haus gesprengt worden. Kurz darauf klingelt das Telefon. Kerstin schon wieder.

»Ach, du Scheiße«, sagt Alex und starrt auf den Fernseher, wo das World Trade Center jetzt nicht nur in den oberen Etagen brennt, sondern auch weiter unten und dahinter. Irgendwie muss das Feuer vom ersten Turm auf den zweiten übergesprungen sein.

Alex sagt, Kerstin sei total aufgelöst gewesen, es habe noch eine Explosion gegeben. Er ist auch nicht mehr so ruhig wie gerade eben noch. Ein Flugzeug im World Trade Center ist vielleicht noch ein Unfall, ein Flugzeug und eine Explosion sind eine Katastrophe – und eine Katastrophe ist eine Geschichte. Das verändert die Lage, auch seine Lage. Alex rennt die Treppen nach oben und sucht seine Sachen zusammen.

Ich bleibe mit Mascha unten und fühle mich wie gelähmt, wie immer, wenn etwas passiert, worauf ich keinerlei Einfluss habe. Die Dinge ziehen an mir vorbei, alles bewegt sich um mich herum, und ich erstarre. Gerade schien noch alles unter Kontrolle zu sein, der Tag hatte eine Ordnung, einen Rhythmus. Jetzt fällt alles auseinander, so kommt es mir zumindest vor, als ich hier stehe und Alex da oben rumort. Ob ich da bin oder nicht, ob ich etwas sage oder schweige, die Dinge nehmen ihren Lauf. Ohne mich. Ich will auch etwas tun, mich bewegen, mitrennen, aber ich kann nicht. Es ist wie früher im Sportunterricht, wenn zwei Kinder aus unserer Klasse Mannschaften auswählen mussten und ich inständig hoffte, dass endlich mein Name genannt werden würde, dass mich jemand erlöst.

Diesmal klingt Kerstin anders, schockiert und auch hilflos, ich habe das Gefühl, sie weint, und das ist seltsam, weil ich mir Kerstin aus irgendeinem Grund nicht weinend vorstellen kann. Sie ist eine energische, junge Frau, die im Alter von 14 Jahren mit ihren Eltern aus Hessen nach New York gezogen ist und seitdem versucht, in der neuen Welt Fuß zu fassen, ohne die alte völlig zu verlassen. Sie krallt sich zwischen den Leben fest. Die Deutsche in ihr ist schwerblütig und gründlich, die Amerikanerin schnell und unverbindlich. Sie sitzt an einem winzigen Schreibtisch in dem Penthouse, das der *Spiegel* in der Fifth Avenue gemietet hat. Penthouse klingt beeindruckend, in Wirklichkeit ist es eher eine Art Kleinbungalow, der auf einem alten fünfzehnstöckigen Haus steht. *Pre-war building* nennen sie das, die New Yorker Klassik. Der Bungalow ist eng, flach und verrumpelt, aber von einer großen Terrasse umgeben. Man sieht im Osten auf die Grand Central Station und auf das Chrysler Building, im Westen erkennt man den Times Square und im Norden einen Zipfel vom Central Park, die Sicht nach Süden allerdings ist verbaut. Man kann das World Trade Center von unserem Büro nicht erkennen, vielleicht sieht man den Rauch. Ich stelle mir vor, wie Kerstin dort am Fenster steht und nach Süden schaut. Unsere Bürochefin Angelika ist in Deutschland, Kerstin führt die Geschäfte von ihrem winzigen

Ein Foto vor den Türmen, das jetzt nicht mehr passt.

Schreibtisch aus. Es ist auch eine Chance, wie jede Katastrophe immer auch eine Chance ist. Man begreift es nicht sofort, aber man spürt es.

»Jetzt brennt auch der andere Turm«, sagt sie.

»Warum denn das?«, frage ich.

»Da ist irgendwas übergesprungen«, sagt sie. »Eine Leitung soll explodiert sein.«

Ich schaue auf den Fernseher. Es qualmt jetzt viel stärker, man kann den zweiten Turm nicht richtig erkennen, er wird vom ersten halb verdeckt. Wahrscheinlich ist es schwer, eine Kameraperspektive zu finden, aus der man beide Türme zusammen und in voller Größe filmen kann. Brooklyn Heights wäre ein guter Standort, denke ich, die Promenade. Es war lange Zeit der beeindruckendste Platz in der Stadt, den ich kannte. Wir fuhren da in unserem ersten New Yorker Winter oft hin, um den Kindern und auch uns immer wieder zu zeigen, dass wir an einen ganz besonderen Ort gezogen waren. Es ist der Blick, den man braucht, wenn man in der neuen Welt ankommt. Der Blick vom Wasser auf die Stadt, der einem einredet, dass sich die Reise gelohnt hat. Vor ein paar Wochen bin ich so fotografiert worden, auf der Terrasse am Fuße der Brooklyn Bridge. Es sollte das Klappenfoto für ein kleines Buch mit meinen New Yorker Kolumnen werden, das im Oktober erscheint. Ich trage ein Jackett und ein weißes Hemd und hinter mir stehen die Türme des World Trade Centers. Ein bisschen symbolisch, aber man weiß sofort, dass es New York ist. Der Verlag hat dann aber ein anderes Foto genommen, das mich auf dem Times Square zeigt, etwas verwischt, zwischen lauter wirbelnden Menschen. Es sah nicht ganz so offiziell aus, sagte der Verleger. Wahrscheinlich wollen sie ein anderes Image von mir. Sie wollen jemand *in* der Stadt zeigen, nicht *vor* der Stadt. Sie wollten keinen, der ankommt, sondern einen, der schon da ist. Jemanden, der sich auskennt und trotzdem kein Sakko trägt. Vielleicht hätte man das andere Foto jetzt auch gar nicht mehr verwenden können, denke ich. Es qualmt wirklich sehr.

»Ich glaube, ich fahr mal hin«, sage ich zu Kerstin.

»Thomas ist auch schon losgefahren«, sagt sie, und das gibt mir den letzten Schubs.

Thomas ist mein Reporterkollege beim *Spiegel*. Er war schon seit einem Jahr da, als ich im Herbst 1999 in New York ankam. Auch für ihn war es ein Traum, in dieser Stadt zu leben. Er hat lange darauf gewartet, hier arbeiten zu können – einmal hatte ihm jemand in letzter Sekunde die Stelle weggeschnappt. Ich glaube, er war ein wenig verwundert, als ich im Büro auftauchte. Wir sind fast gleich alt, wir interessieren uns für ähnliche Themen. Ich kam aus dem Nichts.

Er hat mir das nie gezeigt. Er hat mich empfangen wie ein guter Gastgeber. Er hat mich zu Konzerten mitgenommen und mir erzählt, worauf ich achten muss in der neuen Welt von *Spiegel* und New York. Zu meinem ersten Thanksgiving, als ich noch allein in Amerika war, hat mich Thomas nach Long Island eingeladen, wo er den Feiertag mit seiner Familie im Haus eines Freundes verbrachte. Wir trinken manchmal ein Bier zusammen, gucken ein Fußballspiel in einer englischen Kneipe auf der Lower East Side, gehen essen und einmal waren wir mit unseren Kindern im Giants Stadium in New Jersey, um uns Lothar Matthäus anzuschauen. Was die Arbeit angeht, kommen wir uns nicht in die Quere. Es ist Platz genug für zwei Reporter im New Yorker Büro, aber natürlich beobachten wir uns. Wir interessieren uns für ähnliche Dinge. Manchmal sehe ich, wie es hinter seiner Stirn arbeitet, während wir miteinander reden, vor allem, wenn wir über die Arbeit reden. Ich erzähle ihm irgendwas, und ich merke, wie es ihn in Gedanken wegtreibt. Neulich haben wir mitten in der Nacht eine Stunde lang darüber diskutiert, wer von uns beiden nach Idaho fliegt, wo sich ein verrückter Familienvater mit einem Sack voll Kinder, seiner toten Frau und jeder Menge Waffen in einem Haus verschanzt hatte. Einer von uns sollte es machen, hatte unser Ressortleiter in Hamburg gesagt. Es war wirklich nachts um drei und wir konnten es nicht entscheiden. Glücklicherweise hat der Verrückte am nächsten Morgen aufgegeben, und wir haben nicht mehr darüber geredet. Aber jetzt, in diesem Moment, spüre ich den Druck, der von Kerstins Satz ausgeht: Thomas ist schon losgefahren. Es gibt nur dieses eine Ereignis. Ich habe immer noch keine Lust, dorthin zu fahren, ich sehe immer noch keine Geschichte, aber ich will auf keinen Fall zu spät kommen. Das höchste Haus der Stadt brennt. Ich will nicht auf der anderen Seite des Flusses stehen und zu ihm rüberschauen. Ich will mit im Bild sein.

Anja sieht mich an, dann den Fernseher, dann wieder mich. Sie sieht erregt aus, aber auch enttäuscht. Ich glaube, sie weiß, dass ich nun doch losrenne. Ich habe noch das Telefon in der Hand. Ich wackle hin und her. Anja schaltet mit der Fernbedienung zu anderen Kanälen, die brennenden Türme sind jetzt fast überall zu sehen, die Bilder selbst greifen über wie ein Buschfeuer. Sicher wird gleich jemand aus Hamburg anrufen, denke ich. Ich kann denen schlecht erklären, dass ich an einem Porträt über Gregor Gysi arbeite, während das World Trade Center brennt. Ich kann es vor allem mir selbst nicht erklären. Das geht nicht, und das weiß auch Anja. Sie ist selbst Reporterin, und das ist, glaube ich manchmal, ein Grund, warum wir immer noch zusammen sind.

Wir haben uns bei der Arbeit kennengelernt. Sie begreift mich. Sie versteht mich im Herzen. Sie weiß, wie abwesend und asozial und rücksichtslos man wird, wenn man einer Geschichte folgt. Sie weiß, dass all die schönen Pläne manchmal von einer Sekunde auf die andere nichts mehr wert sind, die Tagespläne, die Dinnerpläne, die Geburtstagspläne und die Urlaubspläne. Im letzten Sommer bin ich an unserem ersten Urlaubstag nach Kuba geflogen, um eine Geschichte über den Boxer Teófilo Stevenson zu recherchieren. Wir hatten Berliner Freunde zu Besuch, die mit uns nach Montauk fahren wollten, aber ich musste weg. Stevenson ist ein Held meiner Jugend und er konnte nur in jener Woche. Ich habe das meinem Freund erzählt, der über den Atlantik geflogen war, um mit mir zusammen zu sein. Er hat mich verstört angesehen. Ich habe ihn flehend angesehen. Er hat den Kopf geschüttelt, und ich bin einfach gegangen. Ein Mann muss tun, was ein Mann tun muss. Manchmal ist das so. Anja weiß das und ich weiß das – die Frage ist, ob wir es jetzt trotzdem nochmal durchspielen. Ob wir eines dieser Gespräche beginnen, dessen Ende wir beide kennen, und es dennoch führen, um Luft abzulassen oder Claims für andere, spätere Gespräche abzustecken oder weil wir die Stille einfach nicht ertragen.

»Ich muss doch los, glaube ich«, sage ich, lege das Telefon weg und gehe nach oben, um mich fertig zu machen. Anja sieht mir hinterher. Sie sagt nichts. Ich bin dankbar, aber auch ein bisschen misstrauisch.

Ich höre, wie Alex aus seinem Zimmer in der dritten Etage in mein Arbeitszimmer in der zweiten läuft und in meinen Schränken sucht, wie er flucht, in Ferdinands Zimmer geht und zurück in meins.

»Weißt du, wo ein Block ist?«, ruft Alex nach unten.

»Keine Ahnung«, sage ich.

»Wirklich nicht?«

»Wirklich nicht.«

Es ist die Wahrheit, oder zumindest ein Teil der Wahrheit, denn mir fällt in der Tat nicht ein, wo wir noch einen leeren Block haben sollten. Aber selbst wenn ich es wüsste, würde ich Alex noch ein wenig zappeln lassen, das ist der andere Teil der Wahrheit. Ich hasse es, wenn er an meine Sachen geht. Er ist der unordentlichste Mensch, den ich kenne, und obwohl er so einen Anruf wie den von Kerstin jederzeit bekommen kann, ist er nie darauf vorbereitet. Er plant nicht gerne. Er lässt die Dinge auf sich zukommen, in dem kindlichen Grundvertrauen, dass sich alles schon regeln wird. Und meistens regelt sich ja auch alles.

Als wir vor ein paar Jahren in den Florida-Urlaub fliegen wollten, kam er eine halbe Stunde vor der Abfahrt zum Flughafen aus dem Büro gehetzt, packte seinen Koffer, während sein großer Sohn Florian, Ferdinand und ich mit unserem Gepäck bereits unten in der Diele warteten. Wir hätten es gerade so geschafft, aber dann fand Alex seinen Pass nicht. Er rannte durch die Wohnung, suchte in allen Zimmern, in allen Taschen und Schränken, zog die Schubfächer raus, tobte, fluchte. Der Pass war weg, und inzwischen auch das Flugzeug, er fand seinen Pass ein paar Stunden später, in einem der Schubfächer, in denen er zuerst gesucht hatte. Wir flogen einen Tag später.

So ist es oft. In unserer Familie gelten wir als Unsicherheitsfaktor. Wir sind dafür bekannt, zu spät zu Familienfeiern zu kommen. Wenn wir selbst eine ausrichten, steht das Abendessen selten vor 22 Uhr auf dem Tisch. Der Weihnachtsbaum wird am 24. Dezember gekauft, danach geht Alex los und kauft Geschenke.

81

Er ist immer der Letzte, er zögert Entscheidungen bis zum Schluss hinaus, und man weiß nie, ob er es sich nochmal anders überlegt. Unsere Eheringe hat er am Vorabend unserer Trauung fünf Minuten vor Ladenschluss von einem Boten abholen lassen, weil er noch eine Geschichte fertigschreiben musste. Seine Hochzeitsschuhe kaufte er auf dem Weg zum Standesamt. Am Tag, als bei mir die Wehen anfingen, ist er nach Rostock-Lichtenhagen gefahren, um über Neonazis zu berichten, die ein Ausländerheim angezündet hatten. Nach Ferdinands Geburt, ich war noch im Krankenhaus, stieß er mit ein paar Freunden auf unseren Sohn an, als Taxifahrer ins Restaurant kamen und erzählten, einer ihrer Kollegen sei gerade ermordet worden. Alex ließ seine Freunde sitzen und fuhr mit einem der Taxifahrer zum Tatort. Auf dem Weg nach Hause überfuhr er eine rote Ampel, wurde von der Polizei gestoppt und verlor seinen Führerschein. In solchen Momenten merkt er, dass er an seine Grenzen kommt, dass sein System nur bedingt funktioniert. Er boxt gegen Wände, knallt seinen Laptop in die Ecke, wird immer wütender, und ich werde immer ruhiger. Ich warte darauf, dass es vorbei ist, dass er vor mir steht und grinst und es ihm wieder gut geht. Komischerweise kann ich ihm nicht lange böse sein. Den Kindern geht es genauso. Papa ist eben so. Sie kennen das. Sie lassen ihn in Ruhe und warten, bis er mit überschäumender guter Laune vorschlägt, ins Kino zu gehen, jetzt, wo wir das Flugzeug schon mal verpasst haben. Unser Leben könnte einfacher sein, ruhiger. Aber wäre es dann noch das gleiche? Wären wir dann hier, in New York?

Ich stehe vor meinem Kleiderschrank und überlege, was ich anziehe. Die Reise von Brooklyn nach Manhattan ist ja auch immer eine Reise vom Land in die Stadt. Wir gehen in die City, sagen sie hier, wenn sie nach Manhattan aufbrechen. Ich habe *cargo pants* an, Turnschuhe und ein T-Shirt. So geht das nicht. Andererseits habe ich natürlich keine Ahnung, wie man sich für einen Häuserbrand in Manhattan anzieht. Vielleicht gibt es anschließend, wenn das Feuer gelöscht ist, noch irgendeine Pressekonferenz mit dem Bürgermeister. Ich nehme ein hellblaues Hemd, eine graue Stoffhose von Banana Republic und die schwarzen, halbhohen Kenzo-Schuhe, die ich mir im Sommer in der Friedrichstraße gekauft habe. Dann renne ich in mein Arbeitszimmer und suche einen Block.

Auf dem Schreibtisch liegen die Notizbücher, die ich für die Recherchen über Nadja Bunke und Gregor Gysi benutzt habe. Da würde ein Häuserbrand gut reinpassen. Ich mag es, Menschen und Orte, die eigentlich nichts miteinander zu tun haben, in Notizbüchern zu mischen. Ein paar freie Seiten genügen, man braucht nicht viel Platz für eine Brandgeschichte. Ein paar Namen, ein paar Zitate, ein paar Beobachtungen, aber die Notizhefte auf meinem Schreibtisch sind bis zum Rand gefüllt. Ich erinnere mich, wie ich beim letzten Gespräch mit einem Schulfreund Gysis die Umschlagpappen meines letzten Schreibheftes beschreiben musste. Ich blättere eines der Hefte nach freien Seiten durch. Mir fällt ein Wort auf, das ich umkringelt und mit mehreren Ausrufezeichen versehen habe. Es schien mir wichtig zu sein. Es ist das Wort *Gemüsegolf*. Es stammt aus der Fernsehaufzeichnung einer neuen Show mit Jürgen von der Lippe. Gysi war

Studiogast und sollte an verschiedenen Spielen teilnehmen. Eines hieß Gemüsegolf. Dazu band ihm eine Assistentin mit einer Schnur eine Kartoffel am Hosenbund fest. Mit der Kartoffel sollte Gysi eine Knoblauchknolle, die auf dem Boden lag, über eine Ziellinie schießen. Ich sehe ihn noch vor mir, wie er dort stand, unsicher, schief grinsend, die Kartoffel schwang zwischen seinen Beinen. Später musste Gysi einen Satz mit drei Tischtennisbällen im Mund sprechen. In der Garderobe sagte er mir anschließend: »Ich will das alles nicht. Ich will nicht mehr Bürgermeister werden.« Und dann fuhr er weiter, zum nächsten Termin, irgendein Volksfest in Kreuzberg, wo er nach Mitternacht mit einer Bürgermeisterkandidatin tanzte. Immer weiter. Nur Pferden gibt man einen Gnadenschuss. *Gemüsegolf.* Ein gutes Wort für meine Geschichte über einen Mann, der der Politik verfallen ist. Ich schaue aus dem Fenster auf die kleine Straße, die ruhig daliegt. Ich sehe mein schwaches Spiegelbild davor. Das ist mein Platz. Hier wollte ich schreiben. Morgen vielleicht. Ich nehme mir einen Block von Anjas Schreibtisch, ein dickes, schwarzes Notizbuch. Nur etwa die Hälfte der Seiten ist mit Vokabeln beschrieben, die Anja auf dem Baruch City College lernte, das sie in ihrem ersten New Yorker Jahr besuchte. Ich nehme es mit nach unten.

»Das ist mein Block«, sagt meine Frau.

»Ich weiß, ich habe keinen«, sage ich.

»Das ist mein Vokabelheft«, sagt sie.

»Ja, ich borg' es mir ja nur«, sage ich.

»Borgen!«, sagt sie, leicht spöttisch.

»Komm«, sage ich. »Ich muss echt los.«

»Woher weißt du denn, dass ich nicht auch mitwill?«, fragt sie.

»Willst du denn?«, frage ich.

Anja steht ganz still da. Sie versteinert, wenn sie nicht mehr weiter weiß. Ich zappele, sie erstarrt zu Stein. Meine Welt dreht sich im schnellen Vorlauf, ihre hält an. Ich habe in solchen Situationen schon auf sie eingeschrien und hatte nicht den Eindruck, dass sie mich hört. Ich sage nichts, merke aber, wie ich hektisch werde, nicht wütend, aber hibbelig. Ich muss jetzt wirklich gehen, und ich habe das Gefühl, an einer Leine zu hängen. Es geht um den Schreibblock, sicher, aber natürlich geht es auch um die ganz großen Fragen der Gleichberechtigung. Wir sind auf dünnem Eis, eine falsche Bewegung und wir brechen ein. Ich habe in Augenblicken, wenn ich die Leine spürte, auch schon über Geld geredet. Dann öffnet sich der Boden unter uns. Ich weiß das, aber manchmal kann ich nicht anders. Ich stehe so tief in meiner Ecke, dass ich um mich schlage. Ich will dann keine Verantwortung mehr, ich will alleine leben, und natürlich will ich Recht haben. Ich will gewinnen. Das Scheißgeld ist mir eigentlich ega , aber es ist immer ein schnelles Argument. Der *Spiegel* zahlt Mietzuschuss, und ich bin hier der *Spiegel*-Reporter, nicht du, aber das hat natürlich alles nichts mit uns beiden zu tun. Nichts mit unseren Wünschen, unseren Zwängen, unseren Zweifeln.

Wir haben einmal zusammen über eine Gefängnisrevolte in Berlin-Rummelsburg berichtet. Das ist jetzt elf Jahre her – 1990. Es war das Jahr, in dem wir uns kennenlernten. Es war das Jahr der Anarchie. Das Land, in dem wir groß geworden waren, löste sich auf und mit ihm die

Beziehungen, in denen wir beide bis dahin gelebt hatten. Für ein paar Monate gab es keine Regeln. Sie ließen uns einfach in den Knast hinein zu den aufständischen Gefangenen. Anja war Anfang 20 damals, furchtlos, schön und neugierig. Ich war Ende 20 und trug eine ostdeutsche Damenbrille, die ich mir grün angemalt hatte, um ein bisschen anders auszusehen als die anderen. Die Häftlinge wollten lieber mit Anja als mit mir reden. Ich war überflüssig in der Rummelsburger Nacht und habe das sehr genossen. Anja hatte eine Zigarette in der einen Hand und den Stift in der anderen und hörte geduldig den abenteuerlichen Geschichten der ostdeutschen Kriminellen zu, bis der Morgen graute. Ich hätte ihr ewig dabei zusehen können, weil sie eine junge Frau zu sein schien, die genau das tat, wozu sie auf der Welt war. Sie war in ihrem Element. Sie war eine Frau, die mich nicht brauchte. Ich wollte immer eine Frau, die mich nicht braucht.

Als Alex nach all dem Gerumpel und Gepolter dort oben wieder zu mir herunterkommt, hat er ein hellblaues Oberhemd an und ein kleines schwarz-weißes Notizbuch in der Hand. Er will es gerade in seinen Rucksack stopfen.

»Das ist mein Englischheft«, sage ich.

»Ich weiß«, antwortet er und guckt zur Seite, weil er mir nicht in die Augen sehen kann.

»Bitte Anni, ich muss jetzt gehen und ich brauche was zum Schreiben.«

»Ehrlich gesagt überlege ich gerade, ob ich mitgehe«, sage ich.

Alex guckt mich überrascht an. Ich bin auch überrascht. Ich wollte das nicht sagen. Es ist mir einfach so rausgerutscht. Aber jetzt, wo es gesagt ist, ist es eine Möglichkeit. Ich bin die Frau des *Spiegel*-Korrespondenten, die ihm den Rücken freihält und sich um die Kinder kümmert, aber ich bin auch Reporterin, ich bin in New York, und hier brennt das World Trade Center, die höchsten Häuser der Stadt, ihr Wahrzeichen. Der Druck in mir, die Lähmung löst sich.

»Ich könnte was für die *Berliner Zeitung* schreiben«, sage ich.

»Und Mascha?«, fragt Alex, während er sich die Schuhe zubindet.

»Könnte ich zu Nina bringen«, sage ich, ohne mich fertig zu machen oder umzuziehen. Ich trage ein Sommerkleid und Flipflops, nicht gerade das geeignete Katastrophenberichterstatter-Outfit für Manhattan.

»Na, dann komm«, sagt er. »Aber schnell.«

Ich müsste jetzt sofort anfangen, mich umziehen, meine Sachen zusammensuchen. Ich bin eine Verzögerung. Ein Hindernis. Und Nina ist ein Umweg. Alex würde Zeit verlieren. Noch mehr Zeit. Es wird sowieso nicht leicht, jetzt nach Manhattan zu kommen. Die Subways fahren garantiert nicht mehr, wer weiß, ob die Brücken offen sind. Alex steht an der Tür, und ich müsste mich jetzt wirklich sehr beeilen. Wir haben ewig nichts mehr zusammen recherchiert, das letzte Mal vor elf Jahren, als in Berlin-Rummelsburg ein Häftling auf einem Schornstein saß, weil er nicht von sei-

nem Ost- in ein Westgefängnis verlegt werden wollte.
Die Mauer war gerade gefallen, ich war Anfang 20 und
Studentin, aber statt zu studieren, schrieb ich Geschichten aus dieser wilden Zeit. Alex war schon fertig
mit dem Studium und von heute auf morgen Lokalchef
der *Berliner Zeitung* geworden, ein 27-jähriger Chef mit
langen Haaren und einer großen grünen Brille. Er
rauchte viel, war abends immer der Letzte im Büro,
manchmal schlief er sogar dort, und wenn er keinen
Autor für eine Geschichte fand, schrieb er sie selbst. Er
war ein Chaot, der unorganisierteste Chef, den ich je
hatte, aber er hatte die besten Ideen und er konnte
wunderbar schreiben. Ich habe mich sofort in ihn verliebt.

In dieser Zeit entdeckte ich den Spaß am Geschich-
tenerzählen, diese Chance des Reporters, mit Menschen zu reden, die er sonst nie im Leben kennengelernt hätte. Und niemand konnte diese Freude so gut
mit mir teilen wie Alex. Wenn wir abends ausgingen,
erzählten wir uns, welche Geschichten wir ausgegraben
hatten, stundenlang. Jeden Tag passierte etwas Neues in
der Stadt. Darüber müsste man mal was machen, war
der Satz, der am häufigsten fiel. Das ist heute nicht viel
anders. Wir sitzen am Küchentisch und erzählen uns
die Geschichten der Menschen, die wir getroffen
haben, versuchen ihre Motive zu verstehen, fragen
uns, wie wir uns verhalten hätten in ihrer Situation. Es
gibt keine Trennung in Privates und Dienstliches, kein
Thema, das zu Hause nicht besprochen wird. Vielleicht
ist das die wichtigste Stütze in unserer Beziehung, dieses
Grundverständnis füreinander, für die Leidenschaft des

anderen. In letzter Zeit reden wir vor allem darüber, was Alex schreibt, wann er wegfährt und wann er zurückkommt. Ich schreibe ja kaum noch.

Die Realität sickert ein. Ninas Kindergarten ist in Cobble Hill, gerade mal einen Kilometer Luftlinie vom World Trade Center entfernt, auf der anderen Seite des East Rivers, genau dort zieht der Qualm hin. Nina ist eine Schnapsidee. Ich bleibe zu Hause.

Ich lächele Alex an und sage: »Nee, lass mal. Geh los. Ich bleibe lieber hier mit Mascha.«

Ich weiß nicht, was sie da in der Schulung in Bonn den mitreisenden Ehefrauen erzählen, aber ich bin sicher, wenn das hier ein interaktives Rollenspiel wäre, hätte ich die volle Punktzahl bekommen.

»Ach, Anni«, murmelt Alex erleichtert und nimmt mich in die Arme. Er kann endlich los, und ich bin eine gute Mutter. Er sagt, dass er ja viel lieber hierbleiben würde, dass er mich von unterwegs anrufen werde, wirft seinen Rucksack mit meinem Englischheft darin über die Schulter und rennt los. Ich stehe mit Mascha in der Tür, sehe ihm hinterher und beneide ihn. Für die Möglichkeit, einfach wegzugehen.

Ich küsse meine Frau und renne zu unserem Auto, das in der zweiten Reihe steht. Sie hat den Kopf leicht zurückgezogen, als ich sie küsste, eine winzige Geste der Missbilligung nur, aber ich habe sie verstanden, und sie weiß, dass ich sie verstanden habe. Ich bin nicht in Frieden gegangen, ich habe mich losgerissen. Ich gehe fast nie in

Frieden. Ich fühle mich erleichtert, von der Leine gelassen, aber am Ende dann doch wie ein Hund.

Ich rase die Carroll Street nach unten, in Richtung 4th Avenue, den Weg, den Kate vor zwanzig Minuten gegangen ist. Es ist eine schöne, schmale Straße, die von unserem Park aus bis nach Cobble Hill führt. Man kann hier vergessen, dass man in einer großen, wilden Stadt lebt, aber spätestens auf der 4th Avenue weiß man es dann wieder. Die 4th Avenue ist breit, laut und von Tankstellen, Werkstätten und Lagerhallen gesäumt.

Als ich dort ankomme, spüre ich eine leichte Veränderung. Die 4th Avenue stampft nicht mehr so gedankenlos. Die Zeit scheint langsamer zu laufen, träger, dickflüssiger. Es gibt kaum Autos auf der breiten, dreispurigen Straße und auf den Bürgersteigen stehen Menschen und sehen hinüber zu den brennenden Türmen. Zwei kräftige, schwarze Fahnen wehen am hellblauen Septemberhimmel. Sehr seltsam, hier in der unruhigen, lärmenden Straße langsame, staunende Menschen zu sehen. Im Autoradio höre ich, während ich ostwärts rolle, zum ersten Mal die Wörter *terrorists* und *attack* und *president* in einem Satz. Sie ergeben keinen Zusammenhang in meinem Kopf, aber sie beschleunigen mich. Ich darf wirklich nicht zu spät kommen.

Unser Haus kommt mir plötzlich sehr groß, sehr ruhig und sehr leer vor. Alex ist weg, ich bin wieder allein, nur die Spuren seines Aufbruchs sind noch da. Das offene Schuhregal, die halbvolle Kaffeetasse auf dem Couchtisch, die ausgebreitete *New York Times* in der Küche, durchwühlte Regale in meinem Zimmer, herausgerissene T-Shirts in der Kleiderkammer, ein Handtuch auf dem Fußboden im Bad, die Schalen seiner Kontaktlinsen auf dem Waschbecken, die offene Tür zum Dach, es sieht aus, als wäre ein Einbrecher durchs Haus gegangen.

Ich gieße den Kaffee ins Spülbecken, schließe den Schuhschrank und die Dachtür, ordne meine Unterlagen, hebe das Handtuch auf, lege die Shirts zurück in den Schrank. Langsam fühle ich mich besser.

Ich bin eigentlich gerne allein, ich werde nur nicht gerne alleingelassen, so schnell, so unvermittelt. Mir ist es wichtig, dass ich weiß, wo Alex ist und für wie lange. Leider lässt sich das nur selten feststellen. Wenn Alex seinen Koffer packt und ich frage, wann er wiederkommt, tut er erstmal so, als habe er meine Frage nicht gehört. Ich hake nach. Drei oder vier Tage, sagt er dann. Oder fünf oder sechs Tage. Er stapelt immer tief.

»Ich hab ja noch nicht mal angefangen, wie soll ich dann wissen, wann ich fertig bin?«, fragt er.

Früher, als Ferdinand ein Baby war und ich mit ihm alleine zu Hause saß, hat mich das verrückt gemacht, ich habe sehnsüchtig auf Alex gewartet, Abendbrot vorbereitet, ihn angerufen und gefragt, wann er kommt, und wenn er dann nicht kam, war ich tief enttäuscht. Einmal habe ich Ferdinand ins Auto gepackt und bin in das Bistro neben dem Berliner Verlag gefahren. Dort saß er, wie ich es vermutet hatte, mit zwei Kollegen vor einer großen Pizza und sah mich an, erschrocken, aber auch ein bisschen erfreut, mich und seinen kleinen Sohn hier so unverhofft zu sehen. Alex sah selbst aus wie ein großer Junge mit seinen langen Locken und der großen Brille. Und ich stand da, mit dem drei Wochen alten Ferdinand auf dem Arm, unserem Sohn, und wusste nicht mehr, was ich hier wollte. Ich wusste nur, dass ich alleine klarkommen muss.

Es war eine traurige und bittere Erkenntnis. Sie hat mich erwachsener gemacht und unabhängiger, vielleicht auch stärker. Ich warte nicht mehr auf Alex. Ich bastele mir aus seiner Planung meine eigene. Wenn Alex sagt, er wird drei Tage weg sein, rechne ich mit fünf Tagen. Aus einer Woche können gut und gerne zehn Tage werden. Und aus zwei Wochen drei. Meine Planung geht fast immer auf, und wenn Alex doch mal pünktlich wiederkommen sollte, ist das eine schöne Überraschung.

Meine Freundinnen fragen mich, wie ich das aushalte, dass Alex so oft weg ist. Ich frage sie, wie sie es aushalten, dass ihr Mann immer da ist. Ich stelle mir vor, wie sie mit ihren Gatten abends auf dem Sofa sitzen und die Acht-Uhr-Nachrichten sehen und danach vielleicht noch den Samstagabendfilm. Noch ein Gläschen Wein, Schatz? Bist du schon müde? Ich gehe schon mal ins Bett, du kommst ja sicher bald nach.

Ich denke daran, wie Walter am Abendbrottisch die Augen zufallen und Debbie heimlich die Jahre zählt, bis Derek aus dem Haus ist und sie sich endlich von ihrem Mann trennen kann. Ich kenne viele Frauen, die nur noch wegen der Kinder mit ihren Männern zusammenleben, die solange den schönen Schein wahren wollen, bis alles auseinanderfällt.

Als Mädchen träumte ich von einem Mann, der alles für mich tut, der immer für mich da ist, mit dem ich alles zusammen mache. Eine Frau wie mich hätte ich wahrscheinlich bemitleidet. Inzwischen genieße ich es, alleine zu sein, meine eigene Energie, meine eigene Ordnung, meinen eigenen Rhythmus zu haben. Alex und ich verbringen zwar nicht jede freie Minute miteinander, aber wir freuen uns aufeinander, wir haben uns etwas zu erzählen, wenn wir uns wiedersehen, es wird nie langweilig mit ihm.

Es ist, als ob ich in zwei verschiedenen Welten lebe. Die Welt mit Alex ist aufregend, überraschend und chaotisch. Meine eigene Welt ist ruhig, organisiert, weiblich. In den fast zwei Jahren, die ich jetzt hier lebe, habe ich mir ein Netzwerk geschaffen, das vor allem immer dann aktiv wird, wenn Alex auf Reisen ist. Es ist weniger mein Verdienst als das meiner Freundinnen. Barbara, eine Künstlerin aus Frankfurt, wohnt auf der anderen Seite unseres *Backyards*, sie hatte von ihren Nachbarn gehört, dass eine Deutsche in die Carroll Street gezogen war, ließ sich die Telefonnummer geben, rief an und fragte, ob wir mal einen Kaffee zusammen trinken wollen. Barbara stellte mich dann Tinna vor, einer Schwedin mit einem Sohn in Ferdinands Alter. Die Italienerin Sara lernte ich durch die Opernsängerin aus Debbies Laden kennen, und Sara wiederum machte mich mit Solveig bekannt, einer Dresdnerin, die sich vor dem Mauerfall in einen amerikanischen Juden aus Brooklyn verliebt hatte.

Wir treffen uns nach der Schule, gehen mit den Kindern in den Park, sitzen auf unserer Terrasse, trinken Tee oder Wein, kochen zusammen, gehen ins Kino oder zu Ausstellungseröffnungen in Manhattan. Das ist das Gute an New York und an den New Yorkern: Sie nehmen Menschen, die neu in die Stadt kommen, gern auf, sie erinnern sich daran, wie es war, als sie selbst hier angekommen sind und niemanden kannten. Ob aus diesen Bekanntschaften Freundschaften werden, ist eine andere Frage. Barbara sagt, in New York dauert es letztlich genauso lange, einen richtig guten Freund zu finden, wie in Berlin oder in Frankfurt, aber der Weg dahin ist angenehmer.

Barbara hat vor mir noch nie eine Ostdeutsche kennengelernt, und wenn wir morgens im Prospect Park joggen, löchert sie mich mit Fragen über Deutschland, über Israel und Amerika. Sie will wissen, was ich denke. Barbara ist die Tochter eines Wehrmachtsoffiziers und einer Jüdin, eine große blonde Erscheinung mit der Energie von drei Frauen. Mit 20 ist sie aus Frankfurt nach Paris gegangen, danach nach London und New York. Zuerst war sie Fotografin, heute macht sie Kunstinstallationen, die meist mit ihren jüdisch-deutschen Wurzeln zu tun haben. Unsere Gespräche drehen sich oft um diese Themen: Wer sind wir? Was wollen wir? Wo gehören wir hin? Barbara fühlt sich in New York zu Hause, aber sie hat Sehnsucht nach Deutschland. Wenn sie im Sommer dort ist, bei ihrer Mutter in Frankfurt, bei ihrer Freundin in Berlin, ist sie nicht so aufgedreht wie in New York, sondern ruhiger und entspannter. Sie hält es allerdings nie lange aus, nach drei, vier Wochen muss sie zurück nach New York, in die

Kate, Solveig, Tinna, Anja (v. l.).

wilde, rohe Stadt, in der jeder ein bisschen ist wie sie, heimatlos und auf der Suche.

Ich fühle mich wohl mit Menschen wie Barbara und Tinna und Solveig, die alle mal irgendwann ihre Wurzeln verloren haben. Ich war gerade 22, als die Mauer fiel, ich habe vor unserem Umzug nach New York neun Jahre im vereinigten Deutschland gelebt, aber ich habe keine Ahnung, wer ich bin und wo ich hingehöre. Ich fühle mich weder ostdeutsch noch westdeutsch noch gesamtdeutsch. Hier in New York habe ich manchmal eine diffuse Sehnsucht nach Europa, nach alten Städten, nach Langsamkeit, nach gut angezogenen Menschen, nach Mischwäldern. Der Abstand tut mir gut. Die großen deutschen Probleme werden aus der Distanz kleiner. Ich lerne Dinge zu schätzen, die ich bisher als Selbstverständlichkeit angesehen habe. Die Kinderbetreuung in Berlin, die modernen Arztpraxen, das Sozialsystem, selbst die deutschen Amtsstuben kommen mir weniger bedrohlich vor, und seit mir ein *New Yorker Cop* auf die Motorhaube sprang, weil ich ein Links-Abbiegen-Verboten-Schild auf der Flatbush Avenue übersehen hatte, weiß ich sogar die muffligen Berliner Verkehrspolizisten zu schätzen.

Am meisten überraschte mich, wie schwer es war, einen Friseur zu finden, der mit meinen Haaren klarkam. Ich hatte mir die Haare vor unserem Umzug abschneiden lassen, ganz kurz. Eine neue Stadt, ein neues Leben, ein neuer Haarschnitt, dachte ich und war mir sicher, in New York, der Modestadt, der Weltmetropole, die besten Friseure der Welt vorzufinden.

Zuerst fiel mir auf, dass Frauen in meinem Alter keine kurzen Haare, sondern fast alle die gleiche Frisur hatten: lang, glattgeföhnt, blond, die Jennifer Aniston-Frisur. Dann wunderte ich mich darüber, dass Tinna, die Schwedin – die bestangezogene Frau im ganzen Viertel –, sich ihre Haare selbst schnitt. Sie sagte, es sei ihr zu teuer, aber das war nur ein Teil der Wahrheit, wie ich bei meinem ersten Friseurbesuch begriff. Ich hatte lange überlegt, für welchen der vielen Frisiersalons in der 7th Avenue ich mich entscheiden sollte. Ich ging nach dem äußeren Eindruck und probierte es in einem Salon, der ziemlich stylish wirkte mit seinen alten Frisierstühlen, den hohen Decken und abgezogenen Dielen. Der Friseur, ein Mann in Jeans um die 60, betrachtete mich von allen Seiten, dann legte er eine Rolling-Stones-CD ein, band einen Umhang um meinen Hals, kippte meinen Kopf nach hinten auf die Waschbeckenkante und schrubbte, bis mir die Augen tränten. Danach nahm er einen Rasierapparat und fing an, ziellos an mir rumzurasieren, überall ein bisschen, dabei

96

tanzte er um meinen Stuhl herum. Wahrscheinlich hatte er noch nie einer Frau die Haare so kurz geschnitten, wahrscheinlich war ich seine erste Europäerin oder er hatte gerade einen Joint geraucht. Keine Ahnung. Immer wenn ich dachte, er sei endlich fertig, trat er zurück, begutachtete sein Werk, runzelte die Stirn und begann wieder von vorne. Ich schloss die Augen, und als ich sie wieder öffnete, guckte mich der blasse Olaf Schmidtmann aus meiner Schulklasse in Berlin-Lichtenberg an. Olaf Schmidtmann trug Igel. Ich bezahlte, ging drei Wochen lang nur noch mit Mütze aus dem Haus und ließ meine Haare wieder wachsen. Sie sind schon wieder fast so lang wie damals in Berlin.

Ich checke kurz meine Mails, um zu sehen, ob die *Zeit* sich gemeldet hat wegen meines Eggers-Porträts. Hat sie. Der Fotoredakteur schreibt, dass Dave Eggers jetzt endlich das Foto autorisiert hat. Eggers hatte sich wochenlang geziert, wollte sich nicht fotografieren lassen, schlug dann Fotos eines befreundeten Fotografen vor, auf denen er aus unerfindlichen Gründen einen Blaumann trug. Die *Zeit* hätte sie gedruckt, die Klempner-Fotos, um überhaupt Fotos zu haben, aber der Fotograf »war inzwischen in den Wäldern Washingtons verschwunden und konnte die Bilder nicht schicken«, erklärt der Fotoredakteur. In letzter Minute habe Eggers nun ein anderes Porträtfoto genehmigt. »Jetzt ist alles geschafft, ich bin auch ganz zufrieden und ich hoffe, du auch. Liebe Grüße, Michael.«

Die Mail ist von heute Morgen, um zehn Uhr deutscher Zeit wurde sie in Berlin abgeschickt, vier Uhr

97

morgens in New York. Da wusste noch keiner, dass in wenigen Stunden ein Flugzeug ins World Trade Center fliegen würde.

Ich kenne den Weg zu den Brücken von den Stadtrundfahrten, die ich für unseren Deutschlandbesuch mache. Normalerweise fahre ich über die Flatbush Avenue und die Manhattan Bridge, dann auf den F.D.R. Drive, die East Side hinauf, kreuze, je nachdem, wie gut ich den Besuch kenne, an der 42. Straße Richtung Westen oder fahre noch bis zur 57., umrunde den Park, bevor ich auf dem Broadway zum Times Square fahre und von da rüber auf den Westside Highway. Aber um nach Downtown Manhattan zu gelangen, ist die Brooklyn Bridge besser, sie mündet in den Platz vor der City Hall, dem Rathaus der Stadt. Von da aus sind es nur noch drei, vier Blocks bis zum World Trade Center.

Ich schlängele mich durch die kleinen Straßen von Boerum Hill. Präsident Bush geht von einem terroristischen Anschlag aus, sagt die Stimme im Radio wieder, und diesmal erreicht mich der Satz, hat aber immer noch nichts mit mir zu tun. Es sei ein Anschlag auf Amerika, sagt das Radio. Aha. Wahnsinn. Gibt's doch nicht. Ich biege auf die Atlantic Avenue, da sind die schwarzen Fahnen wieder, größer und länger jetzt. Es ist erstaunlich, dass ich immer noch fahren kann, dass ich mich noch vorwärts bewege, dass mich niemand aufhält. Auf den Bürgersteigen stehen Menschen und starren in den Himmel. Die meisten von ihnen sehen aus, als seien sie auf dem Weg zur Arbeit aufgehalten worden. Businesskostüme, Aktentaschen, Krawatten, feuchte Scheitel, Rucksäcke, Kopfhörer. Die Zeit läuft jetzt wirklich langsam. Die Menschen dort draußen sind in ihrer schnellen *Rushhour*-Bewegung eingefroren worden wie der Hofstaat in Dornröschen. Ich gleite mit meinem schwarzen alten *Pathfinder* durch die Märchenlandschaft wie ein Besucher aus einer anderen Zeit.

Mein Handy klingelt, eine Hamburger Nummer. Ein Kollege vom *Spiegel* nennt mir seinen Namen, aber ich verstehe ihn nicht richtig, und ich frage nicht nach. Er erzählt mir irgendwas, es klingt wichtig, aber ich verstehe es kaum, die Verbindung ist sehr schlecht, und ich darf nicht zu spät kommen. Alles, was mich erreicht, ist, dass der Mann unglaublich aufgeregt ist. Viel mehr als ich. Dann ist er weg. Ich lege das Handy auf den Beifahrersitz und biege von der Atlantic Avenue rechts auf die Court Street, die zur Brooklyn Bridge führt, und dann sehe ich den Stau. Es ist ein hoffnungsloser Stau, denn er bewegt sich nicht, und im Hintergrund erkennt man die Brücke, die frei ist. Sie muss gesperrt sein. Ich fahre über den Mittelstreifen auf die andere Straßenseite. Wozu habe ich einen Geländewagen?

Das Telefon klingelt wieder. Es ist Anja. Sie will wissen, wo ich bin, im Hintergrund klopft ein weiterer Anrufer an. Ich sage Anja, dass ich einen Parkplatz brauche, einen verdammten Parkplatz. Dann drücke ich sie weg, um mit dem Klopfer zu reden. Augenblick, sage ich noch. Der aufgeregte Redakteur redet weiter. Er will wissen, wie die Lage ist, aber ich habe keine Ahnung. Ich stelle mir vor, wie er in seinem Hamburger Büro vor dem Fernseher sitzt, wo es inzwischen sicher Bilder aus allen Blickwinkeln auf die brennenden Häuser gibt und pausenlos irgendwelche Informationen aus aller Welt eintrudeln, während ich mit meinem uralten, abgeschrammten *Pathfinder* gerade in eine der schmalen, von Wolkenkratzern verschatteten Straßen in Brooklyns Downtown District einbiege, auf denen man von der Weltoberfläche zu verschwinden scheint. Ich sehe gar nichts hier, nicht mal den Himmel. Ich jage mit dem Jeep durch die Häuserschlucht. Ich brauche einen Parkplatz. Das ist die Lage. Es ist ganz dunkel. Der Redakteur ist dort drüben auf der anderen Seite des Atlantiks viel dichter dran als ich, aber das kann ich ihm nicht sagen. Es berührt meine Urangst als Reporter, immer am falschen Platz zu sein.

Als Jugendlicher habe ich in meinem Berliner Kinderzimmer auf einem sowjetischen *Junost*-Kofferfernseher dabei zugeschaut, wie Uwe Ampler in Colorado Straßenradweltmeister wurde. Es war ein Rennen in den Rocky Mountains, es war ziemlich neblig, aber auf dem Fernsehbild sah man deutlich, wie Uwe Ampler die Arme hochriss, als er entkräftet und allein ins Ziel fuhr. Der Sportreporter, den das DDR-Fernsehen in die USA geschickt hatte, sah das offenbar nicht. Er fragte sich, wo die Spitzengruppe bliebe, und ob Uwe Ampler wohl noch in der Spitzengruppe mitfahre, er beschrieb, wie die Spannung wuchs, während wir bereits die zweite Zeitlupe von Amplers Zieleinfahrt sahen. Der DDR-Sportreporter hieß Peter Woydt, ein großer dünner Mann mit einer dicken Brille und einem Seitenscheitel. Er tat mir immer ein wenig leid, in diesem Moment aber besonders. Sie schickten ihn um die halbe Welt, gaben einen Haufen Westgeld aus, und dann sah er nichts. Irgendwann erfuhr Woydt, wahrscheinlich über

Kopfhörer, dass es vorbei war, dass er es versaut hatte, und von da an rief er nur noch: Zeigt uns doch die richtigen Bilder! Zeigt uns doch endlich die richtigen Bilder!

»Ich bin gleich da«, rufe ich dem Redakteur in Hamburg zu, aber ich glaube, die Verbindung ist schon wieder unterbrochen. Ich drücke auf dem Telefon herum, es ist still. Auch Anja ist weg. Ich kurve durch die hübschen kleinen Straßen von Brooklyn Heights – hohe Bäume, unbezahlbare Townhouses, alte Leute mit seltsamen Hunden und noch weniger Parkplätze als bei uns in Park Slope. Ich stelle mich vor einem kleinen Deli auf einen der Plätze, an denen eine Parkuhr steht. Ich werfe 50 Cent in den Automaten. Das reicht für eine halbe Stunde. Scheiß drauf.

Es ist erst kurz vor halb zehn, der ganze Tag liegt vor mir. Fünf Stunden noch, bis ich Ferdinand aus der Schule abholen muss, und Alex wird sicher auch eine Weile unterwegs sein. Ich beschließe, das Beste aus der Situation zu machen und ganz für Mascha da zu sein, heute an ihrem letzten Ferientag. Man könnte sagen, ich tue vorbeugend etwas gegen das schlechte Gewissen, bevor ich morgen bei *Huggs* erklären muss, dass Mascha nicht drei, sondern sieben Stunden in den Kindergarten geht.

»Ach, Mascha ist ein Ganztagskind? Schon? Wie alt ist sie? Drei? Bemerkenswert, wie sie das wegsteckt.«

Fast alle von Maschas Freunden sind in der Halbtagsgruppe. Ihre Mütter finden drei Stunden Kita genug, sie gehen in der Zeit einkaufen oder zum Yoga. Ich sehe sie manchmal aus meinem Arbeitszimmerfenster, wie sie ihre Buggies die Straße entlangschieben und auf ihre Kinder einreden. Wahrscheinlich diskutieren sie gerade, was sie heute zum Mittagessen kochen werden. Sie machen mich völlig fertig, diese vorbildlichen Halbtagsmütter und die Erzieherinnen, die mir am Ende des Tages kleine Zettel mit Botschaften zustecken, die Mascha ihnen angeblich diktiert hat. »Mama, bitte hole mich ab. Ich möchte, dass du mich sofort abholst. Mama, ich vermisse dich.«

Die Erzieherinnen von *Huggs* finden es wichtig, dass die Kinder ihre Gefühle herauslassen. Einer der ersten vollständigen Sätze, die Mascha auf Englisch sagen konnte, war: »That hurts my feelings!« Das verletzt meine Gefühle. Sie wusste noch gar nicht, was das bedeutet, aber sie wusste, dass man damit große Erfolge erzielen kann, vor allem im Streit mit ihrem Bruder.

»Mom, I want to play with Ferdi's Lego.«

»Hast du ihn gefragt?«

»Yes, but he won't let me.«

»Dann musst du das akzeptieren.«

»No, I don't want to. That hurts my feelings.«

Wenn es um ihre Gefühle geht, spricht Mascha Englisch. Sie plappert in einem fort und kann dabei perfekt den Tonfall und den Gesichtsausdruck der amerikanischen Mädchen nachmachen, die weit aufgerissenen Augen, die übertriebene Gestik, die gespielte Dramatik. Im Deutschen ist ihre Stimme tiefer, sie wählt die Worte sorgfältiger, sie wirkt wie ein anderer Mensch. Meine Freundin Claudia, die Montessori-Lehrerin ist, hat mich in unserem Sommerurlaub an der Ostsee darauf aufmerksam gemacht. Sie findet es faszinierend zu sehen, wie ein Kind sich in einem anderen Umfeld anders verhält. Ich muss daran denken, als ich in Maschas Zimmer gehe, das so ist wie Mascha, halb deutsch, halb amerikanisch. Die Steiff-Ente auf ihrem Bett habe ich im alternativen Spielzeugladen in Charlottenburg gekauft, den großen Plüsch-Winnie-Pooh-Bär hat Debbie ihr zu Weihnachten geschenkt, es gibt die Lotta-aus-der Krachmacher-Straße-Kassette und die Dschungelbuch-CD, die weiche *Play-Doh*-Masse und die harte deutsche Knete, das Puppentheater, den Kaufmannsladen, die Wimmelbücher. Das deutsche Spielzeug hat die Nase vorn, gerade noch so. Ich nehme die Tüte mit den Bummiheften und Bastelsachen vom Tisch, die wir aus Berlin mitgebracht haben. Die Bummihefte hat sie von ihrer Oma bekommen, den Bastelbogen von meiner Freundin Annett. Es ist so ein altmodischer knallbunter Hampelmann mit einer Geige in der Hand. Er heißt »Der kleine Hampelgeiger« und gehört auch zu den Dingen, die mich an Deutschland erinnern, an Kinderkarussells, Drehkreisel, Holzspielzeug.

Als ich durchs Wohnzimmer gehe, fällt mein Blick auf den Fernseher und ich sehe im Vorbeigehen, wie ein Flugzeug in Zeitlupe aufs World Trade Center zufliegt. Ich wundere mich, woher plötzlich diese Aufnahme kommt, warum es immer Leute gibt, die ausgerechnet in dem Moment, wenn Katastrophen passieren, aus dem Fenster gucken und ihre Videokamera zur Hand haben. Aber etwas stimmt nicht, etwas ist merkwürdig an dem Bild und dem Flugzeug. Ich bleibe kurz stehen, die Bastelsachen in der Hand, und dann zieht es mir fast die Beine weg. Es ist die plötzliche Erkenntnis, dass dies hier nicht das Flugzeug war, das vor einer halben Stunde ins World Trade Center geflogen ist, sondern ein anderes, ein zweites.

Ich lasse mich aufs Sofa fallen und sehe die gleiche Aufnahme in der Wiederholung. Diesmal ist es ganz klar zu erkennen. Aus einer Kurve heraus zielt das Flugzeug mit seiner Schnauze auf den brennenden Turm und verschwindet dahinter. Dann wechselt die Perspektive, man sieht die beiden Türme jetzt nebeneinander, nicht hintereinander stehen, einer brennt, der andere nicht. Das Flugzeug kommt, fliegt mitten in den zweiten Turm, er geht in Flammen auf.

»Mama«, ruft Mascha. Sie sitzt schon am Küchentisch, sie will den kleinen Hampelgeiger zusammenbasteln. »Gleich, meine Süße«, sage ich abwesend und drehe den Fernseher lauter.

Die *CNN*-Sprecherin sagt, dass eines der Flugzeuge, die ins World Trade Center geflogen sind, eine American Airlines Maschine war, eine Boeing 767, die von Boston aus gestartet ist. Es handle sich eindeutig nicht um einen Unfall.

»Und um was handelt es sich dann?«, frage ich, aber niemand außer Mascha kann mich hören. Und Mascha schaut mich nur verwundert an. Ich hasse es, in Momenten wie diesem alleine zu sein. Ich will mit Alex sprechen, jetzt, sofort. Er denkt wahrscheinlich immer noch, dass es eine Explosion war, der Knall vorhin, und weiß nichts von dem zweiten Flugzeug. Ich drücke die

104

Zahlen seiner Handynummer auf dem Telefon, aber bevor ich fertig bin, klingelt es bei mir.

»Anja?«, fragt eine aufgeregte Frauenstimme.

»Hallo, Mama«, sage ich.

»Seid ihr zu Hause? Geht's euch gut?«

Ich beruhige mich sofort, das ist immer so, wenn Menschen noch aufgeregter sind als ich. Ich sage, dass ich mit Mascha zu Hause bin, Ferdinand in der Schule und Alex nach Manhattan gefahren ist, um zu sehen, was los ist. Das hält sie für eine gute Nachricht. Sie hatte Angst, dass wir uns gerade in der Nähe des World Trade Centers aufgehalten haben könnten, als die Flugzeuge einschlugen, sagt sie. Man wisse ja nie. Sie selbst ist ja auch neulich erst dort gewesen, im Juli, als sie mit meiner Nichte zu Besuch in New York war. »Weißt du noch, da war doch dieser Politiker, der Wahlkampf gemacht hat, einer von den Republikanern, der so nett geredet hat. Es war der Tag, an dem wir über die Brooklyn Bridge gelaufen sind, und danach waren wir in Chinatown.«

»Ja, ja, Mama«, sage ich und staune mal wieder über ihre Begeisterung für New York. Meine Mutter ist Lehrerin, ich kenne sie eher als vorsichtige Frau. Als Kind hat sie mir beigebracht, lieber den Mund zu halten, als was Falsches zu sagen. Aber seit wir in New York sind, ist sie ganz aus dem Häuschen. Sie bringt uns zum Flughafen, sie holt uns vom Flughafen ab. Sie kommt im Winter her, wenn es eiskalt ist, und im Sommer, wenn man vor Hitze kaum atmen kann. Sie geht mit Ferdinand ins Klassenzimmer, erkundigt sich, wie seine Lehrer unterrichten, lässt sich Elternbriefe von mir übersetzen und ist begeistert von der persönlichen, herzlichen

Art, mit der sich Lehrer und Kinder begegnen. Es gibt keinen Menschen, der uns so oft hier besucht hat, der so sehr Anteil an unserem Leben nimmt wie sie. Ich glaube, sie begreift New York als Chance, ihre eigene Welt zu vergrößern. Alleine hätte sie sich wahrscheinlich nie hierher getraut, in diese große, fremde Stadt, aber nun sind wir hier. Und New York ist nicht mehr groß und fremd, sondern einfach nur die Stadt, in der ihre Tochter und ihre Enkelkinder wohnen.

»Wie hieß der nochmal, der Politiker?«

»Bloomberg«, sage ich und sehe das dritte Mal, wie das Flugzeug in den Turm einschlägt. Es knallt. Bei meiner Mutter knallt es auch. Ich kann es durchs Telefon hören. Sie hat den Fernseher an, sieht die Bilder, die ich sehe. Wir haben dieselbe Perspektive, nur dass zwischen ihr und den Türmen der Ozean liegt und zwischen mir und den Türmen nur der East River.

»Auweia«, ruft meine Mutter, und dann kommt eine Weile nichts. Wir gucken fern – sie in Berlin, ich in Brooklyn. Ich höre ihr Atmen, als würde sie neben mir sitzen.

Auf *CNN* wird eine Zeile eingeblendet, dass jetzt alle Flughäfen in New York geschlossen sind.

»Meinst du, ihr seid sicher?«

»Klar, Mama.«

»Und Alex?«

»Der passt schon auf sich auf.«

»Ein Glück, dass ihr nicht nach Manhattan gezogen seid.«

»Mama, kann ich dich später nochmal anrufen? Ich versuche mal, Alex zu erreichen.«

»Ja klar, Anjachen. Gib Mascha einen Kuss von mir.«

»Mach ich.«

»Tschüss, Anja.«

»Tschüss, Mama.«

Alex erreiche ich im Auto, in Brooklyn Heights, er sucht nach einem Parkplatz. Er flucht. Er kann nicht mit mir reden. Wirklich nicht. Er muss erstmal einen verdammten Parkplatz finden. Dann legt er auf oder vielleicht ist ihm auch das Handy aus der Hand gefallen, auf jeden Fall ist es plötzlich still in der Leitung und ich bin jetzt doch froh, dass ich nicht mit ihm mitgefahren bin. Ich gehe ihm lieber aus dem Weg, wenn er so unter Druck steht.

Ich renne jetzt in die Richtung, in der ich die Brücke vermute. Ich bin, soweit ich mich erinnere, erst ein einziges Mal über die Brooklyn Bridge gelaufen. Das war vor einem guten halben Jahr mit meinen Eltern. Es war sehr kalt, und wir haben ewig gebraucht, bis wir den Fußgängerweg fanden. Wir sind lange über irgendwelche vereisten und struppigen Böschungen zwischen Manhattan und Brooklyn Bridge gekrochen, meine Eltern haben tapfer geschwiegen. Der Junge lernt es nie. Das darf mir heute nicht passieren. Ich fliege die Straße hinunter, immer dem Licht entgegen, dann der freie Platz, der Blick, die Türme. Sie sind stärker beschädigt, als ich dachte. Die Löcher erinnern mich jetzt an Wunden. Es wird Monate dauern, bis man das wieder geflickt hat, denke ich. Wir hätten das Klappenfoto für mein Kolumnenbuch wirklich nicht nehmen können, definitiv nicht. Das Buch wird im Oktober erscheinen. Es wird wahrscheinlich in diesem Moment gedruckt. Es heißt *Schöne neue Welt*.

Die gesamte Court Street ist jetzt mit Autos verstopft. Es war ein großes Glück, dass ich dort überhaupt rausgekommen bin. Auf dem Platz mit dem Denkmal eines ehemaligen Bürgermeisters stehen Menschen, schauen nach Osten, sie könnten Demonstranten sein, aber ihnen fehlt die Wut, die Energie, sie haben kein Ziel. Ich laufe durch sie hindurch auf die Brücke zu, die aussieht, als spucke sie Menschen aus. Alle fliehen von Manhattan, der Insel der Träume. Von Weitem sieht es nicht so aus, als könne ich zwischen all den Menschen, die aus dem Brückenausgang quellen, überhaupt in die andere Richtung laufen, aber als ich näherkomme, sehe ich, dass es klappen könnte. Das Problem sind die beiden bewaffneten, uniformierten Männer, die vor der Brücke stehen. Ich suche nach meinem neuen Presseausweis vom *New York Police Departement*. Es war ziemlich schwierig, den Ausweis zu bekommen. Kerstin hat wochenlang für mich gekämpft. Ich bin stolz darauf, denn den Presseausweis des *Foreign Press Institutes*, den alle ausländischen Journalisten bekommen, nimmt hier keiner ernst. Der FPI-Ausweis sieht aus wie selbstgemacht, der NYPD-Ausweis aber ist dick und schillert wie eines der American Football-Sammelbilder aus den 70er Jahren. Ich strecke einem der beiden bewaffneten Männer den Ausweis entgegen. Er trägt eine dunkelblaue Uniform, eine Maschinenpistole und jede Menge Gerätschaften am Gürtel. Der Mann sieht kurz auf meinen Ausweis, aber der scheint ihn nicht sonderlich zu beeindrucken. Er schüttelt den Kopf.

»Manhattan is closed, Sir«, sagt er.

»Aber ich bin Journalist«, sage ich.

»Die Insel ist gesperrt, Sir. Nur Hilfskräfte kommen durch«, sagt der Mann.

Auf der Fahrbahn unterhalb der Fußgängerbrücke jagen zwei Polizeiwagen entlang. Sie fahren parallel nebeneinander her wie Kampfflugzeuge. Ansonsten ist die Straße leer. Zwischen den Soldaten drängen Menschen aufs Festland, viele sind mit feinem weißen Staub bedeckt, ihre Gesichter sind seltsam leer, da ist keine Erleichterung, das andere Ufer erreicht zu haben, keine Angst, nur Leere. Ich schaue auf die Türme und denke darüber nach, was ich von hier aus beschreiben könnte. Der Blick von der anderen Seite des Flusses, die Gesichter der Flüchtenden, vielleicht ein, zwei Interviews. Das ist gar nichts. Ich denke an meinen aufgeregten Kollegen am Telefon. Ich will jetzt da rüber. Ich will. Ich muss.

»Ich muss, ich muss, ich muss«, sagt Anja, wenn ich ihr erklären will, was mich so unruhig macht, warum ich immer weiterziehe, warum ich nicht stillstehen kann. Es ist eine feste Wendung in unserer Beziehung geworden. Halb Diagnose für eine Krankheit, halb Witz.

Der andere Mann mit der Pistole redet auf eine blonde Frau ein, die ihm erzählt, sie sei von *CNN*. Nur Hilfskräfte dürfen passieren, sagt der Mann auch zu ihr. Es ist die Regel. Die Linie. Aber aus irgendeinem Grund spüre ich einen Spielraum, da ist ein Riss, da ist eine winzige, weiche Stelle in der Haltung der beiden Männer, die sie hierher geschickt haben, um die Brücke zu bewachen. Wahrscheinlich ist das jetzt auch alles zu groß für sie, vielleicht haben sie Fragen, die mächtiger sind als die Regel, vielleicht ist es das. Die kleine ungeschützte Stelle zwischen den Schulterblättern dieser Kämpfer genügt mir. Ich mache einen Schritt nach außen und laufe einfach an ihnen vorbei. Ich schlüpfe durch den Riss in der Linie.

»Hey«, ruft einer der Männer. »Hey, bleiben Sie stehen.«

Aber es klingt nicht bedrohlich, es klingt hilflos und verebbt zwischen den Menschen, die mir entgegenkommen. Ich bleibe nicht stehen, jetzt nicht mehr. Ich schaue geradeaus und laufe. Nach hundert Metern drehe ich mich um, die Männer sind kaum noch zu erkennen. Die blonde Frau von CNN steht immer noch dort hinten. Die habe ich geschlagen. Ich rufe Anja an und sage ihr, dass ich auf dem Weg nach Manhattan bin.

»Es waren Terroristen«, erklärt sie.

»Ja«, sage ich. »Ich weiß.«

Es ist still in der Leitung, ich warte darauf, dass sie etwas sagt wie: »Sei vorsichtig.« Aber sie sagt es nicht, und dann reißt die Verbindung ab. Ich versuche, sie nochmal anzurufen, aber komme nicht durch.

Ich will weiter fernsehen, aber Mascha lässt mich nicht, sie ruft mich energisch aus der Küche, ich reiße mich los. Im Stillen hoffe ich, dass Mascha sich alleine mit dem Hampelmann beschäftigen kann, aber ein Blick auf die Anleitung reicht, um zu begreifen, dass das nicht gut geht. Es klingt alles ziemlich kompliziert. Man muss die einzelnen Teile, die Beine und Arme ausschneiden und zusammensetzen. Es gibt Haken und

Glöckchen in der Tüte, das ist alles zu schwer für eine Dreijährige.

Bedienungsanleitung für den Ausschneidebogen »Der kleine Hampelgeiger«

Was man zum Basteln alles braucht:

1. Musterklammern
2. Bindfaden (nicht zu dick)
3. Schere (für Löcher und Ecken ist eine Schneidefeder sehr praktisch)
4. Karton und Klebstoff, wenn man den Bogen zur Verstärkung aufziehen möchte
5. Wasserfarben oder Buntstifte bei der schwarzweißen Vorlage
6. Geduld, etwas Zeit und gute Laune

Mascha nimmt die Kinderschere, ich die große. Sie soll das Bein ausschneiden, ich Rumpf, Geige, Kopf und Hut. Ich habe ewig keinen Bastelbogen ausgeschnitten, fällt mir auf, als ich mich an dem karierten Mantel zu schaffen mache. Ich weiß gar nicht, ob es hier Bastelbögen gibt. Mascha bringt jeden Tag einen Stapel selbstgemalter Bilder mit nach Hause, darunter eine große Anzahl von Selbstporträts, über denen steht: »My name is Mascha and I'm special.«

Das Ausschneiden des Hampelmanns erinnert mich an meine Schulzeit. Immer genau der Anleitung folgen, schön an der Linie entlang schneiden, keine Zacken entstehen lassen. Gut gemacht, Anja.

Mascha gibt schon auf, ihre Schere ist zu stumpf für die dicke Pappe. Ich schneide wenigstens noch das

DER KLEINE HAMPEL-GEIGER

größte Teil fertig aus, bevor ich wieder auf meinen Platz auf dem Sofa zurückkehre.

Geduld, Zeit und gute Laune.

Alex ruft an und sagt, dass er auf der Brücke ist. Es knistert in der Leitung, und er ist weg.

Ich halte das Handy in der Hand für den Fall, dass Anja nochmal anrufen sollte. Ich laufe am ersten Brückenpfeiler vorbei, an dem die traurige Geschichte des deutschen Brückenbauers und seines Sohnes steht. Sie starben beide noch während der Konstruktion der Brooklyn Bridge. Die Brücke ist der Frau und Mutter der Männer gewidmet. Ich weiß das, weil ich hier stand und meinen Eltern die Ehrentafel vorgelesen habe, als wir die Brücke endlich gefunden hatten. Es war wirklich schweinekalt, aber die beiden hörten interessiert zu. Es stand nicht da, ob die Frau irgendwie an den Konstruktionsarbeiten beteiligt gewesen war. Sie war die Mutter und die Ehefrau, das reichte, und wenn Anja jetzt anrufen sollte, würde ich ihr das vielleicht sagen. Am Ende gleicht sich alles aus. Sie würde das vielleicht als Machospruch abtun, aber das könnte ich aushalten. Ich bin guter Dinge, denn ich bin auf der Brücke, ich bin auf dem Weg an das richtige Ufer. Aber sie ruft nicht an, und dann vergesse ich den Gedanken, wie ich für einen Moment alle ironischen, selbstreferentiellen, persönlichen Gedanken vergesse, weil der rechte der beiden Türme zusammenfällt.

Vor unserem Haus ist es dunkel geworden. Die Sonne scheint nicht mehr. Der Himmel ist nicht mehr blau. Es sieht aus, als wären Wolken aufgezogen, als würde es gleich anfangen zu regnen. Der Rauch vom World Trade Center legt sich wie ein grauer Schleier auf unsere Straße. Auch im Fernsehen ist nur noch ein winziges Stück vom blauen New Yorker Himmel zu sehen. Einer der *CNN*-Reporter hat es auf einen Balkon in der Upper Westside geschafft. Hinter ihm liegt Manhattan. Die Wolkenkratzer haben keine Konturen mehr. Alles ist grau. Die Stadt hat ihre Farbe verloren.

Ich stelle mir vor, wie Alex über die Brücke rennt, wie er bereits seinen Blick schärft und nach Details sucht, nach Bildern, die es später in seinen Text schaffen werden. Alex kann sich Farben, Stimmungen, Gesichter und Dialoge merken, als würde er sie filmen. Ich weiß nicht, wie er das macht. Er starrt, das ist alles, was ich weiß. Minutenlang starrt er im Fahrstuhl Menschen an oder in der Schlange im Supermarkt und vergisst alles um sich herum. Er sagt, er habe ein fotografisches Gedächtnis. Er guckt auch Leuten zu, wenn sie sich streiten, als gehöre er zur Familie.

»So was macht man nicht«, sage ich danach immer zu ihm.

»Warum nicht? Ist doch interessant«, entgegnet er. Oder: »Das ist das richtige Leben.«

Für Alex ist alles Material. Die intimsten, die komplexesten, die schwierigsten Geschichten sind die besten. Die umkreist er, geht ihnen auf den Grund, so lange, bis er das Gefühl hat, dicht genug rangekommen zu sein. Es kann Tage, Wochen, manchmal Monate dauern. Und wenn sich ihm jemand in den Weg stellt, wenn jemand sagt, bis dahin und nicht weiter, dann reizt ihn das erst recht. Regeln, die er nicht versteht, Dinge, die nur aus Prinzip so gemacht werden, bringen ihn auf die Palme. Er streitet mit Beamten, beleidigt Polizisten, geht Anwälten auf die Nerven.

Am Telefon auf der Brooklyn Bridge hat er noch gesagt, alle würden Richtung Brooklyn laufen, niemand nach Manhattan wie er. Er klang ruhig, fast entspannt, die Brücke war schon geschlossen, aber er hatte es durch die Sperre geschafft, hatte die erste Hürde genommen. Es wird sicher spät werden heute.

Dann ruft Debbie an.

»Anja!« Ihre Stimme ist laut und hysterisch, ich hätte sie fast nicht erkannt.

»Hi Debbie«, sage ich. »Wo bist du? Noch bei Marty?«

»Ja, in seinem Haus in Ditmas Park. Aber ich fahre gleich nach Hause ... Die Wahlen sind abgeblasen.«

»Das tut mir leid«, sage ich und denke, dass es vielleicht doch nicht klappt mit ihrem neuen Job. Debbie geht nicht darauf ein. Sie erklärt mir die Situation. Ihren Notfallplan. Sie hat immer sofort für alles einen Plan. Als Alex noch auf unserem Dach überlegte, ob er wegen eines Flugzeugabsturzes nach Manhattan fahren sollte, hatte Debbie längst Walter angerufen und ihm den Auftrag erteilt, Derek von der Schule abzuholen. Walter arbeitet bei Macy's, einem Kaufhaus in Downtown Brooklyn, Dereks Schule ist ganz in der Nähe. Kurz nachdem das zweite Flugzeug eingeschlagen war, waren Derek und Walter bereits zu Hause und sitzen seitdem mit geschlossenen Fenstern in ihrer Wohnung in der President Street wie in einem Bunker. Debbie hat ihnen verboten, das Haus zu verlassen.

Debbie redet und redet. Sie will keine Stille zulassen, denke ich, nicht zeigen, dass sie auch nicht weiß, was geschieht und wie es weitergeht. Sie wirkt immer so *tough*, aber wahrscheinlich ist sie viel ängstlicher als ich. Sie hat ihrer Katze die Krallen ziehen lassen, aus Angst, sie könnte Derek kratzen.

»What about you?«, fragt Debbie. Sie stöhnt, als sie erfährt, dass Alex auf dem Weg nach Manhattan ist.

»Hoffentlich werden sie ihn nicht über die Brücke lassen. Ich hab gehört, die Brücken sind gesperrt.«

»Er ist schon auf der Brücke«, sage ich. »Wir haben gerade telefoniert.«

»Oh my god. Ich hab gewusst, dass er lebensmüde ist«, sagt Debbie.

»Und die Kinder?«, fragt sie.

Ich sage ihr, dass Mascha bei mir ist und Ferdi noch in der Schule.

»*Well*«, sagt Debbie, »es ist natürlich deine Entscheidung, aber ich würde Ferdinand aus der Schule abholen. Zwei Flugzeuge im World Trade Center, eins im Pentagon. Wer weiß, was als Nächstes passiert.«

»Was soll denn noch passieren?«, frage ich. Ich kann mir nichts Schlimmeres vorstellen als drei Flugzeugabstürze innerhalb von einer Stunde. Für mehr reicht meine Phantasie nicht.

»Ich will ja nicht den Teufel an die Wand malen, aber es könnte Krieg geben.«

Sie legt auf. Krieg. Mit dem Wort kann ich nichts anfangen. Es hat nichts mit mir zu tun. Auch jetzt nicht. Sicher heulen dort drüben, wo Alex hinläuft, Sirenen. Es ist ein Unglück. Aber die Sirenen kommen aus dem Fernseher. Hier bei mir ist es ganz still. Der Kater hat Hunger. Dann hat Mascha Hunger. Mir fällt ein, dass ich auch noch nichts weiter gegessen habe. Ich mache uns einen Toast. Ich versuche, meine Mutter anzurufen, komme aber nicht durch. Bei Alex ist nur der Anrufbeantworter an. *Please leave a message after the beep.* Ich gehe mit Mascha auf die Terrasse und halte nach anderen Kindern Ausschau, mit denen sie spielen könnte, aber es ist niemand zu sehen. Ich gehe die Treppe hoch zu meinem Computer und lese *Spiegel-Online*. Das World Trade Center brennt, das Pentagon brennt. Die Taliban sollen dahinterstecken und ein Mann mit einem Namen, den ich noch nie gehört habe. Ich frage Mascha, ob sie müde ist und nachher vielleicht Mittagsschlaf machen möchte. Sie schüttelt den Kopf.

Dann stürzt der Südturm ein. Er fällt in sich zusammen. Dieses hohe stabile Gebäude, das nachts immer so schön leuchtet, einer von Ferdinands Lieblingswolkenkratzern, ein Wahrzeichen New Yorks – weg. Ich schlage die Hände vors Gesicht auf meinem Sofa im Wohnzimmer, mir laufen die Tränen über die Wangen. Ich wische sie weg. Ich mache weiter mit meinem Tag. Mascha ist hier, und Mascha versteht nichts. Sie wird traurig, wenn ich traurig bin. Ich schneide am Hampelgeiger herum, schiebe Mascha Apfelstückchen in ihren Mund und singe *The wheels on the bus go round and round*, Maschas Lieblingslied.

Ich rufe Alex an. Alex nimmt nicht ab.

Es ist ein Bild wie ein Seufzer. Einen Augenblick noch scheint sich der Turm gegen sein Schicksal zu stemmen, das er, anders als wir, schon längere Zeit zu kennen schien, er zittert und wankt und bricht schließlich müde zusammen. Ein alter Boxer. Es klingt bescheuert, aber der Turm erscheint mir in diesem Moment wirklich menschlich, verletzbar, gebrechlich. Er war mit Menschen gefüllt, und die Menschen sind jetzt tot. All die Menschen.

Als ich im Sommer 1990 zum ersten Mal in New York war, besuchte ich mit einem deutschen Kollegen irgendeinen Lobbyisten, der in einem von tausenden Hochhäusern in einem kleinen Eckbüro saß. Mein Kollege und ich waren nie zuvor in Amerika gewesen, wir waren Teil einer ostdeutschen Delegation, die nach dem Mauerfall nach Amerika eingeladen worden war, und sehr aufgeregt, als wir mit dem Fahrstuhl hinauf in den Himmel zu dem Lobbyisten schossen, dessen Name mir inzwischen entfallen ist. Ein wichtiger Mann, ein Schreibtisch, eine Couch, zwei Fenster über Eck. Und wenn man aus den Fenstern sah, erblickte man hunderte Fenster, hinter denen weitere wichtige Menschen saßen. Ich habe mich winzig gefühlt, ameisengroß, als ich wieder unten auf der Straße war und die Fassaden hinaufstarrte, mit all ihren Fensterlöchern, hinter denen Menschen den Lauf der Welt bestimmten. All die Menschen.

Ich sehe dem Tod zu. Das ist es, ich sehe dem Tod zu. Zum ersten Mal in meinem Leben sehe ich Menschen sterben.

Bis jetzt waren die Dinge zu reparieren, rückgängig zu machen, zu flicken wie die Schlaglöcher in den New Yorker Straßen. Das ist vorbei. Ich stehe mitten auf der

Brücke, sehe auf die Wolke, in der der Turm versinkt, und bin nun, in diesem Moment, auch jemand aus dem eingeschlafenen Hofstaat Dornröschens, den ich vorhin aus meinem Auto beobachtet habe. Ich stehe ganz still und sehe die Menschen um mich herum ebenfalls stillstehen. Wir halten eine Schweigeminute. Die schwarze Frau neben mir ist mitten in einer Bewegung eingefroren, ihr Blick geht über die Schulter nach Manhattan, die Füße zeigen nach Brooklyn, sie ist barfuß, sehe ich, der Körper in ihrem Businesskostüm ist verdreht, ihr Mund steht offen. Auch mein Mund steht offen. Etwas Unvorstellbares ist geschehen. Ich erwarte, dass der Turm, den ich gerade zusammenfallen sah, immer noch hinter der Wolke steht, dass er da sein wird, wenn sich der Staub verzogen hat. Das wäre wahrscheinlicher als das, was ich eben gesehen habe. Ich wohne einem Weltwunder bei.

Mir fällt die *Hindenburg* ein – kein besonders originelles Bild für einen Deutschen in New York –, aber das ist genau das, was mir einfällt. Ich habe eine CD-ROM von *Time Warner*, auf der die größten Ereignisse des Jahrhunderts gespeichert sind. Der brennende deutsche Zeppelin ist mit drauf. Die Menschen, die vor den Wrackteilen flüchten, die auf Lakehurst regnen. Ich bin jetzt einer dieser Menschen. Eine Figur auf einem Historiengemälde. Ich sehe mich da, neben der barfüßigen Frau im Businesskostüm, ein blasser 39-jähriger Deutscher in einem hellblauen Hemd, das er über der Hose trägt.

Ich denke an die große Geschichte, die Weltgeschichte, und an die kleine Geschichte, die Geschichte, die ich erzählen kann. Ich sehe jetzt, dass die Frau im Businesskostüm ihre Schuhe in der Hand hält. Wahrscheinlich kann man in Büroschuhen nicht lange laufen. Als ich wieder hochgucke, hat sich ihr Gesicht verändert, das Staunen ist zu Schrecken geworden. Um mich herum überall Schreien. Tränen. Geschwindigkeit. Die Starre ist vorbei. Am Himmel donnert ein Düsenjäger. Die Frau im Businesskostüm setzt ihren Weg nach Osten fort, barfuß.

Die Menschen drängen mir entgegen, schneller jetzt. Wir sind in der Mitte der Brücke. Terroristen, Anschlag auf Amerika, Präsident Bush, das Donnern der Kampfflugzeuge. All die Informationen haben jetzt plötzlich auch mit mir zu tun. Die Brooklyn Bridge ist ein Wahrzeichen. Ich weiß nicht, was in den Türmen passiert ist, aber ich spüre, dass ich hier nicht auf sicherem Boden stehe. Man ist verletzlich auf so einer Brücke. Vielleicht sollte ich besser umkehren und mit den anderen nach Hause gehen, denke ich. Ich wanke und schwanke, aber dann gehe ich weiter, Richtung Westen, auf den zweiten Brückenpfeiler zu, während der Staub sich langsam legt. Da ist nur noch ein Turm, nur noch eine schwarze Fahne, und ich weiß immer noch nicht, was ich eigentlich sehe. Als ich den Pfeiler erreiche, halte ich kurz an, hole Anjas Notizblock aus dem Rucksack und schreibe das Wort *Hindenburg* hinein. Ich schreibe es zu den Vokabeln, die Anja lernte, als sie hier ankam. *Against all odds*, steht da und *to flip a coin* und aus irgendeinem Grund hat sie damals auf dem Baruch City College auch gelernt, wie die Farben in einem Kartenspiel auf Englisch heißen: *Clubs, Spades, Hearts* und *Diamonds*. Dahinter steht nun mein Wort. *Hindenburg.* Wenn ich jetzt tot umfalle, finden sie irgendwann den Block mit meinem letzten Wort. *Hindenburg.* Ich denke einen Moment nach, weil ich nicht möchte, dass das so bleibt.

120

Und dann schreibe ich *Damenschuh* dazu, was es natürlich nicht besser macht. *Hindenburg und Damenschuh.* Das ist mein Vermächtnis. Klingt wie ein Roman von Hermann Hesse oder eine *Rammstein*-Platte. Am Ende bin ich doch nur ein Deutscher. Ich laufe weiter auf den zweiten Turm zu, in dem die Antworten auf all die Fragen stecken, die mich umtreiben. Dieser Turm noch. Noch dieser Turm. Nicht einen Moment denke ich daran, dass auch er zusammenfallen könnte, so wie ich mir 1989 nie vorstellen konnte, dass die Mauer fällt, nicht einmal im Herbst.

Immer weniger Menschen kommen mir entgegen, einen Augenblick habe ich Angst, dass auch auf der anderen Seite der Brücke eine Polizeisperre stehen könnte, aber da ist niemand. Keine Regeln, keine Linien mehr in der Stadt, die Bürgermeister Giuliani in seiner Amtszeit in eine Metropole des Gesetzes verwandelte. Ich habe Giuliani ein paar Mal begleitet und mir immer wieder seine Theorie über die erste eingeschlagene Fensterscheibe angehört, die man sofort reparieren muss, weil sonst die ganze Stadt verlottert, ich habe mir seine Diagramme angeschaut, auf denen die Kriminalitätsrate immer weiter nach unten ging, bis sie kaum noch zu sehen war. Giuliani ist ein dünner, kleiner Mann, der sich die Haare über die Glatze kämmt, Mafiafilme mag und von einem seltsamen Hofstaat umgeben ist. Er wirkt auf mich eher wie der Bürgermeister aus einem Comic-Heft, aber er hat sich durchgesetzt. Es gibt kein Sexkino mehr am Times Square, die Immobilienpreise steigen in den Himmel. Am Ende durfte man im Central Park nicht mal mehr Fußball spielen.

Jetzt sind alle Fensterscheiben auf einmal zerbrochen, und es wirkt, als hätten sie New York aufgegeben.

Ich gehe auf die Straße, um die Mülltonnen reinzustellen, wegen des *Dogpoops*. Es ist mir nicht wichtig, aber ich will etwas tun. Irgendetwas, das mich vom Fernseher wegholt. Ich zerre die Tonnen über den Asphalt, und als ich zurück ins Haus gehen will, sehe ich meine Nachbarin Phyllis Chesler. Sie steht im Vorgarten ihres Hauses, mit verschränkten Armen, schaut in den Himmel und dann sieht sie mich und fragt, was die Deutschen sagen: Ob es Krieg geben wird?

Schon wieder Krieg. Erst Debbie, jetzt Phyllis, aber das eigentlich Bemerkenswerte ist, dass Phyllis überhaupt mit mir spricht, dass sie weiß, wer ich bin, dass sie mich so was fragt.

Phyllis Chesler hat noch nie mit mir geredet. Sie nickt mir zu, wenn wir uns auf der Straße begegnen, sie sagt »*Hello*«. Mehr sagt sie nicht. Sie ist anders als die anderen Nachbarn, die mich bereits kurz nach unserer Ankunft auf der Straße angesprochen und gleich zu *Potluck Dinners* eingeladen haben. Ich war ganz überwältigt von so viel Interesse und Freundlichkeit. Innerhalb von einer Woche hatte ich Vicky und Tom, Seily und Tim, Ken und Mary, Roxy und Mike, Norma und Glenn sowie deren Kinder Robert und Emily, Duncan und Erica, Erin und Davon, Nino und Isabella kennengelernt und wurde über alle wichtigen und unwichtigen Dinge informiert. Wichtig war meinen Nachbarn vor allem die Philosophie der *Backyards*. *Backyards* werden die Schläuche genannt, die sich hinter den Brownstonehäusern strecken. Jedes Haus hat einen *Backyard*. Unsere sind die größten im ganzen Viertel und die einzigen, die offen sind – das ist die

Backyard-Philosophie. Man kann von einem Garten zum anderen gehen. Die Kinder können bei Ken aufs Baumhaus klettern, bei Roxy und Mike *Dodgeball* spielen und bei uns können sie schaukeln. Zur *Backyard*-Philosophie gehört allerdings auch, dass Tom von gegenüber, ein Abrüstungsexperte, der nachts am Fenster steht wie ein Geist und ohne Ankündigung in meinem Garten stehen kann, was ich als eher unangenehm empfinde. Aber im Großen und Ganzen ist die *Backyard*-Philosophie schon gut. Sie ist auch wertvoll. Die *New York Times* hat mal darüber geschrieben und ein Artikel in der *New York Times* hebt den Grundstückswert, und letztlich geht es meinen Nachbarn natürlich vor allem darum; im Gegensatz zu uns sind sie Eigentümer.

Umso ärgerlicher finden sie, dass sich Phyllis Chesler ihrer Philosophie verweigert. Sie hat keine Türen im Zaun und man muss, um von unserem in Roxys und Mikes *Backyard* zu kommen, erst durch Vicky und Toms und Seily und Tims *Backyard* gehen, was ein ziemlicher Umweg ist. Außerdem ist ihr Garten kein Garten, er ist ein weißer Fleck, eine Wüste im *Backyard*-Paradies. Es gibt keinen Baum, kein Blumenbeet, keinen Rasen. Nicht mal Unkraut gibt es, denn Phyllis hat den gesamten Garten mit Plastikfolie auslegen lassen, damit sie keine Arbeit mit ihm hat. Die Fassade ihres Hauses ist die einzige, an der eine Feuerleiter hängt, noch so ein Ärgernis für die Nachbarn, die sich sorgen, ihre Kinder könnten draufklettern und abstürzen. Demnächst soll es wegen der Feuerleiter eine Aussprache mit Phyllis geben. Aber Phyllis macht nicht den Eindruck, als würde sie sich von unseren Nachbarn einschüchtern lassen.

Sie zählt zu den radikalsten Feministinnen des Landes. Sie schreibt Bücher, in denen sie Frauen auffordert, mutiger gegen die Männer zu kämpfen und untereinander solidarischer zu sein, und schafft es regelmäßig in die *New York Times*. Sie war Anfang der 90er mal auf dem Cover vom *Weekend Magazine*, als eine der berühmtesten Frauenrechtlerinnen der Vereinigten Staaten. In ihrem Haus gehen Frauen mit kurzen Haaren, weiten Umhängen und flachen Schuhen ein und aus. Männer sieht man nie. Sie lebt mit einer Anwältin zusammen, und früher war sie mal mit einem Afghanen verheiratet.

Sie folgte ihm nach Kabul, wo er sie in ein strenges muslimisches Leben pressen wollte, dem sie irgendwann mit Mühe und Not entfliehen konnte. Von da an wurde das Misstrauen gegenüber der arabischen Welt zu ihrer Lebenseinstellung. Und der Kampf gegen die Unterdrückung von Frauen, für die Werte der westlichen Welt zu ihrer Lebensaufgabe.

Und jetzt fliegen Flugzeuge ins World Trade Center, und im Fernsehen sagen sie, dass die Männer, die die Flugzeuge gelenkt haben, aus dem Land kommen, aus dem sie einst geflohen ist. Sie greifen die Stadt an, in der sie geboren ist, in der sie als Jüdin und Frauenrechtlerin ein sicheres Leben führt.

Phyllis Chesler hat gerade in ihr Tagebuch geschrieben, sie fühle sich von ihrer eigenen Geschichte eingeholt. Sie denkt, dass sie nun endlich nichts mehr erklären muss, dass jetzt alle, die Deutschen, die Europäer, die ganze Welt, begreifen werden, welche Gefahr vom Islam ausgeht. Sie steht vor ihrem Haus, schaut in den Himmel und fragt mich, ihre deutsche Nachbarin, ob es Krieg gibt, und in ihrer Frage schwingt Hoffnung mit. Ich höre das, ich sehe es in ihrem Blick. Und ich finde es seltsam. Sie ist Jüdin und ich bin Deutsche, ein DDR-Kind, das in der Schule Friedenstauben malte. Meine Mutter wurde im Krieg geboren, ihr Vater kämpfte in Russland, er wurde in Frankreich von einem Splitter getroffen und verlor sein Bein. Ich habe Krieg immer als etwas begriffen, das schlecht ist und das hinter uns liegt.

Ich erzähle Phyllis Chesler, dass auf *Spiegel-Online* keine Rede von Krieg gewesen sei. Phyllis Chesler nickt, als habe sie mit dieser Antwort gerechnet. Dann sagen wir noch irgendwas Belangloses und gehen zurück ins Haus. Jeder in seins.

Die Asche des gefallenen Turmes liegt in den Straßen Downtowns wie Schnee. Dreißig Meter von mir entfernt watet ein Fotograf vorsichtig durch den Staub, die Welt durch seinen Fotoapparat beobachtend. Wir sind Mitglieder einer Expedition. Wir betreten den Mond. Ich schreibe die Wörter »Schnee«, »Weihnachten« und »Mond« in mein Notizbuch. Und dann den Satz: »Es ist ganz still.« Meine Schrift ist kippelig, krakelig und die Wörter werden mir später wahrscheinlich albern und nichtssagend vorkommen, aber ich habe endlich das Gefühl, etwas zu erleben, das man nicht auch am Fernseher erleben kann.

Es schaffen ja nur wenige auf den Mond. Ich würde gern jemanden anrufen, um zu erzählen, was ich sehe, um zu sagen, dass ich hier bin, dass ich die Insel erreicht habe. Ich könnte dem Hamburger Kollegen jetzt die Lage schildern, ich könnte Bilder beschreiben, die er dort drüben nicht sieht. Aber mein Handy funktioniert nicht mehr. Kein einziger Balken auf dem Display, alles ist ausgefallen. Klar, es gibt kein Netz auf dem Mond. Ich laufe die Park Row hinunter, wo ein Asiate seinen Lebensmittelladen schließt. Ich frage ihn, ob ich bei ihm telefonieren dürfe. Das Festnetz funktioniert ja sicher. Der Händler schüttelt den Kopf. Er verschwindet in seinem Laden und lässt die Jalousien herunter. Er hat Angst vor Plünderern, denke ich. Plünderer. Ein Wort, von dem ich nicht angenommen hatte, dass ich es jemals im Alltag benutzen würde. Plünderer. So ist das also.

Ich laufe den Broadway hinunter, hier sind nur noch ganz wenige Menschen. Ab und zu sehe ich einen Bauarbeiter oder einen Polizisten. Sie haben ernste, entschlossene Gesichter, so als wüssten sie, was sie tun. Es ist ein amerikanischer Gesichtsausdruck. Die Männer strahlen die Zuversicht aus, dass alles zu regeln ist. Sie bewegen sich voller Kraft, die Arme vom Körper abgewinkelt, die Hände geöffnet, bereit, irgendwo zuzupacken, die Welt zu retten, die Löcher zu flicken, die Türme wiederaufzubauen. Manche von ihnen tragen einen Mundschutz aus Papier, aber sie tragen ihn nicht vorm Mund, sie tragen ihn um den Hals, so wie John Wayne sein Staubtuch trägt.

Die St. Paul's Chapel sieht weihnachtlich aus, aber auch gruselig, weil auf den Grabsteinen des kleinen Friedhofes Fetzen hängen. Papierfetzen, Stofffetzen, Plastikfetzen und Fetzen von Sachen, über die man nicht nachdenken möchte. Eigentlich sieht sie aus wie eine Halloween-Kulisse. Die Luft ist rauchig und süßlich, ich laufe am Friedhofszaun entlang zur Church Street, wo ein einzelner Mann in einer Uniform steht. Ich laufe bis zum Ende des Kirchgartens, die Luft flirrt, und dann sehe ich den Turm, riesig, dunkel, mit einem orangefarbenen Riss im oberen Teil, die Außenhaut vibriert in der Hitze wie eine Fata Morgana. Ein traumhaftes Bild. Da muss ich hin. Das ist das Ziel.

»Wo willst du denn hin, Junge?«, fragt der Mann. Er ist ein Feuerwehrmann, und er sieht sehr traurig aus.

»Näher ran«, sage ich. »Ich bin Journalist.«

»Get lost!«, sagt er. Keine Erklärungen, nur der Befehl. Verschwinde. Er sieht nicht wütend aus, nicht herrisch. Er sieht wirklich nur traurig aus und müde, aber da ist kein Spielraum. Es gibt wieder eine Regel hier, spüre ich, aber es ist keine Regel, die der traurige Feuerwehrmann auf der Feuerwehrschule gelernt hat. Es ist eine allgemeingültige Regel, eine Lebensregel, eine Regel des gesunden Menschenverstandes. Ich nicke, obwohl ich die Regel nicht akzeptiere. Sie gilt nicht für mich. Ich bin Reporter. Cordt, mein Chef in Hamburg, glaubt, dass ein Reporter verrückt sein muss. Ich weiß nicht genau, ob das stimmt, aber ich glaube, dass einem gesunder Menschenverstand nicht immer weiterhilft. Er hält einen manchmal nur auf. Der Feuerwehrmann sieht mich an wie einen bedauernswerten Idioten, und das bestätigt meine Theorie. Ich drehe mich um und gehe die kleine Straße am Friedhofszaun zurück. Ich werde es an der nächsten Ecke wieder versuchen, denn ich muss noch dichter heran. Ich bin noch außen, an der Oberfläche, dort, wo es nur Beschreibung gibt, aber keine Emotion.

Als ich dreißig Meter gelaufen bin, schreit der Feuerwehrmann hinter mir: »RUN!«

Ich drehe mich um und sehe, wie er mit den Armen rudert und langsam beginnt, loszulaufen. Er ist ein großer, schwerer Mann, er steckt in einer steifen Uniform, und er braucht ein wenig Zeit, um in Schwung zu kommen.

»Run«, schreit der Feuerwehrmann wieder. »We're gonna lose the second tower.«

Hinter ihm flimmert die Wand des Turmes, sie zittert und bebt, und dann platzt sie.

Als ich ins Haus zurückkomme, listet der *CNN*-Reporter auf seinem Balkon in der Upper Westside gerade auf, was in den letzten knapp zwei Stunden alles passiert ist, für die Zuschauer, die sich erst jetzt zugeschaltet haben. Während er spricht, fällt der zweite Turm, der mit der Antenne, in sich zusammen. Eine Weile sieht man noch die Antenne, als würde sie mit aller Kraft versuchen, sich aufrecht zu halten.

»Good Lord«, sagt der Moderator und schweigt.

Dann geht es weiter mit der Übertragung, immer weiter: das Pentagon, das Flugzeug in Pennsylvania, *Fighter Jets*, die Taliban.

Ich würde gerne das Gerät aus dem Fenster schmeißen, aber ich bin nicht mal in der Lage, es auszuschalten. Mascha kuschelt sich auf meinen Schoß, ich halte sie fest, so fest ich kann, und sage ihr, dass alles gut ist, alles gut wird, dass wir keine Angst zu haben brauchen.

Ich sehe den Turm kippen oder ich bilde mir ein, ihn kippen gesehen zu haben, während ich laufe. Ich renne, am Broadway schließen sich zwei Bauarbeiter an, wir rennen jetzt zusammen. Hinter uns rumpelt irgendwas, aber ich habe keine Angst. Ich lache einem der Männer zu, die neben mir laufen. Ich könnte ewig so laufen. Es geht mir gut, ich war so dicht dran, wie es ging. Ich habe meine Aufgabe erfüllt. Ich kann schreiben, dass ich zweihundert Meter vom Turm entfernt war, als er zusammenbrach. Vielleicht waren es auch nur hundertfünfzig. Oder hundert. Vielleicht schreibe ich hundert. Ich kann schreiben, dass ich vor dem zusammenbrechenden Turm durch die Straßen Manhattans fliehe. Ein Turm folgt mir durch Downtown. Das ist ein Satz. Das kann ich schreiben. Ich kann schreiben: Ich war dabei. Es ist etwas ganz Großes passiert, und ich war dabei. Ich habe es beobachtet. Ich bin der Mann vor Ort. Sie haben mich hierher geschickt, sie bezahlen den Mietzuschuss und einen Heimflug im Jahr für mich und meine Familie. Ich habe sie nicht enttäuscht. Ich stand nicht auf der anderen Seite des Flusses. Ich bin der *Spiegel*-Mann.

An der Ecke zum Broadway stehen in einer Bankfiliale Menschen gedrängt hinter der Scheibe und schauen zu uns heraus. Es sieht nicht so aus, als wäre in der Filiale noch Platz für uns, und vor allem sieht es nicht so aus, als würden die Menschen nochmal die Türen öffnen. Ich sehe in ihren Gesichtern, wie dicht uns die Wolke auf den Fersen ist. Für die Menschen dort bewegen wir uns hinter Glas, wie Lebewesen in einem Terrarium. Für sie sind wir jetzt Teil einer anderen Welt, zu der auch die Staubwolke hinter uns gehört. Ich verstehe das, ich habe den Menschen in der Bank nichts vorzuwerfen. Wir rennen die Fulton Street hinunter Richtung Osten, die Wolke grummelt. Ich biege in eine schmale Straße, eher eine Hinterhofgasse als eine Straße, kurz und unscheinbar. Keine Geschäfte sind hier, nur die Ärsche der Bürogebäude. Wir sind immer noch zu dritt. Aus irgendeinem Grund fühle ich mich sicherer in der Gasse, es ist so, als könne man hier Zuflucht suchen. Ein Versteck vor dem großen rollenden Ungeheuer. Ich glaube ernsthaft, dass der zusammenbrechende Turm sich die breiteren Straßen für seinen Weg suchen wird. Mein Physiklehrer Herr Reisner aus der Betriebsberufsschule der Wasserwirtschaft hätte müde gelächelt. Die haushohe Wand taucht am Ende der schmalen Gasse auf, sie ist grauschwarz. Ich drehe mich zur anderen Seite um, aber da ist eine genauso schwarze und hohe Wand. Die Wände rasen aufeinander zu, sie schlagen über mir zusammen, und es wird Nacht.

Alex ist nicht zu erreichen. Ich versuche es immer wieder, alle paar Minuten, und irgendwann, nach dem zehnten oder zwanzigsten Mal, denke ich das erste Mal, dass er nicht rangehen wird, nie mehr. Ich kann mir nicht vorstellen, wie er neben dem World Trade Center steht, als es zusammensackt, wie er von einer Platte getroffen wird, von einer Wolke aus Schutt und Steinen, wie das höchste Gebäude der Stadt zusammenbricht, als er gerade im Foyer steht oder versucht, die Treppe hochzulaufen. Es ist mehr ein Gefühl, das Gefühl, dass etwas nicht mehr so sein wird, dass etwas vorbei ist. Ich schleiche um das Telefon herum, das auf dem Küchentresen liegt, und warte darauf, dass es klingeln wird, dass ich auf die Taste mit dem grünen Hörer drücke und seine Stimme höre, die sagt: »Anni, hörst du mich? Es dauert hier noch ein bisschen.« Das Telefon klingelt. Liz ist dran und sagt, dass sie zu ihrer Mutter geht und später bei mir vorbeikommt. Aber Alex ruft nicht an. Ich hoffe, ich warte, ich bin enttäuscht und dann werde ich wütend.

Warum ist er so? Warum muss er immer weiter? Warum ist er nicht auf der Brooklyn-Bridge umgekehrt, als der erste Turm zusammenbrach, zurück nach Park Slope, zu uns? Warum ist ihm die Geschichte wichtiger als seine Familie, als sein Leben?

Ich rufe das *Spiegel*-Büro in Manhattan an, in der Hoffnung, Kerstin oder Sabine haben was von Alex gehört. Kerstin versucht, unaufgeregt zu klingen. Aber ich höre das, und ich denke: Hätte sie nicht angerufen, wäre er nicht losgerannt. Es ist ungerecht, ich weiß, aber ich fühle es. Ich kann nicht anders.

Ich atme tief durch. Normalerweise funktioniert das. Angst um Alex ist ein Gefühl, das ich mir abgewöhnt habe in den Jahren, in denen ich mit ihm zusammen bin. Ich will nicht wissen, ob er mit 180 km/h über die

Autobahn rast, weil er zu einem wichtigen Termin muss, ich ignoriere das Unwetter, durch das er fliegen muss, um ans Ziel seiner Recherche zu kommen. Ich versuche, nicht eifersüchtig zu sein, wenn er tagelang mit hübschen Fotografinnen unterwegs ist. Ich kann mir diese Gefühle nicht leisten. Sie würden mich auffressen.

Ich gehe nochmal die letzte Stunde durch. Als der erste Turm fiel, war er wahrscheinlich noch auf der Brücke. Die Frage ist, was er dann gemacht hat. Ist er zurückgelaufen oder weitergegangen?

Ich stelle mir beide Situationen vor. Das Bild, wie mein Mann mitten auf der Brücke kehrt macht, weil ihm plötzlich die Erkenntnis kommt, dass die Aktion irgendwie zu gefährlich ist, dass er jetzt lieber zu Hause sein sollte, bei mir und den Kindern, rutscht immer wieder weg und wird zu dem anderen Bild, das viel klarer ist, viel stärker: Alex läuft weiter, immer weiter. Er will dicht ran, so dicht wie möglich. Ihm ist es egal, ob ihm jemand sagt, dass man hier nicht weiter darf. Er denkt, dass er es jetzt schon so weit geschafft hat, dass er jetzt nicht zurückgehen kann.

Wo ist er? Warum ruft er nicht an?

Ich laufe zwischen Wohnzimmer und Küche hin und her, sage zu Mascha, dass wir jetzt doch nochmal ein bisschen weiter basteln sollten, mische ihr Apfelsaft mit Wasser, trinke den kalten Kaffee von heute Morgen, wähle Alex' Nummer. Ich mache das, was ich immer mache, jeden Tag: Geschirrspülmaschine einräumen, Milch aus dem Kühlschrank holen, Mikrowelle anmachen, Zeitungen zusammenlegen. Ich bewege mich wie eine aufziehbare Puppe. Ich bin der kleine Hampelgeiger.

Ich will mir nicht vorstellen, dass Alex dort draußen für immer verloren geht. Was wird dann aus uns?

Ziehe ich wieder weg aus New York, packe die Sachen in Kisten, melde die Kinder in der Schule und im Kindergarten ab, fahre mit dem Kater im Käfig zum Flughafen, stehe zwischen den Touristen in der Schlange, fliege übers Meer zurück, nur die Kinder und ich?

Ich wähle seine Nummer und warte darauf, dass er sagt: »Ja, Osang?« In diesem fragenden Tonfall.

Das geht, das kann ich mir vorstellen.

Aber er nimmt nicht ab.

Ich rufe Ferdinands Schule an. Ich würde ihn jetzt gerne bei mir haben. Im Sekretariat sagt man mir, sie würden eher davon abraten, Kinder vorzeitig aus der Schule abzuholen, die Schüler wüssten nicht, was passiert sei. Es sei wichtig, ihnen keine Angst zu machen, ihnen das Gefühl zu geben, sie seien in Sicherheit.

Aber was, wenn nichts mehr sicher ist? Ich muss an unseren Florida-Urlaub denken, als ein Orkan über die Küste fegte. Unser Haus stand auf Pfählen, direkt am Strand. Die Wellen kamen immer näher, das Wasser war vor uns, unter uns, hinter uns, die Straße war überschwemmt, wir konnten nicht mal mit dem Auto fliehen.

Fliehen, denke ich. Vielleicht sollte ich mit den Kindern fliehen. Raus aus New York, zu Alex' Kollegen Jan nach White Plains, in die *Suburbs*, wo wir nicht hinziehen wollten.

Aber wie soll ich fliehen, wenn alle Brücken und

Tunnel gesperrt sind? Jetzt im Stau auf einem Highway zu stehen, ist viel schlimmer als hier in Brooklyn zu sitzen. Ich hab ja auch kein Auto. Ich weiß nicht mal, wo es ist.

Alex weiß, wo das Auto ist.

Als Kind habe ich manchmal überlegt, ob ich lieber an einem schönen Tag oder an einem verregneten Tag sterben möchte. Damals dachte ich, Regen wäre besser. Ich würde nichts verpassen, mein letzter Blick ginge in den schwarzen Himmel. Kein Fußball heute, alles gut. Weiterhin war mir damals klar, dass ich sterben müsste, bevor ich vierzig Jahre alt bin. Ein Leben jenseits der vierzig erschien mir nicht sinnvoll, nicht vorstellbar. Jetzt betrachte ich die Dinge natürlich anders. Ich bin vor ein paar Wochen 39 Jahre alt geworden. Es ist noch Zeit. Und ich würde wirklich gern den Himmel sehen. Ich halte die Luft an und warte, dass es heller wird, aber es wird nicht heller. Auch nicht ein bisschen. Das euphorische Gefühl ist verschwunden.

Einer der beiden Bauarbeiter leuchtet mit seinem Feuerzeug gegen die Häuserwand, an der wir stehen. Man sieht gestrichene Backsteine und eine verrammelte Metalltür. Die Gasse heißt Theatre Alley. Sie liegt zwischen Anne Street und Beekman Street. Es gibt keine Straßenschilder, und auf den meisten Stadtplänen ist Theatre Alley nicht verzeichnet. Bei Tageslicht sieht man, warum. Es ist ein Platz, an dem es nur Ratten gibt und Tauben sowie die leeren Schnapsflaschen und die Pappen der

Penner, die hier übernachten. Theatre Alley ist eine enge, dunkle Gasse aus einem anderen Zeitalter, durch die man heute nicht mal geht, um einen Weg abzukürzen, ein Unort mitten in der Stadt. Ich sehe das nicht, jetzt, aber ich fühle es. Die Gasse ist eine Falle, die dicke schwarze Luft steht hier, es gibt kein Licht am Ende des Tunnels, keinen Silberstreif am Horizont.

Ich träume manchmal von meiner Freundin Simone. Sie ist aus dem Fenster gesprungen, als sie 27 war, und in einem Traum hat sie mir gesagt, wenn sie gewusst hätte, dass wir nach New York ziehen, hätte sie es sich nochmal anders überlegt. Simone wollte immer raus aus Berlin. Ihr letzter Freund kam aus Venezuela, der davor aus Kuba. Als wir zusammen in der Türkei Urlaub machten, verliebte sie sich in einen türkischen Taxifahrer. Ich denke oft darüber nach, ob ich ihr hätte helfen können. An jenem Nachmittag vor fünf Jahren, als sie mich in der Redaktion anrief und mich in ihre frisch renovierte Wohnung einlud. Ich hatte keine Zeit, ich musste noch einen Artikel fertig machen. Nächste Woche, habe ich gesagt. Am Abend rief ihr Bruder an: »Mone ist tot«, sagte er und es klang wie eine Frage. Wie: »Weißt du was? Hast du eine Erklärung?« Hatte ich nicht, habe ich bis heute nicht. Simone klang bei unserem letzten Telefonat so viel ruhiger und gefasster als in den Monaten zuvor, in denen sie manchmal nicht mehr wusste, wo sie war und wo sie ihr Auto abgestellt hatte. Sie schien wieder sie selbst zu sein, ein neues Leben anfangen zu wollen, dabei wollte sie sich wahrscheinlich nur verabschieden.

Alex war derjenige, der mich damals tröstete. Er ist eigentlich kein guter Tröster. Er kann mich nicht lange festhalten. Er ist zu unruhig, er kann nicht stillhalten. Aber als Simone starb, hat er stillgehalten, und als mein Vater starb, auch. Es war das Jahr von Maschas Geburt. Wir hatten ihn gerade noch eingeladen, um ihm zu erzählen, dass wir ein Kind bekommen, eine Tochter diesmal. Mein Vater, der nie so richtig daran geglaubt hat, dass wir zusammenbleiben werden, dass Alex in der Lage ist, eine feste Beziehung zu haben, hat gelächelt und über meinen Bauch gestrichen, er hatte keine Zweifel mehr an uns. Eine Woche später war er tot, Herzinfarkt mit 59. Ich bin zu ihm nach Hause gegangen. Er lag auf der Liege seines Arbeitszimmers, genauso, wie er sich abends zum Schlafen hingelegt hatte, das Häufchen mit seinen Sachen hatte er vorher auf den Stuhl gelegt, seine Unterlagen, Zeichnungen und Berechnungen auf dem Schreibtisch geordnet.

Mein Vater war Chemiker, ein leidenschaftlicher Forscher und Wissenschaftler, Mitglied der Akademie der Wissenschaften, emeritierter Professor. Ich habe nie so richtig verstanden, woran er genau geforscht und gearbeitet hat, aber ich wusste immer, dass er für seine Arbeit gelebt hat wie Alex für seine. Wir konnten nur ahnen, wie es ihn verletzt hat, dass er sie verloren hat. Nach der Wende wurde sein Institut aufgelöst, mein Vater musste in den Vorruhestand gehen. Außer ein paar amerikanischen Wissenschaftlern war keiner mehr interessiert an seiner Forschung. Und ich glaube, dass es das war, was ihm das Herz gebrochen hat. Dass er daran gestorben ist. Eine Woche lag ich im Bett, meine kleine Tochter in meinem Bauch, alles war grau und leer, ich kannte so was nicht von mir, und Alex auch nicht, aber er blieb bei mir, bis es mir wieder besser ging.

Ich weiß nicht, was ich ohne ihn machen würde.

Ich halte den Atem an und überlege, ob ich die Gasse zurücklaufe und dann weiter nach links in Richtung East River, wo es ja irgendwann hell werden muss. Aber mir fehlt die Kraft und die Zuversicht, allein in die schwarze Wand hineinzugehen. Ich bin froh, dass die beiden Bauarbeiter hier sind, auch wenn sie genauso wenig mutig zu sein scheinen wie ich. Sie sehen mich ratlos an, stumm, auch sie halten die Luft an. Ich kann ganz gut Luft anhalten, glaube ich. Anfang der 8oer Jahre, als ich meine erste Digitaluhr geschenkt bekam, habe ich mit der Stoppfunktion Luftanhalten trainiert. Ich hab es damals fast anderthalb Minuten geschafft, und nun mit dem Marathontraining sollte das nicht schlechter geworden sein. Wenn man allerdings zu lange Luft anhält, wird der erste Atemzug gierig. Ich habe keine Lust, die dicke warme, süßlich riechende Luft, die Todesluft, gierig einzuatmen. Ich darf also nicht zu lange warten. Ich hatte keine Angst, von dem Turm verschüttet zu werden, aber vor dieser dunklen, schweren Luft habe ich jetzt Angst. Bei Hotelbränden schleppen sie doch immer völlig unversehrt aussehende Tote ins Freie. Sie sterben an Rauchvergiftung. Das ist es. Rauchvergiftung. Verdammte Scheiße.

Ich denke: Ich sollte bei meiner Familie sein. Jeder vernünftige Mann ist in Notsituationen bei seiner Familie. Ich würde so gern in der Küche sitzen jetzt mit allen und einen kleinen Witz machen, um ihnen die Angst zu nehmen und mir. Anja ist bei den Kindern, wenigstens das. Sie wären Halbwaisen, Anja Witwe. Als mein Vater mit Mitte 30 ins Krankenhaus musste, weil seine Nieren nicht richtig arbeiteten, hat meine Tante meine Mutter gefragt, ob sie noch ihren schwarzen Mantel habe. »Ja«, sagte meine Mutter, und meine Tante meinte: »Schmeiß ihn nicht weg.« Meine Tante war Ärztin. Sie haben sich vorgestellt, wie es ohne meinen Vater weitergehen konnte. Meine Mutter hat das später mal erzählt, als mein Vater wieder gesund war. Wir haben gelacht. Der schwarze Mantel. Mein Vater hat mitgelacht. Es geht ja immer weiter. »Ich habe mein Leben gelebt«, ist so ein Satz von meinem Vater. »Ich noch nicht«, kann ich nur sagen. Ich nicht. Ich bin nicht in Frieden gegangen. Ich wollte wieder nur gewinnen, besser sein als die anderen, alles richtig machen, näher dran sein. Es gibt keine Antworten in einem brennenden Haus. Man kann helfen, aber ich bin kein Feuerwehrmann, ich bin ein bescheuerter Reporter. Ich bin auch nur jemand von den Idioten, die zur Autobahn fahren, wenn es einen Unfall gab. Es sind die Minderwertigkeitskomplexe, die mich hierher getrieben haben. Weil ich aus dem Osten komme, weil ich ein dickes, sommersprossiges Kind war, weil ich früher Katholik im Sozialismus sowie Sozialist in der katholischen Kirche war und nun ein Ostdeutscher im Westen bin, ein Zoni in New York. Immer in der Diaspora. Immer das Gefühl, auf der falschen Seite des Flusses zu stehen.

Ich wähle wieder die Nummer vom *Spiegel*-Büro. Kerstin ist nach Hause gegangen, weil sie sich um ihre kleinen Geschwister kümmern muss, sagt Sabine. Ihre Stimme ist leise, noch leiser als sonst. Sie sagt, sie rufe mich an, sobald sie was von Alex höre.

Debbie sagt am Telefon, Alex sei klug. Der setze sein Leben nicht aufs Spiel. Ich bin mir da nicht so sicher. Er wusste ja nicht, dass der Nordturm fallen wird. Niemand wusste das. Im Fernsehen haben sie gesagt, die Türme seien so stabil gebaut worden, dass sie nicht einstürzen können.

Ich muss Debbie versprechen, Ferdinand abzuholen. »Ja«, sage ich.

Alles ist besser, als hier herumzusitzen und zu warten.

»Komm, Maschenka, wir holen Ferdi ab.«

Mascha ist begeistert. Sie zieht sich sofort die Sandaletten an, setzt den Helm auf und stellt sich neben ihr neues Puky-Rad, das wir ihr zum Geburtstag in Deutschland gekauft haben. Ich zögere. Ich weiß nicht, ob ich jetzt hinter Mascha die Straße herunterrennen kann. Sie hat gerade erst bremsen gelernt und ich habe ständig Angst, dass sie in ein Auto rollt.

»Ach, Mascha«, sage ich. »Das machen wir lieber ein anderes Mal.«

Mascha bleibt beharrlich neben ihrem Rad stehen. Und ich habe nicht die Kraft, Nein zu sagen.

Sie läuft schnell die Treppe hinunter, ich trage das Rad hinterher, schaue die Carroll Street entlang. Die Straße ist leer, die Türen unserer Nachbarn sind zu. Ich bin froh, nicht noch einmal Phyllis Chesler zu begegnen. Ich weiß immer noch nicht, was die Deutschen sagen. Und es ist mir auch völlig egal. Mascha steigt auf, fährt unsere Straße entlang, vorn an der Ecke biegt sie in die 7th Avenue ein. Ich laufe hinterher. Auf den ersten Blick scheint alles wie immer zu sein, vor dem *Key Food* Supermarkt manövriert einer dieser riesigen amerikanischen Trucks, um einen Container in die Lagerhalle zu schieben. Der kleine Buchladen hat auf, der Weinladen auch. Die Ampeln springen auf *Walk* und *Stop* und wieder zurück, niemand beachtet sie, alle laufen zwischen den Autos über die Straße, wie es ihnen passt.

Jeden Morgen und jeden Nachmittag laufe ich diesen Weg entlang, kurz nach acht, wenn ich Ferdinand zur Schule bringe, und kurz vor drei, wenn ich ihn wieder abhole, und immer bekomme ich gute Laune, jedes Mal ist es wie ein Energieschub, die vielen Leute auf der Straße zu sehen, die alle in Bewegung sind, alle etwas vorzuhaben scheinen. Frauen und Männer in Businessanzügen, Mütter, Nannys, Jogger, Walker, Biker, *Dogwalker*, unser irischer Nachbar Mike mit seinem roten *Pick up Truck*, die alte italienische Frau, die sich in ihrem Vorgarten dreht und die Arme in die Luft wirft, als würde sie tanzen, der junge Mann, der auf den Stufen seines Hauses raucht und dabei telefoniert, die durchgedrehte, unfassbar dicke, ehemalige Sinologieprofessorin, die vor der Kirche ihr Lager aufschlägt, der zahnlose Vietnamkriegsveteran am Garfield Place, die Schülerlotsin in ihrer Pinguinuniform. Alle reden, winken sich über die Straße zu, lachen, verabreden sich für später, rufen: »Hi, how are you today?« Das ist unsere kleine heile Welt, das war sie bis vor drei Stunden.

Jetzt lacht niemand, jetzt umarmen sich Frauen mit Tränen in den Augen, sammeln sich Leute vor dem Fernseher im Irish Pub, um die Nachrichten zu verfolgen. Mascha und ich überholen Passanten, die weiße Masken vor dem Mund tragen, ich kann sie nicht ansehen, diese Menschen mit ihren staubbedeckten Sachen und den roten Augen. Sie sind der Beweis, dass das alles kein Horrorfilm ist, dass es wirklich passiert, nicht einmal drei Meilen entfernt, dort, wo Alex ist. Der Gedanke an ihn schnürt mir den Hals zu. Ich bin froh, dass ich mich hinter meiner Sonnenbrille verstecken kann und niemanden treffe, der mich fragt, wie es mir geht.

Was würde ich sagen?

Nicht so gut. Mein Mann ist weg. Er war zu Hause in Brooklyn, er war in Sicherheit, aber dann, nach dem zweiten Flugzeug, ist er zum World Trade Center gefahren, zu dem Ort, vor dem alle fliehen. Nein, Feuerwehrmann ist er nicht. Auch kein Polizist. Er ist Reporter. New York-Korrespondent. Es ist sein Job, über solche Dinge zu berichten. Und ehrlich gesagt war ich anfangs ein bisschen sauer, dass ich zu Hause bei den Kindern bleiben musste. Ich bin auch Reporterin. Ich wäre gerne mitgegangen.

Ich schäme mich für ihn, für mich, für diesen Beruf, der davon lebt, sich an das Leben von anderen ranzuhängen. Man nimmt an Ereignissen teil, aber man steht immer außen, lässt andere agieren, mischt sich nicht ein, engagiert sich nicht, bezieht keine Stellung, nicht direkt zumindest. Ich finde, es ist einer der schönsten Berufe auf der Welt, weil man ständig in andere Leben schlüpfen kann, in andere Welten. Aber hier auf der 7th Avenue habe ich das gleiche ungute Gefühl, das ich habe, wenn Leute den Hörer auflegen, weil sie meine Fragen unangemessen finden.

Nach etwa einer Minute nehme ich den ersten vorsichtigen Atemzug. Ich ziehe den Staub durch die Zähne, und warte darauf umzufallen. Die verdammte Wolke steht. Es wird nicht heller.

Das ist mein Fegefeuer, denke ich. Sollte ich hier jemals herauskommen, gebe ich den Beruf auf, das schwöre ich. Das ist alles nichts für mich. Das Rumlungern, das Wegelagern, das Belästigen. Ich kümmere mich ab jetzt mehr um meine Familie. Vielleicht werde ich Lehrer, dann bin ich nachmittags zu Hause. Ich wollte doch immer Lehrer werden. Es ist nie zu spät für einen Neubeginn. Ich werde anfangen, etwas Nützliches zu machen, nicht nur vom Blut anderer zu leben wie ein Vampir. Was ich gerade erlebe, ist doch eine Parabel auf die Vermessenheit und Vergeblichkeit meines Berufes.

»Wo willst du denn hin, Junge?«

»Näher ran.«

Näher, immer näher. Ich muss, ich muss, ich muss. Am Ende steht man in einer kleinen, verlassenen Gasse zwischen Taubendreck und leeren Schnapsflaschen, von links und rechts rollen turmhohe Aschewolken heran. Wenn das die Antwort auf all die Fragen ist, die mich seit Jahren antreiben, dann habe ich sie verstanden, Gott. Ich war seit zwanzig Jahren nicht mehr beichten.

Ich werde wieder öfter in die Kirche gehen, weil dort Frieden ist und Stille. Ich muss mich mehr um meinen großen Sohn kümmern, der in Berlin lebt, Flori. Ich werde von nun an nicht nur mit großen Geschenken vor seiner Tür stehen, sondern mit Zeit. Ich habe drei Kinder, alles Heiden. So war das auch nicht gedacht. Ich bin getauft, ich habe einen katholischen Kindergarten besucht und später acht Jahre lang einen katholischen Schulhort, ich war vier Jahre lang Ministrant in St. Joseph, Berlin-Weißensee, ich habe dort die Erstkommunion empfangen, ich habe gebeichtet, den Religionsunterricht besucht, bin gefirmt worden, und dann habe ich eine Heidin aus Lichtenberg geheiratet, auf dem Standesamt Mitte. Ich habe ihrem Großvater, einem ehemaligen Lehrer für wissenschaftlichen Kommunismus, auf unserer Hochzeit versprochen, sie glücklich zu machen. »Mach' meine Enkeltochter glücklich«, hat er mir zugeraunt, und mir dabei fast die Hand zerquetscht. »Versprochen«, habe ich gesagt. Noch ein Meineid. Seine Enkeltochter sitzt jetzt, da die Welt auseinander fällt, allein in der Küche in Brooklyn. Alles gelogen, denke ich, und höre dazu die Melodie eines Liedes von Heinz Rudolf Kunze. Das muss man sich mal vorstellen: Sie versprechen, dass dein Leben an dir vorbeizieht, wenn es zu Ende geht, und dann taucht der Großvater deiner Ehefrau auf, der wissenschaftlichen Kommunismus an der Fachhochschule für Bekleidungstechnik unterrichtete, und erinnert dich an dein Eheversprechen. Man erwartet das Requiem von Mozart, und dann singt Heinz Rudolf Kunze.

Ferdinands Schule ist ein Betonkasten, der von außen aussieht wie ein Gefängnis und auch so gut bewacht ist. Niemand kommt an der dicken schwarzen Frau vorbei, die in der Ecke an einem kleinen Tisch sitzt, Ausweise kontrolliert und Namen und Adressen in ein großes Buch einträgt. Ich fand sie ziemlich furchterregend, damals vor zwei Jahren, als wir das erste Mal hier waren, genau wie die Sekretärin, die Ferdinand nicht aufnehmen wollte, ohne drei Ölrechnungen zu sehen als Beweis dafür, dass wir wirklich hier im Schulbezirk wohnten. Wir hatten nur eine Ölrechnung, wir waren ja gerade erst hergezogen. Später hat sie uns Drohbriefe nach Hause geschickt. Ferdinand dürfte nicht mehr zur Schule kommen, wenn er nicht die Arztbescheinigung über seine Impfungen vorlegen würde. Den deutschen Impfausweis musterte sie, als hätte ich ihr eins von Maschas Bilderbüchern angedreht. Aus ihrer Sicht war Deutschland irgendein Land außerhalb der Vereinigten Staaten, dessen Gesetzen man nicht trauen konnte. Und wir waren Einwanderer, potenzielle Überträger von gefährlichen Krankheiten, wir hatten uns an die Regeln zu halten. Regeln waren wichtig, das lernte auch Ferdinand in der Schule. Es gab so viele Regeln, dass es schwer war, den Überblick zu behalten: Regeln für den Klassenraum, Regeln für die *Community*, Regeln für die Eltern, Regeln der New Yorker Schulverwaltung.

Die Regeln für den Klassenraum hatten die Schüler zusammen mit dem Lehrer am Anfang des Schuljahres ausgearbeitet:

Sage immer die Wahrheit.
Sei für dich selbst verantwortlich.

Bevor du um Hilfe bittest, versuche es erstmal alleine.
Grenze niemanden aus.
Bleib ruhig, wenn du dich über etwas ärgerst.
Trinke nicht länger als fünf Sekunden im Unterricht aus deiner Flasche.
Kaue nicht Kaugummi.

Eltern mussten sich verpflichten, an Elternversammlungen, Klassenveranstaltungen und anderen Schulaktivitäten teilzunehmen, dafür sorgen, dass das eigene Kind pünktlich zur Schule kommt, und jeden Tag mindestens fünfzehn Minuten mit ihm lesen. In den Regeln der Schulverwaltung stand, dass es verboten ist, illegale Drogen rund um die Schule zu verkaufen und Waffen zu benutzen. Drogen und Waffen! In der Sesamstraße!

In Ferdinands Klassenzimmer stehen ein Klavier und ein Sofa. Die Briefe, in denen uns seine Lehrer regelmäßig über die Fortschritte unseres Sohnes informieren, klingen wie Familienpost. Von Lyon Terry, Ferdinands Lehrer aus der zweiten Klasse, wissen wir aus seinen Briefen, dass er in den Ferien die *Brüder Karamasow* und *Harry Potter* gelesen hat, dass seine Mutter gerade an Krebs gestorben ist, dass er gerne segelt und ein großer Fan der *Mariners* ist, einer Baseballmannschaft, die kürzlich die *Yankees* 6:4 geschlagen hat. Ferdinands neue Lehrerin, Sara Greenfield, hat sich nach dem College in Dritte-Welt-Hilfsprojekten engagiert, drei Jahre an der schlimmsten Schule der Stadt gearbeitet, lebt mit einer Frau zusammen und sieht aus wie eine Punksängerin. Sie ist klein, kräftig, ihr Pony ist kurz, die Haare bunt, die Ohren gepierct und auf dem Oberarm trägt sie ein Schmetterlingstattoo. Sara ist die jüngste Lehrerin der Schule. Letzte Woche, als das neue Schuljahr begann, hat Sara Ferdinand und seinen Mitschülern ein Bild gezeigt, in dem das Porträt einer jungen mit dem einer alten Frau vermischt worden war. Die Kinder sollten sagen, was sie sehen, und dann haben sie darüber gesprochen, wie es kommt, dass jeder etwas anderes in dem Bild sieht, was Perspektiven sind, wie sie entstehen, warum Menschen sich von anderen unterscheiden, warum nicht jeder das Gleiche denkt, warum die Schüler das respektieren sollten.

Ich finde das wunderbar. Als ich in der dritten Klasse war, wollte unsere Lehrerin von uns wissen, welche Jahreszeit die schönste sei. »Sommer«, sagte ein Kind. »Winter«, ein anderes. Ich war auch für Sommer. Aber Sommer war falsch, genauso wie Frühling und Herbst. Die richtige Antwort war: »Alle Jahreszeiten sind schön.« Es war eine der einschneidenden Erfahrungen meiner Schulzeit: Du darfst deinen Gefühlen nicht trauen. Erst hier, in New York, verstehe ich, dass derjenige, der eine andere Meinung hat, nicht mein Feind ist.

Auf der Meinungsseite der *New York Times* stehen oft zwei gegensätzliche Kommentare zum gleichen Thema nebeneinander, und ich lese meist den lieber, der nicht meiner Meinung entspricht. Er überrascht mich. Auf Partys in New York diskutieren die Leute miteinander, aber sie kämpfen nicht. Sie tauschen Meinungen aus, ohne den anderen missionieren zu wollen. Zu Hause habe ich das selten erlebt. Da hockt jeder in seiner Ecke. Als ich gleich nach dem Mauerfall zum Studentenaustausch in Dortmund war, lebte ich für ein paar Wochen

Ferdinands Schulklasse im Prospect Park.

mit westdeutschen Studenten in einer WG. Wir saßen zusammen in Seminaren, tranken Bier und fragten uns aus. Es gab ein ehrliches Interesse aneinander und eine große Lust, sein eigenes Leben in Frage zu stellen, auf beiden Seiten. Das änderte sich schnell. Als ich mich danach bei der *Berliner Zeitung* bewarb, wo ich auch mein Volontariat gemacht hatte, sagte mir der Herausgeber Erich Böhme, Ostler hätte die Zeitung schon genug, er würde nur noch Westler einstellen. Ich bin dann ins Berlin-Büro der *Welt* gegangen, wo es außer mir zu dieser Zeit nur noch einen Journalisten aus dem Osten gab, und bin fünf Jahre später zur *Berliner Zeitung* zurückgekehrt. Ich war jetzt eine Ostlerin, die bei *Springer* gearbeitet hatte. Das ging.

Im Foyer der P.S. 321 stehen noch die Tische vom

Kuchenbasar zum Wahltag, darauf große silberne Thermoskannen, Pappteller und Plastikbecher. Die dicke Wachfrau sitzt hinter ihrem Tisch wie jeden Tag. Sie schickt Mascha und mich ins Sekretariat, wo schon andere Eltern stehen und ihre Kinder abholen wollen. Die Sekretärin, der wir unsere Ölrechnungen vorlegen mussten, fragt nach dem Namen und der Klasse des Kindes, sie ruft im Klassenraum an, spricht kurz mit dem Lehrer und dann wird das Kind, begleitet von einem anderen Kind, ins Sekretariat gebracht und übergeben.

Sie rollt die Augen, jedes einzelne Mal, wenn wieder eine Mutter ins Sekretariat kommt oder jemand anruft und sich erkundigt, ob die Kinder abgeholt werden sollen. »Nein«, sagt sie. »Lieber nicht.« Aber der Strom der Eltern reißt nicht ab.

Ich nehme einen zweiten Zug durch die Zähne. Ich habe den Tod in den Lungen. Einer der Bauarbeiter drückt und hebelt an der Eisentür herum, sie springt auf, ein paar Treppenstufen führen nach unten in einen schwarzen Kellergang. Der Mann mit dem Feuerzeug leuchtet das Treppenhaus an. Es ist kaum etwas zu erkennen. Wir stehen um das Einstiegsloch herum und schauen hinein. Es könnte da unten noch gefährlicher sein, weil sich das Gift am Boden sammelt. Dann fällt man in irgendeinem Keller um, wo einen erst recht keiner findet. Das denke ich, und offenbar denken das auch meine Jungs hier. Wir stehen unschlüssig an der Schwelle. Eines ist klar: Ich bin keiner der Männer, die in Abenteuerfilmen die Führung übernehmen, keiner der Kerle, die aus der bürgerlichen Existenz heraustreten, wenn es darauf ankommt. Die den anderen den Weg aus der Katastrophe weisen. Kein Geschäftsmann, der über sich hinauswächst. Ich habe natürlich davon geträumt, so ein *Superman* zu sein. In endlosen Vorlesungen an der Universität in Leipzig habe ich mir vorgestellt, dass irgendwelche Terroristen den Hörsaal stürmen, um, aus welchem Grund auch immer, das Mädchen zu entführen, in das ich verliebt war. Ich allein habe sie daran gehindert. Ich bin hinter meinem Klapptischchen hervorgesprungen, habe die drei oder vier Terroristen niedergestreckt und bin mit dem Mädchen verschwunden, in den Untergrund, weil ein bürgerliches Leben für uns nicht mehr möglich war, nicht in einem Staat wie der DDR. Das war das Szenario. Aber es sind nie Terroristen aufgetaucht. Bis heute. Und nun weiß ich: Ich bin kein *Superman*, ich lasse mir den Weg aus der Katastrophe lieber erklären.

Es wird nicht heller, ich stelle mich auf die erste Treppenstufe und dann mit dem anderen Fuß auf die zweite, atme ein, atme schnell wieder aus, warte. John Maynard fällt mir ein, »John Maynard war unser Steuermann«. Fontane. »Und noch zwanzig Minuten bis Buffalo.« Lustig, wie wir damals Buffalo ausgesprochen haben, Mitte der 70er in der 30. Oberschule Berlin-Prenzlauer Berg. Inzwischen bin ich dagewesen, in Buffalo.

Einer der Bauarbeiter hält sich sein T-Shirt vor das Gesicht. Ich nehme einen Zipfel von meinem hellblauen Oberhemd, aber das ist voller Staub und ich lasse ihn wieder fallen. Ich hätte auch die Beutelhosen und das T-Shirt anlassen können, es ist alles so egal am Ende. Tamara Bunke trieb in einem Fluss in Bolivien, als sie sie fanden. Ihre Mutter hat ihr Gesicht auf dem Foto einer bolivianischen Zeitung erkannt, das ihr ein kubanischer Kommunist nach Ostberlin schickte. Sie hat den Brief aufgemacht, den Zeitungsausschnitt angeschaut, ihre Tochter erkannt, dann hat sie den Brief wieder zugeklebt und versteckt. Sie hat es ihrem Mann nicht gesagt, weil er es nicht ertragen hätte. Frauen sind so viel härter. Der Mann ist lange tot. Die Mutter kämpft um das Vermächtnis ihrer Tochter. Sie will nicht, dass sie als Geliebte von Che Guevara in die Geschichte eingeht. Sie solle ein eigenständiges Leben behalten, hat sie mir vor ein paar Tagen erzählt, als wir in dem Gartenrestaurant in Zeuthen saßen. Zeuthen. Brandenburg. Wieso hat Fontane eigentlich über ein Schiffsunglück auf dem Eriesee geschrieben? Bestimmt hat er auch nur einen Zeitungsausschnitt gesehen und sich vorgestellt, wie es war. Im Juli habe ich in Hollywood mit einem Produzenten geredet, der die Liebesgeschichte will. Tamara Bunke soll von Winona Ryder gespielt werden, Che von Antonio Banderas, hat er mir gesagt. Ich hatte nicht den Eindruck, dass ihn die wahre Geschichte interessierte, ihn interessierte die bessere. Andererseits liebe ich Winona Ryder. Sie könnte meine alte und neue Welt miteinander versöhnen. Mein Leben wird wohl nicht verfilmt, es wird aber sicher ein paar kleine Nachrufe geben. Ich hatte kein schlechtes Jahr. Im Frühjahr hing auf der Buchmesse ganz Leipzig voll mit Plakaten, auf denen mein Kopf zu sehen war. Mein Roman erschien als Hörbuch. Im Sommer habe ich den Kischpreis gewonnen. Im Herbst sterbe ich dann. Ich habe mein Soll erfüllt.

Ich habe jede Menge Bücher geschrieben, zwei Söhne gezeugt und als Soldat der Nationalen Volksarmee habe ich, zusammen mit dem Gefreiten Herrmann, unsere Kaserne in der Märkischen Schweiz mit hunderten Laubbaumsetzlingen umpflanzt. Das ist jetzt fast zwanzig Jahre her, die Bäumchen sind inzwischen sicher größer als ich, in jedem Fall aber größer als der Gefreite Herrmann, der ein kleiner Soldat war. Das denke ich. Ich war in Buffalo. Ich glaube nicht, dass Fontane das geschafft hat.

Mitten in meine großkotzigen letzten Gedanken hinein treten aus der schwarzen Wolke zwei Soldaten mit Stabtaschenlampen. Die Lichtkegel der Lampen tanzen durch den Staub und weisen uns schließlich den Weg in den Keller. Einer der Soldaten geht voran, der andere folgt. Dazwischen ich und die beiden Bauarbeiter. Mein Größenwahn verfliegt. Wir folgen dem Soldaten wie Schafe durch einen gewundenen Kellergang, die Luft wird besser, und schließlich stehen wir vor einer Tür, unter der ein Licht scheint. Der Soldat öffnet die Tür, schiebt uns in einen Raum, der voller Menschen ist, alle sind mit Staub bedeckt, aber nicht so schlimm wie wir. Es ist ein Kellerraum, es gibt keine Fenster, aber einen Schreibtisch mit einem alten schwarzen Telefon in der Ecke und Kisten mit Wasserflaschen. Drei Menschen fallen mir auf. Ein dicker Mann in Polizeiuniform, der auf dem Boden liegt wie ein Käfer und leise jammert, eine dunkelhäutige Polizistin, die sich übergibt, und ein Mann in einem Football-T-Shirt der *New York Jets*, der an einer dicken, goldenen Halskette eine Polizeimarke trägt. Der Mann steht wie ein Coach in der Mitte des Raumes, verteilt Wasserflaschen und sagt irgendetwas zu den beiden Soldaten, die uns hierhergebracht haben, und die, wie mir jetzt auffällt, gar keine Soldaten sind, sondern Polizisten. Sie verschwinden wieder.

Der Mann mit der Kette gibt mir eine Wasserflasche und sagt, dass ich mir damit dort hinten auf dem Klo die Augen ausspülen soll. »Und versuch' so viel wie möglich von dem Scheiß auszuhusten«, sagt er. Ich nehme die Flasche und gehe zu dem kleinen Klo. Aus der Tür tritt ein Mann, der vielleicht Mitte vierzig ist, und sagt mir: »Kotzen musst du. Kotz' den Dreck aus.« Ich nicke und schließe die Klotür. Es gibt einen winzigen Spiegel da. Meine Haare sind weiß und strohig und stehen nach allen Seiten ab, auch meine Augenbrauen sind weiß, meine Augen rot, ich sehe aus wie der verrückte Professor aus *Zurück in die Zukunft*. Ich wasche mir mein Gesicht und spüle mir meine Augen aus, ganz vorsichtig, um meine Kontaktlinsen nicht zu verlieren. Die brauche ich noch, jetzt, wo ich erstmal weiterlebe. Ich huste, ich stecke den Finger in den Hals und versuche mich zu übergeben, aber das klappt nicht. Dann gehe ich zu den anderen zurück, setze mich auf einen Stuhl in der Ecke und warte darauf, wie es weitergeht.

Heute Morgen, als der zweite Turm getroffen war, als klar war, dass es kein Unfall, sondern ein Terroranschlag ist, hat die Direktorin der P.S. 321 die Lehrer zu sich gerufen und angeordnet, ganz normal mit dem Unterricht weiterzumachen und die Schüler nichts davon wissen zu lassen. Wenn sie fragten, warum Asche auf den Schulhof fiele, woher der Geruch käme, sollten sie sagen, dass es ein Feuer in Manhattan gäbe, mehr nicht. Außerdem dürften die Lehrer keinen Schüler alleine nach Hause gehen lassen. Die Lehrer sollten in der Schule bleiben, bis das letzte Kind abgeholt würde, notfalls bis in die Nacht.

Es ist keine Anweisung der Schulbehörde, kein Notfallszenario, das sie in der Schublade hatte. Ihr Plan ist entstanden, nachdem sie heute Morgen neben Kelly, der Vorsitzenden des Schulelternausschusses, im Sekretariat stand. Sie hatten das Radio an, um zu hören, was passiert ist, und Kelly sagte: »Oh my god, Scott hat jetzt gerade dort ein Meeting, in *Windows on the World*.« Scott ist Kellys Mann, *Windows on the World* ist das Restaurant ganz oben im Nordturm, der vor einer Stunde eingestürzt ist.

Die Direktorin glaubt, dass das erst der Anfang ist, dass viele Kinder in diesen Stunden Familienangehörige verlieren. Viele Eltern wohnen in Park Slope und arbeiten in Manhattan. Und solange nichts Genaues bekannt ist, sollen die Kinder nichts wissen und sich nicht sorgen. Sie sollen lesen und schreiben und malen wie an jedem Tag.

Kelly ist sofort nach Hause gerannt, aber sie hat ihren Mann nicht mehr erreicht. Sie ist zur Schule zurückgelaufen, um in der Nähe ihrer Kinder zu sein und sitzt jetzt in dem Schulsprecherzimmer gleich neben dem Sekretariat, umringt von anderen Müttern.

Ich kenne Kelly, sie wohnt in unserer Straße, und ich stehe oft neben ihr vor dem Schuleingang, in einem großen Pulk von Eltern und Nannys, die darauf warten, dass die Lehrer die Klassen rausbringen. Kelly kennt alle, sie ist immer im Gespräch, hat immer irgendwelche Flyer in der Hand. Sie ist eine dieser engagierten Mütter, die mit auf jeden Klassenausflug kommen und die Namen aller Schüler kennen.

Kurz vor Ferienende haben wir beide die Klasse ins Studio von *WNYC*, einem New Yorker Radiosender, begleitet. Aber ich kann nicht sagen, dass wir viel miteinander geredet hätten. Frauen wie Kelly schüchtern mich ein und große Schulklassen auch. Es war ein besonderer Schulausflug. Das Hörfunkstudio befand sich in Brooklyn Heights, wir fuhren mit der Subway. Die Kinder waren aufgeregt. Sie hatten Gedichte und Geschichten geschrieben, die sie vortragen sollten. Ein Mädchen berichtete von seinem Umzug nach New York, Ferdinand trug einen Hip-Hop-Song über Eierkuchen vor. *Pancakes*. Kellys Tochter Chloe hatte sich ein Gedicht über Blumen ausgedacht.

Zum Schluss trat Lyon Terry, der Klassenlehrer, ans Mikrofon und erzählte, wie seine Mutter seine Brüder und ihn als Kinder zum Lesen anhielt. Sie schob ihren Söhnen jede Woche heimlich einen Quarter zu, damit sie sich ein Comic-Heft kaufen konnten. Alle wussten, dass Lyon Terrys Mutter vor Kurzem gestorben war, er hatte ihr die Geschichte gewidmet und trug sie mit kippelnder Stimme vor. Die Kinder waren ganz still. Ich kämpfte mit den Tränen und dachte, dass ein deutscher Lehrer sich vor seinen Schülern niemals so verletzlich zeigen würde.

Danach machten wir Smores in einem Restaurant,

weil Mr. Terry als Kind am Lagerfeuer immer Smores gemacht hat. Smores macht man aus Marshmallows und Schokolade. Man steckt sie zwischen Crackers. Sie schmecken wunderbar süß und klebrig, vor allem, wenn man sie selbst übers Feuer hält. Und weil dann noch Zeit war, liefen wir zum Ufer des East River, auf die Brooklyn Heights Promenade, und ich fotografierte die Klasse vor der Skyline Manhattans. Die Sonne schien, die Türme glitzerten, Ferdinand hockte zwischen seinen Mitschülern und lachte, das Schuljahr war fast vorbei, sein zweites in New York.

Im Schulsekretariat ist es stickig und warm. Sie haben die Klimaanlagen ausgemacht, damit kein Rauch in den Raum zieht. Die Eltern reden leise miteinander. Ich kenne die meisten nur vom Sehen und bin froh, dass ich mich an Maschas kleiner, warmer Hand festhalten kann. Ein Kind nach dem anderen wird von Mitschülern nach unten gebracht und von der Sekretärin entlassen. Die Kinder wundern sich, was das soll, warum sie drei Stunden vor Schulschluss abgeholt werden. Sie wissen wirklich nichts, sie haben keine Ahnung, was geschehen ist. Hier, an dieser Schule in Brooklyn ist die Welt noch in Ordnung.

Vor ein paar Jahren habe ich mir nachts um halb drei einmal eine Glatze rasiert, weil ich ein neues Leben beginnen wollte. Ich war ein bisschen angesoffen von einer Geburtstagsfeier im Berliner Fernsehturm zurückgekommen und hatte beim Zähneputzen festgestellt, dass ich für das

Buchprojekt, in dem ich gerade feststeckte, der falsche Mann war. Es war ein Buch über die verstorbene Berliner Rocksängerin Tamara Danz, die ich kurz vor ihrem Tod ein paar Mal interviewt hatte. Das kam mir plötzlich alles total größenwahnsinnig und vermessen und schäbig vor, und um das zu dokumentieren, nahm ich eine Haarschneidemaschine und rasierte mir eine Glatze. Ich wollte nicht vergessen, was für ein Versager ich war. Als ich am nächsten Morgen aufwachte, hoffte ich, dass ich alles nur geträumt hatte. Glücklicherweise war es mitten im Winter, ich konnte eine Mütze aufsetzen. Die Haare wuchsen nach, ich schrieb das Buch über die tote Sängerin zu Ende, das Leben ging weiter.

So ist das mit mir und den guten Vorsätzen.

Ich sitze auf meinem Stuhl und schaue mir den Raum an, in dem ich gelandet bin. Die Geräusche und Farben fügen sich langsam zu einem Bild. Es gibt eine Werkbank und einen Schreibtisch mit einem großen schwarzen Telefon. Der Raum sieht aus wie das Zimmer eines Hausmeisters, und er riecht auch so, nach Öl, nach Unterarm und nach Wurst. Am Telefon steht ein junger Asiate, der wie aufgezogen hin- und hertippelt. Er wählt eine Nummer, bekommt aber offenbar keine Verbindung. Es ist dunkel in dem Raum. Neben dem Schreibtisch liegt der dicke Polizist immer noch auf dem Rücken wie ein Käfer. Über dem Schreibtisch hängt ein Regal, in dem ein Kofferradio steht. Das Radio läuft, es knistert und rauscht. Der Empfang ist nicht gut, aber man versteht genug. Die Rede ist von Flugzeugen. Es waren Passagierflugzeuge, die ins World Trade Center geflogen sind. Große Flugzeuge. Außerdem ist ein Flugzeug in das Pentagon gestürzt, eins ist in Pennsylvania verschwunden. Es ist Krieg, denke ich. Ich sitze in einem Luftschutzkeller. Ich hoffe, Anja ist sicher in Brooklyn, vielleicht sind sie auch in den Keller gegangen. Ich würde gern mit ihnen in unserem Keller sitzen bei all den deutschen Sachen, die den langen Weg über den Atlantik damals umsonst angetreten haben. Bei meiner alten Stereoanlage mit den großen, schwarzen Boxen, die Anja immer so gehasst hat, Männerboxen hat sie sie genannt. Bei ihren Langlaufskiern, den Pippi Langstrumpf-Videokassetten und den seltsamen grauen, 80 Mark teuren Eisenkästen, die angeblich deutsche und amerikanische Stromspannungen ausgleichen, aber immer nach drei Tagen in der Wirklichkeit von Brooklyn *puff* machen und sterben.

Neben dem Schreibtisch sitzt eine mittelalte Frau in einem Businesskostüm auf einem Drehstuhl und schluchzt, als sie die Meldungen hört, sie zittert. Sie hat eine dieser Betonfrisuren, die amerikanische Geschäftsfrauen, Politikerinnen und Fernsehmoderatorinnen gern tragen, ihre ist mit der Asche des World Trade Centers bestäubt und wirkt dadurch noch steinerner, fester, unzerstörbarer. Die Frisur und das Gesicht der Frau scheinen nicht zusammenzugehören. Der Mann mit dem *Jets*-T-Shirt und der Goldkette, an der eine Polizeimarke hängt, tätschelt der Frau die Schulter, murmelt etwas und macht das Radio aus. Keine schlechten Nachrichten mehr. Neben mir sitzt ein blasser Mann in einem Anzug auf einem Heizkörper. Er hat ein Taschentuch vor dem Mund, zu seinen Füßen steht ein Aktenkoffer, er sieht aus, als warte er auf den Bus. Der kleine Asiate bekommt offenbar eine Verbindung.

»Dad?«, ruft er. »Dad, it's me, Steve.«

Er erklärt seinem Vater, wo er ist, was passiert ist und dass er die Fähre nach New Jersey verpasst hat. Er redet immer schneller, er klingt, als würde er sich verteidigen. Neben ihm steht der breitschultrige Mann mit dem *Jets*-Shirt und der Polizeimarke, hört zu und reißt irgendwann den Telefonhörer weg. »Hier spricht Sammy Fontanec, Officer Fontanec. Hören Sie mal zu, mein Lieber, seien Sie froh, dass Ihr Junge hier noch am Leben ist«, ruft er, dann knallt er den Hörer auf. Der kleine Asiate nickt. Er ist vielleicht achtzehn oder neunzehn. Officer Fontanec steht neben dem Telefon. Er sieht die schluchzende Frau im Businesskostüm an und fragt: »Eileen, willst du's nochmal versuchen?« Die Frau nickt, schnäuzt sich, steht auf und nimmt den Hörer, wählt, lauscht, legt den Hörer wieder auf die Gabel, setzt sich hin, schluchzt. Der kleine Asiate, Steve, ruft, er muss wieder raus, helfen.

»Niemand geht raus, dort draußen ist es zu gefährlich«, sagt Fontanec. »Ihr könnt gehen, wenn die Luft rein ist.«

Eine Geschichte noch, denke ich, eine Geschichte über den Keller. Die eine Geschichte, dann ist Schluss. Mein letzter Text, denke ich und frage den blassen Mann, der neben mir auf dem Heizkörper sitzt, wie es ihn in den Keller verschlagen hat.

Er heißt Steven Garrin und kennt den *Spiegel*, sagt er. Er interessiere sich sehr für Deutschland, für deutsche Literatur vor allem, Thomas Mann, Franz Kafka, Stefan Zweig, seine Mutter stamme aus Berlin. Wunderbar, denke ich, ich halte einen Faden in der Hand und rolle ihn auf. Garrin ist Rechtsanwalt, er hat eine kleine Einzelkanzlei hier um die Ecke. Er war auf dem Weg dorthin, als der erste Turm zusammenstürzte. Er floh ins Foyer eines Bürogebäudes und von da in den Keller hier. Ich hole meinen Block heraus, beginne mitzuschreiben. Ich halte den Block tief, weil ich fühle, dass es noch zu früh ist für Journalismus. Garrin hüstelt, drückt sich das Taschentuch vor die Lippen. Er ist Asthmatiker, sagt er, der Staub mache ihm sehr zu schaffen.

»Asthma«, schreibe ich in mein Notizbuch, ganz schnell.

»Es ist seltsam«, sagt er. »Vor drei Tagen war ich noch zu einem Kongress in Israel, da ist ja die Gefahr immer da. Ich habe eine Reise in ein Siedlungsgebiet in der Westbank abgesagt, weil es mir zu selbstmörderisch schien. Und jetzt passiert das hier. Bei mir zu Hause«, sagt Garrin. Ich schreibe es mechanisch auf, ohne den Zusammenhang zu begreifen. Es passt alles noch nicht in meinen Kopf. Die Welt dort oben ist total aus den Fugen, sie ist für mich nicht vorstellbar. Garrin lehnt sich an die Heizung. Das Sprechen hat ihn erschöpft, er sieht wirklich blass aus. Er ist der erste Held meiner letzten Geschichte. Ich lasse mir seine Telefonnummer geben und reiche ihm eine meiner Visitenkarten. Ich bin stolz auf die Visitenkarten. Sie sehen gut aus. Der *Spiegel* ist in erhabenen mattroten Lettern gedruckt, man kann ihn mit dem Daumen fühlen, unsere Adresse ist 516 Fifth Avenue, Penthouse. Es ist, wie gesagt, eher eine Art Schuppen auf dem Dach eines alten Hauses, aber das weiß ja keiner. Ich schreibe ein bisschen verspätet »Hijacker« in meinen Block, »Pennsylvania«, »Pentagon« und »Krieg«. Es sind sinnlose Notizen, Dinge, die inzwischen alle im Radio gehört haben, ich weiß das, aber ich schreibe sie trotzdem auf. Ich verstehe Dinge oft besser, wenn ich sie aufgeschrieben habe. Es ist meine Art, die Welt zu begreifen.

Der Mann, der mich zum Kotzen aufgefordert hat, heißt David Liebman, wohnt in Long Island, möchte aber nicht reden. Vielleicht später, sagt er und gibt mir eine Telefonnummer. Der aufgedrehte Junge mit dem asiatischen Gesicht heißt Steven Weiss, kommt aus Staten Island und studiert gerade an der Penn State University. Er sprudelt. Er war heute Morgen in Manhattan, um Wahlkampf für Mark Green zu machen, sagt er, den bekanntesten Bürgermeisterkandidaten der Demokraten. Er ist in die Wolke des ersten Turmes geraten, wie die anderen hier unten auch. Er hat da Eileen getroffen und ihr geholfen, ins Foyer zu kommen. Eileens Mann arbeitet im Nordturm, ganz oben, sagt mir Steve Weiss. Er senkt die Stimme: »Arbeitete im Nordturm, muss man jetzt wohl sagen.« Wir schauen zu Eileen, die schaut auf ihre Knie. Vom Foyer sind sie dann hier runter, sagt Steven Weiss, weil es hier sicherer ist. Das hat ihnen Sammy so gesagt, der Mann im *Jets*-Shirt. Zusammen mit Sammy war Steve dann auch noch einmal oben, sie haben im Staub einen Police Officer gefunden, der von einem Auto angefahren wurde. Der Mann, der dort drüben auf dem Boden liegt. »Hispanic«, sagt Steve Weiss. Ich kritzele die Telefonnummern von Steve in mein Notizbuch, er gibt mir eine aus Staten Island und eine eines Freundes aus Manhattan. Er kann sich nicht vorstellen, heute nach Hause zu gehen. Er werde dort oben gebraucht, sagt er. Er strahlt hinter einer ernsthaften Miene – das klingt seltsam, aber so sieht es aus. Ein euphorischer Ernst. Das erste Mal in seinem

Leben erlebt Steve Weiss etwas wirklich Wichtiges. Er ist 18. Er will was machen.

Immer wieder kommen Polizisten in unseren Keller, bleiben einen Moment und gehen dann wieder. Sie haben *Walkie-Talkies* dabei, aus denen Meldungen einer untergehenden Welt krächzen. Vier Leichen in der Church Street, zwei Leichen, sechs Tote, eine Leiche. Es gibt keine Meldungen über Verletzte, immer nur über Tote. Vielleicht sind wir die einzigen Überlebenden.

Eine hübsche, kleine Frau in einem beigen Kleid erzählt mir, dass ihr ein Polizist namens Nick das Leben gerettet habe. Sie sei unter einer Bank in der Courtland Street eingeklemmt gewesen. Nick habe sie da rausgezogen. Sie selbst heiße Amy Lindsey und arbeite an der Wall Street. »Nick, verstehen Sie?«, fragt Amy Lindsey. »Er hat mir das Leben gerettet.« Sie schaut, ob ich den Namen auch wirklich aufschreibe. »Nick«, schreibe ich, und »Amy« und »barfuß«, denn auch Amy Lindsey hat keine Schuhe mehr an. Ich schreibe mir die Namen und die Nummern von den Polizeimarken der beiden Officer auf. Die Frau heißt Daire und hat die 4462, der Mann auf dem Boden heißt Velasquez und hat die 31066. Ich beuge mich über ihn wie über einen Grabstein und schreibe die Daten von seiner Brust ab. Eine ältere, verwirrt aussehende Frau sagt, ihre Tochter Michelle sei aus dem Hochhaus gesprungen. Immer wieder sagt sie das.

»Aus welchem Hochhaus?«, frage ich.

»Turm 1«, sagt sie. »Ich bin rausgerannt, sie ist gesprungen. Ich bin Minerva, sie Michelle.«

»Michelle und Minerva«, schreibe ich. Ich wage nicht, eine weitere Frage zu stellen.

Ferdinand faxt seiner Oma in Berlin,...

Ich sehe Ferdinand gleich, als er in den Raum einbiegt, und wie immer, wenn ich ihn sehe, würde ich ihn am liebsten sofort drücken und küssen, was ihm furchtbar peinlich ist vor anderen. Er trägt kurze Hosen, ein viel zu großes *Star Wars*-Shirt von Derek und seinen blauen Rucksack. Neben ihm läuft Ashley, die Tochter der Opernsängerin Beth, die in Debbies Laden aushalf, ein dünnes blondes Mädchen, das manchmal zum Spielen zu uns kommt. Sie ist seine Begleitung.

»Hallo Ashley, hallo Ferdi«, sage ich.

»Was ist denn los?«, fragt er und sieht mich wütend an. Er hat gerade mit Calvin ein Computerspiel angefangen, ein richtig cooles Computerspiel, sagt er.

Ich winke Ashley zu, die wieder nach oben ins Klassenzimmer geht, streiche ihm übers Haar.

> Das ist bin laden
> der dis hat! sich dis alles ausgedacht

... was am 11. September in New York passiert ist.

»Komm«, sage ich, »ich erkläre dir gleich alles. Wir müssen erstmal Maschas Fahrrad holen.«

Wir laufen an der Wachfrau vorbei durchs Foyer. Draußen, vor der kleinen Treppe, bleibe ich stehen und gehe in die Hocke vor Ferdinand, auf gleiche Augenhöhe.

»Was ist denn los?«, fragt er wieder.

»There is a big, big fire in Manhattan«, ruft Mascha.

Das habe Mr. Polsky, ihr Sportlehrer, auch gesagt, als sie draußen, auf dem Hof, *Dodgeball* spielten und plötzlich Asche vom Himmel fiel, sagt Ferdi. Deswegen mussten sie mitten im Unterricht zurück ins Schulgebäude.

»Was brennt denn?«, fragt er.

»Das World Trade Center«, sage ich und erzähle, was

163

passiert ist. Dass zwei Flugzeuge gekommen und in die Türme geflogen sind, nacheinander, und beide Türme eingestürzt sind. Und als ich es ausspreche, denke ich, dass Ferdinand es mir gar nicht glauben wird, weil es so absurd klingt, so unwirklich, wie eine Szene aus einem Actionfilm.

»Beide Türme sind weg?«, fragt er.

»Ja, beide.«

Ferdinand starrt auf die Straße, ich halte mit der einen Hand seine Hand und mit der anderen Maschas Rad fest und habe Angst, dass er gleich anfängt zu weinen. Aber er sagt nur: »Dann ist jetzt das Empire State Building das höchste Gebäude der Stadt.«

Das ist alles. Er weint nicht, er stellt keine Fragen, er läuft neben Mascha und mir mit seinem Rucksack die Straße entlang, ich habe keine Ahnung, was in ihm vorgeht. Ich weiß nicht, was ich ihm sagen soll. Er merkt natürlich, dass mit mir was nicht stimmt, er merkt so was immer. Er ist ein sensibler Junge, und ich bin keine amerikanische *Mom*, die ihren Kindern irgendwas vorspielt. Ich breche nicht in Jubel aus, wenn er es auf dem Spielplatz schafft, von einer Seite des Klettergerüsts zur anderen zu hangeln. Und ich kann nicht vor ihm verbergen, wenn ich traurig bin. Warum guckst du so traurig, fragt er mich manchmal und sieht mich prüfend an.

Wenn Alex und er *Game Cube* spielen, und Alex flucht, weil er verliert, sagt Ferdinand, er solle sich beruhigen, es sei ja nur ein Spiel. Als ich mich neulich über seine Unordnung geärgert habe, hat er mir ein Erziehungsbuch empfohlen, das auch die Mutter seines

Freundes Teddy gerade liest. *Old soul*, meint Debbie immer, Ferdinand sei ein kleiner Junge mit einer alten, weisen Seele.

Ich sammle kleine Geschichten, Fetzen von Geschichten, Namen, Polizei- und Telefonnummern, und spüre, wie ich so Kontrolle über den Raum bekomme. Ich habe einen Fuß in der Tür, ich habe Material im Korb, aus dem ich später etwas bauen kann, etwas formen. Ich fühle mich besser, kräftiger. Es ist das Blut der anderen, das mich stärkt, ich bin wieder ein Vampir. Ich halte nach den beiden Bauarbeitern Ausschau, mit denen ich auf der Türschwelle stand und mein Leben überdachte. Sie stehen zusammen neben einem Karton, in dem Trinkbecher der *US Army* liegen. Ein frischer Karton, der gerade von zwei Polizisten hereingetragen wurde. Steve Weiss fängt sofort an, die Becher im Raum zu verteilen. Trinkbecher der *Army*, mit Schraubverschlüssen. Wo kommen die eigentlich her? Egal. Ich nehme mir einen, er ist silbrigblau und ich werde ihn als Andenken behalten. Er wird Teil meiner Geschichte werden, und ich weiß das. Die Männer heißen Shaun Barrett und Paul Feeney. Sie warten darauf, dass das Telefon frei wird, an dem seit einiger Zeit eine ältere Frau sitzt, wahrscheinlich Minerva, die ihre Tochter Michelle springen sah. Man kann sie nicht richtig erkennen, so dicht beugt sie sich übers Telefon, und man hört sie auch nicht sprechen. Sie könnte eingeschlafen sein, aber wer soll sie wecken? Nach Shaun und Paul bin ich dran, denke ich. Die Männer arbeiten für eine Reinigungsfirma, sagt mir Shaun, und dass er aus Brooklyn komme. »Brooklyn«, schreibe ich in den Block. Und: »Cleaner«. Keine Bauarbeiter, ich stand mit zwei Gebäudereinigern auf der Schwelle zum Tod.

In dem Moment kommt Sammy Fontanec, der Polizist im *Jets*-Shirt, und schaut auf den Schreibblock.

»Was machst du hier eigentlich?«, fragt er, und ich höre schon am Ton, dass er es nicht mögen wird.

»Ich bin Journalist«, sage ich. »Ein deutscher Journalist. Und Sie? Wie sind Sie hier hineingeraten?«

Fontanec mustert mich kühl. In Amerika sind Journalisten angesehener als bei uns zu Hause. In Deutschland kommt es vor, dass die einfachsten Leute ein Riesengewese um ihren Beruf oder ihren Namen machen, als arbeiteten sie für den Geheimdienst, Amerikaner nehmen sich nicht ganz so wichtig. Sie helfen gern, erst recht, wenn man so weit zu ihnen gereist ist wie ich. Aber Officer Fontanec mag keine Journalisten. Das sehe ich. Die Art, wie er sich bewegt, die Goldkette mit der Marke dran, die zurückgepeitschten Haare, die zusammengekniffenen Augen, aus denen er mich mustert. Es ist eine Autoritätsfrage. Er arbeitet als Zivilpolizist im Drogendezernat Harlem und war heute in Downtown, um vor dem Gericht gegen einen Crackdealer auszusagen.

»Ich verstehe das nicht«, sagt Fontanec. »Da draußen ist die Hölle los, da sterben Menschen. Könnt ihr Journalisten nicht mal einen Moment lang Ruhe geben? Ich habe jetzt wirklich andere Sorgen, als deine Fragen zu beantworten.«

Vor einer Viertelstunde habe ich ganz genauso gedacht, und eigentlich denke ich immer noch so. Ich will ja Ruhe geben. Dies ist doch meine letzte Geschichte. Ich sage das nicht, weil ihn das nicht beeindrucken würde. Er hört das in seinem Job bestimmt oft genug. Ich schaue auf die Marke an seiner Kette. »Fontanec«, steht da. Nur ein C mehr als Fontane, denke ich. John Maynard ist sicher in Deutschland tausendmal bekannter als in Amerika. John Maynard hat ein Schiff voller Menschen vor dem Tod bewahrt, Fontane hat ihm ein Denkmal gesetzt. Was will ich eigentlich erzählen? Dass ich hier war? Schon wieder nur, dass ich hier war? Aber ist es nicht das, was wir machen? Ist es nicht das, was Reporter immer gemacht haben, seit es sie gibt? Da sein und darüber berichten, was sie sehen und auch, dass sie da waren? Ich werde doch dafür bezahlt, dass ich hinschaue, wenn die anderen wegschauen. Ich bin nicht unanständig. Ich klopfe nicht gern an fremde Türen wie ein Hausierer. Ich bin dreimal um das Dorf gefahren, in dem der *rosa Riese* lebte, die *Bestie von Beelitz*, der brandenburgische Frauenmörder, bevor ich mich traute, auszusteigen, um bei seinen Eltern zu klingeln. Die Eltern taten mir leid, aber am Ende macht das keinen Unterschied.

Es ist nicht leicht, in andere Leben einzubrechen, aber wenn man erstmal drin ist, fühlt es sich gut an. Ich waide die Leute aus und werfe sie dann weg. So kann man das sehen. Ich sammle Menschen, Tragödien, mich interessiert das, worüber niemand gern in der Zeitung reden würde. Ich sollte wirklich aufhören. Ich höre auf! Ich höre wirklich auf, aber während ich das denke, versuche ich mir die Nummer auf Fontanecs Polizeimarke einzuprägen. Vielleicht kann ich ja nichts dafür. Es steckt in mir drin. Das wäre eine Erklärung, die meine Frau wahnsinnig machen würde. »Immer sind die Umstände schuld, nie du!«, sagt Anja, wenn ich zu einer meiner weltumspannenden Erklärungen ansetze. Sammy Fontanec schüttelt den Kopf, wippt auf den Zehen, breitbeinig. Ich glaube nicht, dass es der Tag und der Ort für eine Grundsatzrede über den Sinn des Journalismus ist. Der *rosa Riese* würde Officer Fontanec nur verwirren. Ich umklammere Anjas Notizblock wie einen alten Freund. Er ist ein bisschen nass geworden, von dem Wasser, mit dem ich mir die Augen ausgespült habe. Ich sollte jetzt still sein. Endlich still.

Ich bin jedenfalls froh, als zwei Sanitäter in den Raum kommen und den dicken Officer Velasquez auf eine Trage laden und so von mir ablenken.

Ich bin jetzt eine Figur im Raum, an die sich die anderen erinnern werden: *Da war noch dieser Journalist, so ein sommersprossiger Typ, ein Deutscher glaube ich. Da oben brannte die Welt ab, und der fing schon wieder an, Fragen zu stellen. Diese verdammten Deutschen, kriegen den Hals nie voll.* Natürlich komme ich für einen Telefonanruf nun nicht mehr in Frage. Alle würden denken, ich riefe mein Magazin an, um eine Geschichte durchzugeben, ich bin im Gegensatz zu ihnen ganz freiwillig in diese Situation geraten. Ich bin beruflich hier. Ich kann auch keine Fragen mehr stellen, glaube ich. Ich hätte gern noch mit Eileen gesprochen, aber das ist momentan wohl ausgeschlossen.

Die Sanitäter kommen nochmal wieder, um Garrin abzuholen, den asthmakranken Rechtsanwalt und Thomas-Mann-Liebhaber. Er nickt, als er an mir vorbeiläuft. Ich nicke zurück. Wir kennen uns, wir respektieren uns, der

Spiegel ist ein angesehenes Magazin, könnte das bedeuten. Fontanec sieht es leider nicht. Er steht am Schreibtisch des Hausmeisters und schaut runter auf Eileen, die telefoniert. Wo ist eigentlich der Hausmeister, dessen Büro wir hier nutzen? An der Wand über seiner Werkbank hängt ein Fluchtplan. Wir sind im Temple Court Building. Das schreibe ich vorsichtig in meinen Block. Sammy Fontanec ist mit Eileen beschäftigt, er beugt sich ganz nah an sie heran. Sie sieht fassungslos aus und weint schon wieder.

»Listen up, everybody«, ruft Fontanec. »Hört alle zu. Es gibt gute Nachrichten. Eileens Mann ist am Leben. Sie hat gerade mit ihm telefoniert. Er ist zu Hause.«

Eileen McGuire nickt unter Tränen, sie schaut dankbar zu Sammy Fontanec hoch. David Liebman klatscht, und dann klatschen auch die anderen, ich sowieso. Ich klemme meinen Notizblock unter den Arm und klatsche begeistert. Sammy Fontanec strahlt. Er lacht mich an, ich lache zurück. Zwei Minuten später haut er mir auf die Schulter und sagt: »Nichts für ungut, du machst ja auch nur deine Arbeit.« Ich strahle und schaue auf das schwarze, klobige Telefon, aus dem die gute Nachricht kam. Ich komme nun auch wieder für einen Telefonanruf in Frage, aber andererseits muss ich noch mit Eileen McGuire reden, jetzt, da sie nicht mehr traurig ist, sondern froh und eine positive Geschichte hat. Sie erzählt mir, dass sie und ihr Mann bei *Marsh & McLennan* gearbeitet haben, einer großen Versicherungsfirma, die acht Etagen in der Spitze des Nordturmes gemietet hat. Eileen saß im 97. Stockwerk des Nordturms, ihr Mann im 99. Er fängt immer eine Stunde vor ihr an. Sie dachte also, er sitze schon lange in seinem Büro, als sie aus der Subway stieg und den Turm brennen sah. Aber er hatte heute Morgen einen Arzttermin, den sie vergessen hatte. Als er von dort kam, brannte der Turm bereits, und er fuhr nach Hause in die Upper East Side.

»Ich habe mir Sorgen um ihn gemacht, und er sich um mich«, sagt Eileen McGuire. Ich nicke, auch wenn ich nicht richtig verstehe, wie der Mann nach Hause fahren konnte, wo er doch annehmen musste, dass seine Frau auf dem Weg zur Arbeit war, auf dem Weg in den brennenden Turm. Irgendwann werden sie sich diese Fragen stellen. Vielleicht werden sie nie darüber reden, aber die Fragen werden da sein, und wenn es schlecht läuft, zerstören sie eines Tages ihre Beziehung. Ich schaue auf das Telefon. Ich sollte wirklich zu Hause anrufen.

Sammy Fontanec sagt, dass wir jetzt nach oben dürfen. Einer nach dem anderen. Die Luft ist rein. *The coast is clear.* Ich werde den Himmel wiedersehen. Auch gut. Telefonieren kann man dort oben immer noch. Wir gehen eine schmale Treppe hinauf in das Foyer des alten Gebäudes, das verlassen aussieht, so als wohne hier schon lange keiner mehr. Helles Licht fällt durch Glastüren, die teilweise mit Spanplatten vernagelt sind. Eileen McGuire verteilt Visitenkarten mit einer Anschrift, die es nicht mehr gibt. Sie ist *Vice President*, steht da, das klingt wichtig, obwohl man in Amerika nie genau weiß, was das bedeutet. Sammy Fontanec sagt mir die Telefonnummer seines Polizeireviers in Harlem. Er haut mir nochmal auf die Schulter. Alles ist gut. Ich habe das Bedürfnis, ihn zu umarmen. Ich würde wirklich gern jemanden berühren, jemanden festhalten. Aber das geht natürlich nicht. Wir stehen unschlüssig im Foyer. Wir gewöhnen uns an das Tageslicht und an den Gedanken, in eine andere, neue Welt hinauszugehen. Wir haben es überlebt. Wir waren zusammen auf einer Insel wie Schiffbrüchige und jetzt kommt das Boot und bringt uns von hier weg. Wir werden uns bestimmt nie wiedersehen. Wir wissen nicht, was dort draußen ist. Einen Moment noch, nur noch einen Moment.

Ich schließe die Haustür auf, Ferdinand stellt seinen Rucksack ab, guckt ins Wohnzimmer, sieht die Treppe hinauf. Wenn Alex da wäre, würde er spätestens jetzt aus seinem Arbeitszimmer nach unten gepoltert kommen, um die Kinder zu begrüßen.

»Wo ist Papa?«, fragt Ferdinand.

»Papa ist in Manhattan«, sage ich und setze gleich wieder meine Sonnenbrille auf, weil mir die Tränen in die Augen schießen.

»Das ist alles meine Schuld«, sagt er.

»Was ist deine Schuld?«, frage ich.

»Dass die *Twin Towers* umgefallen sind.«

»Was?«

»Weißt du noch«, sagt er, »ich habe dich gefragt, ob sie umfallen können.«

»Ja«, sage ich, weil es stimmt. Er hat mich das oft gefragt. Genauso, wie er mich gefragt hat, wie die Titanic untergegangen ist und wann er endlich den Film mit Leonardo di Caprio sehen darf, welches Tier für das Stück Fleisch auf seinem Teller sterben musste und ob

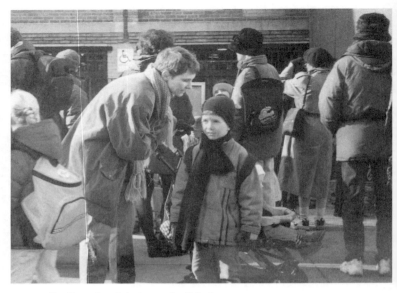

Ferdinand und Anja vor der Schule.

unser Flugzeug abstürzt, weil es so wackelt, und ob uns dann die Haie fressen.

Ferdinand fragt mich dauernd Sachen, die ich nicht genau weiß: Dauert es noch lange, bis wir da sind? Gibt es Seemonster im Meer? Was passiert, wenn man einen Schneeball vom Empire State Building wirft und jemand den auf den Kopf kriegt? Ich antworte oft wider besseren Wissens: Nein, das Flugzeug stürzt nicht ab. Ja, wir sind gleich da. Nein, die Haie fressen uns nicht. Ich sage das, was ihn am wenigsten beunruhigt. Er merkt das. Er macht sich seine eigenen Gedanken.

Ich weiß noch, wie enttäuscht er war, als wir hier ankamen und er feststellte, dass in Brooklyn alles so klein ist. Vor unserem Umzug hatten wir ihm Bilder von Manhattan gezeigt, der Stadt der Wolkenkratzer und

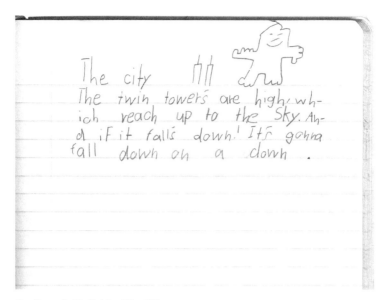

Ferdinands Gedicht: »The City«.

Häuserschluchten, und nun wohnten wir in einem Reihenhaus mit Garten und das höchste Haus weit und breit war das ehemalige Bankgebäude in der Atlantic Avenue, in der Dr. Klemons, unser Zahnarzt, seine Praxis hat. Man kann die Freiheitsstatue, einen Zipfel von Manhattan und die Flugzeuge in Newark starten und landen sehen, wenn Dr. Klemons die Backenzähne reinigt und dabei unsere alten Ostamalgamfüllungen bewundert.

Ferdinand geht gerne zu Dr. Klemons. Er hat gute Zähne und genießt die Aussicht. Er steigt auch gerne mit Alex auf unser Dach oder geht mit Mascha und mir auf den Spielplatz an der Promenade in Brooklyn Heights, weil man von dort aus nach Manhattan schauen kann.

Er hatte es schwer zum Anfang. Er konnte kein Englisch, die Kinder in seiner neuen Schule verstanden ihn nicht, und er verstand sie nicht. Manchmal sagten sie ihm Schimpfwörter auf Englisch, die er nachsprechen sollte. Und dann lachten sie. Wenn er nach Hause kam, setzte er sich an seinen Schreibtisch und malte die hohen Häuser. Das muss ihm irgendwie geholfen haben. Seine Großeltern waren weit weg, seine Freunde auch. Aber hier hatte er die Türme. Auf seinen Bildern fliegen dicke schwarze Flugzeuge auf sie zu, und auf einem springen kleine Menschen von einem Turm herunter. *Flying Land* hat er das Bild genannt.

Vor einem Jahr ungefähr hat er die Türme aus Legosteinen gebaut, zwei hohe rote Türme, einer mit Antenne obendrauf. Wochenlang standen sie in seinem Zimmer, sie störten beim Staubsaugen, aber er wollte nicht, dass ich sie wegräume. Er wollte sie selbst, nun ja, wegräumen. Er nahm sich aus Alex' alter Matchboxkiste ein Flugzeug, holte weit aus und stach mit dem Flugzeug genau in die Mitte der Türme. Sie fielen um.

Er hat auch zwei *Twin Tower*-Gedichte geschrieben im letzten Jahr, als sie mit Mr. Terry Gedichteschreiben übten. Sie stehen in seinem schwarzen Englischheft.

The City (1)

The Twin Towers are high
which reach up to the sky
And if it falls down
It's gonna fall down on a clown

The City (2)

The city, the city, the city
Cars driving and people yelling
And people yelling on top of the Twin Towers

Es ist nicht deine Schuld. Du warst in der Schule, als es passiert ist, du hattest damit nichts zu tun«, sage ich.

»Aber ich habe gedacht, dass es passieren könnte«, sagt er, dreht sich um und rennt raus in den Garten. Ich gehe ihm hinterher. Und erst jetzt fällt mir auf, dass die Anzeige vom Anrufbeantworter blinkt.

Der Himmel strahlt gleichgültig, fast gewissenlos blau, die Straßen sind immer noch verschneit, direkt vorm Ausgang des Temple Court Buildings liegt ein roter, hochhackiger Damenschuh wie ein Ausstellungsstück, eine Schaufensterdekoration. Der Schuh stammt aus einer anderen Zeit. Die Stille ist weg, die weihnachtliche Stimmung ist verflogen. Leute mit einem Ziel, Leute mit einer Aufgabe hasten über die Straßen. Ich laufe ein paar Schritte, sehe zu, wie meine halbhohen, schwarzen Kenzo-Schuhe die Asche aufwirbeln. Dann gehe ich nochmal zurück, schreibe mir die genaue Adresse des Gebäudes auf, in dem wir waren. 5 Beekman Street. Das ist alles. Ich habe hier nichts mehr zu tun. Ich fühle mich nutzlos, kann das aber noch nicht akzeptieren. Ich laufe noch einmal zur St. Pauls Kirche und sehe auf die Trümmer, die vom World Trade Center übrig geblieben sind. Es ist nur ein kleiner Berg, wenn man bedenkt, wie hoch das Haus war. Überall wimmeln Polizisten und Feuerwehrmänner herum. Ich bin mir ziemlich sicher, dass die gesamte Innenstadt bereits abgesperrt ist. Ich bin noch drinnen. Wenn ich jetzt gehe, komme ich bestimmt nicht mehr zurück. Ich könnte Hilfskräfte interviewen, Aufräumarbeiten beobachten, auf die ersten Politiker warten, weiter recherchieren, mich verhalten wie ein *Spiegel*-Reporter, aber allein der Gedanke daran macht mich schwach. Ich habe nicht das Gefühl, noch irgendetwas aufnehmen zu können.

Am Broadway ist ein öffentliches Telefon, das unversehrt aussieht. Ich durchwühle meine Taschen und finde schließlich einen *Quarter*. 25 Cent. Ein Goldstück. Ich habe einen Anruf frei wie die Leute im Knast, nur den einen Anruf. Ich werde meine Frau anrufen, um ihr zu sagen, dass ich noch da bin, dass alles gut wird. Ich nehme den Hörer ab, werfe das Geldstück ein, es poltert und rastet in der Mechanik des Automaten ein. Als ich die 718 eingeben möchte, die Vorwahl von Brooklyn, fällt mir ein, dass ein Anruf in einen anderen Bezirk womöglich teurer ist als ein Anruf auf der Insel. Ich tippe also den Rückgabehebel, lasse den Vierteldollar herauspoltern, werfe ihn nochmal ein und wähle die Nummer meines Büros, um das letzte Geldstück nicht zu verschwenden.

Das ist zumindest das, was ich mir erzähle. Es ist das, was ich gleich meiner Kollegin vom *Spiegel* erzählen werde. Und ich habe das Gefühl, dass es auch das ist, was ich Anja und allen anderen später erzählen werde. Es ist eine Version. Ich weiß nicht, wie ich darauf komme, dass ein Telefonanruf nach Brooklyn teurer sein sollte. Aber da muss ein Zweifel sein. Es muss so sein. Eine andere Erklärung kann es nicht geben.

Im Dezember 1999 bin ich am Morgen, nachdem ich mit meiner Familie in New York eintraf, nach El Paso in Texas geflogen. Ich habe dort eine Reportage aus dem Naturschutzgebiet *White Sands* recherchiert, auf das damals immer wieder Teile einer nahegelegenen Testanlage für amerikanische Langstreckenraketen fielen. Es war ein früher Flug, als ich das Haus verließ, haben meine Frau und meine Kinder noch geschlafen. Als sie aufwachten, waren sie auf einem fremden Kontinent und ich schon wieder verschwunden. Es war der erste Morgen des großen Abenteuers, das ich ihnen versprochen hatte. Unser gemeinsames Abenteuer, aber ich war nicht da. Es war ein diesiger grauer Dezembertag in New York. Anja hat mir oft erzählt, wie verloren sie sich an diesem Tag in dem neuen Haus fühlte, in einer Gegend, wo sie niemanden kannte. Unsere Tochter krabbelte auf dem Teppich herum, unser Sohn schaukelte ganz allein im Hinterhof, und ich war auf dem Weg nach Texas. Ich weiß noch genau, wie ich mir den Mietwagen an dem kleinen Avis-Schalter in El Paso abholte und von da aus in die Wüste rollte. Die Luft roch trocken, die Sonne warf weißes Licht. Zwei Stunden Fahrt lagen vor mir, zu einem Ort, der Alamogordo hieß und in New Mexico lag, der Himmel war weit und offen. Ich war unglaublich glücklich. Wenn ich einem Psychiater erklären müsste, wann ich am glücklichsten bin, dann würde ich solche Momente beschreiben. Augenblicke, in denen ich durch eine fremde Landschaft rolle, in denen ich wegfahre, aber noch nicht da bin, um an Türen zu klopfen. Ich bin gern in Bewegung, und ich reise gern allein. Im Kino könnte man mich und Anja an unserem ersten amerikanischen Morgen im *Split Screen* zeigen, sie im diesigen New York, ich im sonnigen New Mexico, sie traurig, ich glücklich, und niemand würde verstehen, warum wir zusammen sind.

Ich weiß schon, dass etwas nicht stimmt, in diesem Moment, als ich die Münze aus dem Fach hole und sie nochmal einwerfe. Ich denke wirklich daran, nicht das Geldstück zu verschwenden. Ich denke wirklich, dass es so sicherer ist. Ich werde meine Kollegin aus dem Büro bitten, sofort meine Frau anzurufen, um ihr zu sagen, dass alles in Ordnung ist. All das denke ich. Aber die Wahrheit ist, dass ich es mir zurechtlege. Ich erkläre mir, dass ich vernünftig und verantwortungsbewusst handle, während ich die Nummer meines Büros in Manhattan wähle. Ich möchte ja auch, dass ich irgendeinen Sinn ergebe, als Mensch, als Mann und als Vater.

Das ist meine kleine 25-Cent-Geschichte. *It's the story of my life.*

Damals in New Mexico, im Dezember 99, als ich mit einem *Park Ranger* durch die weißen Dünen von *White Sands* lief und Anja mit den Kindern jeden Morgen in einem fremden Haus erwachte, rief mich ein stellvertretender Chefredakteur des *Spiegel* an und bat mich, etwas über eine Indianerin zu schreiben, die nach 16 Jahren gerade aus dem Koma erwacht war. Das sei in Albuquerque, New Mexico passiert.

»Sie sind doch in New Mexico?«, fragte er mich.

»Ja«, sagte ich.

»Das ist ein Weihnachtswunder«, sagte der Chefredakteur.

»Weihnachtswunder, klar«, murmelte ich und dachte
daran, dass ich noch keinen Baum gekauft hatte und wir
diesmal ganz allein feiern würden, zum ersten Mal ohne
die Großeltern. Später im Motelzimmer fand ich heraus,
dass Albuquerque ungefähr sechs Autostunden von Ala-
magordo entfernt ist. New Mexico ist ein sehr großer
Bundesstaat. Ich machte mich trotzdem auf die Reise.

Ich fuhr durch die Wüste, besuchte das Krankenhaus,
in dem die Indianerin schlief. Vor ihrer Zimmertür wach-
ten zwei befreundete Indianer, die mich nicht zu der Frau
vorließen. Ich fand aber heraus, dass sie vor 16 Jahren bei
der Geburt ihres vierten Kindes ins Koma fiel, das sie von
einem Sioux-Indianer empfangen hatte, der inzwischen
in einem Reservat in North Dakota wohnte. Ich flog also
aus dem heißen New Mexico ins bitterkalte North Dakota
und redete mit dem Indianer, der einst der Mann der
Weihnachtswunderfrau gewesen war. Er hieß Mark White
Bull und hatte, während seine Frau schlief, angefangen zu
trinken und wieder damit aufgehört, er hatte andere
Frauen geheiratet und verlassen sowie weitere Kinder gezeugt, er war von New Mexico nach North Dakota gezogen. Er hatte ein neues Leben begonnen und versuchte
sich nun, nachdem seine Exfrau erwacht war, dem alten
gegenüber angemessen zu verhalten. Ich verstand ihn
sehr gut.

Als ich den Indianertext in einem Motel schrieb, das zu
einem Casino im Reservat *Standing Rock* gehörte, er-
reichte mich die Bitte meines Hamburger Ressortleiters,
ein Porträt über Angela Merkel zu schreiben, die gerade
CDU-Parteivorsitzende geworden war. Ich flog zurück
nach Deutschland, von New York direkt zum Kreispartei-

tag der CDU Vorpommern in Grimmen. Zweieinhalb Wochen lang beschäftigte ich mich mit Angela Merkel, während mein Sohn schweigend in seiner ersten Klasse in Brooklyn saß, meine Tochter eine russische Kinderkrippe in Carroll Gardens besuchte und meine Frau versuchte, Nachbarn kennenzulernen. Ich kam kurz nach Hause, dann flog ich nach Lajitas, im südlichsten Zipfel von Texas, wo ein ganzes Dorf an einen Milliardär verkauft worden war. Ich besuchte Teófilo Stevenson auf Kuba, Franziska van Almsick in Berlin-Hohenschönhausen und den Ausdauerläufer Dieter Baumann in St. Moritz. Ich fuhr mit einer lungenkrebskranken ehemaligen Raucherin aus einem Dorf an der Westküste Floridas zum größten Schadenersatzprozess gegen die amerikanische Tabakindustrie, den es je gab, nach Miami und flog anschließend zu den Olympischen Spielen nach Sydney und von da zur Buchmesse nach Frankfurt, um meinen ersten Roman vorzustellen. Nach St. Moritz begleitete mich meine Frau, damit wir in meinem ersten Sommer beim *Spiegel* wenigstens etwas zusammen machten. Vor der Buchmesse befragte ich Sebastian Junger in Chelsea, Benjamin von Stuckrad-Barre in Berlin Mitte, Gay Talese in seinem Sommerhaus in New Jersey und Judith Hermann in ihrer Wohnung am Helmholtzplatz nach der Grenzlinie zwischen Literatur und Journalismus, nach der Buchmesse begab ich mich auf eine Wahlkampftour mit Hillary Clinton und Rudolph Giuliani, die damals beide Senatoren von New York werden wollten. Anschließend recherchierte ich in Kanada, Berlin, Wien und Moskau die Geschichte eines internationalen Raumfahrtexperimentes im Moskauer Sternenstädtchen, in dem eine kanadische

Astronautin gegen ihren Willen von einem angetrunke-
nen russischen Kosmonauten geküsst worden war. Von
da aus flog ich nach Miami, wo Boris Becker vor einem
amerikanischen Gericht in einem Sorgerechtsprozess aus-
sagte. Ich interviewte prominente amerikanische Anwälte
in New York, Kalifornien, Florida und Arkansas, besuchte
in Louisville, Kentucky, alle Mitglieder einer Jury, die in
einem Mordprozess die Münze warfen, weil sie sich nicht
entscheiden konnten, ob der Täter schuldig oder un-
schuldig war. Ich befragte eine Polizistenwitwe in New
Jersey, was es für sie bedeutete, dass der Mörder ihres
Mannes 41 Jahre nach der Tat gefasst wurde. Ich suchte
in den Tunneln, Schächten und Kellern unter New York
nach den legendären Ratten, denen der Bürgermeister
von Gotham den Kampf angesagt hatte. Ich lernte im
Norden von Texas einen alten Mann kennen, der als Soldat bei der Befreiung von Leipzig das Ehrenbuch der Stadt
mit der Unterschrift Hitlers geklaut hatte, es bis vor Kurzem in seiner Wohnzimmervitrine aufbewahrt hatte und
das nun wieder in Leipzig war, wo ich wenig später das
Hörbuch zu meinem Roman vorstellte. Ich redete mit
Sexualstraftätern in Corpus Christi, Texas, die von einem
ultrakonservativen Richter dazu verdonnert worden
waren, Schilder in ihren Vorgärten aufzustellen, auf denen
sie vor sich selber warnten, flog nach Hamburg, um einen
Preis für die Reportage über Angela Merkel entgegen-
zunehmen, schrieb dort die Reportage über die texani-
schen Sextäter und ihren Richter zu Ende und flog am
nächsten Morgen mit Gregor Gysi nach Rom, wo er den
Chef der italienischen kommunistischen Partei traf. Ich
sprach am Ku'damm mit dem Anwalt von Nadja Bunke

und in Los Angeles mit dem Produzenten, der das Leben ihrer Tochter verfilmen wollte.

Ich bin seit knapp zwei Jahren für den *Spiegel* in Amerika. Ich bin gleich am Anfang in die Wüste gefahren und dort verloren gegangen. Meine Kinder sprechen jetzt fließend Englisch, meine Frau stellt mir in unserem Hinterhof die Nachbarn vor, die mich ansehen, als hätten sie schon viel von mir gehört. Auf der Straße in Brooklyn grüßen mich Menschen freundlich mit meinem Vornamen, deren Gesichter mir nichts sagen.

Hi, Alex.

Oh, hi, sage ich, lächle und laufe weiter. Es ist okay. Alles hat seinen Preis, und ich wollte es so. Wie der Indianer Mark White Bull versuche ich mich angemessen zu verhalten, aber es ist nicht leicht. Wild ist der Westen und schwer ist der Beruf.

Der Vierteldollar fällt, es meldet sich eine Frauenstimme. Es ist nicht die meiner Frau Anja, sondern die meiner Kollegin Sabine aus dem *Spiegel*-Büro.

»Alexander!«, sagt sie. Ich höre sofort die Erleichterung und ahne, dass sie schon ein paar Mal mit meiner Frau telefoniert hat, was es natürlich nicht besser macht. Es ist eine subtile Art von Ehebruch, der hier gerade stattfindet. Dass Sabine am anderen Ende des Telefons ist, ist Zufall. Ich betrüge meine Frau, wie gesagt, schon viel länger.

Sabine hilft manchmal im Büro aus, sie arbeitet eigentlich als Filmproduzentin. In New York machen viele Leute oft nicht das, weswegen sie eigentlich hergekommen sind. Die wenigsten Filmproduzenten können es sich leisten, als Filmproduzenten zu leben, glaube ich. Und weil Angelika, unsere Bürochefin, gerade in Hamburg ist, nimmt nun Sabine ab. Obwohl ich Sabine selten sehe, kenne ich sie von all meinen Kollegen am besten. Sie kommt aus dem Osten wie ich, sie lebt mit einem Ostdeutschen zusammen. Sie wohnt seit über zehn Jahren in New York und hat den romantischen Blick auf Amerika, den ich auch habe. Für sie ist New York Neuanfang, Abenteuer, Zukunft und nicht nur irgendein Karriereschritt oder ein lässiger Platz zum Leben. Kurz bevor ich nach New York zog, hat mir eine Redakteurin des *Tagesspiegel* erzählt, dass sie einen Artikel über die Amerika-Faszination der Ostdeutschen plane. Ich habe spöttisch reagiert, aber eigentlich finde ich es schade, dass sie den Artikel dann nie geschrieben hat. Ich glaube nämlich, dass die Ostler wirklich ein anderes, ungetrübteres Amerikabild haben als die Westler. Ich habe das Land, das ja eigentlich unser Klassenfeind war, nur in Büchern, in Filmen und in Liedern bereist. Es war mein gelobtes Land, ein Paradies, von dem ich nie annahm, es während meiner Lebenszeit besuchen zu können, und ich glaube, Sabine geht es ähnlich. Dazu kommt noch der Thüringer Dialekt. Das ist alles sehr vertraut. Ich kann mir gut vorstellen, dass sie meine kleine 25-Cent-Geschichte sofort durchschaut. Sie klingt verwundert, als ich sie bitte, bei mir zu Hause anzurufen.

»Ich hatte nur noch den einen *Quarter*.«

»Ach?!«

»Und mein *cellphone* geht ja nicht.«

»Nee, die gehen nicht.«

Ich erzähle schnell, dass ich die letzte Stunde im Keller saß. Sie sagt mir, dass Thomas bereits wieder zu Hause ist. Ich bin erleichtert. Erstens, weil er lebt, und zweitens, weil er nicht dichter dran war als ich. Beides, wirklich.

»Was machst du?«, fragt sie.

»Ich weiß nicht«, sage ich. »Was machst du denn?«

»Ich bleibe erstmal hier. Kerstin ist heimgefahren. Wir müssen ja mal sehen, was die in Hamburg jetzt wollen.«

»Ja«, sage ich. Hamburg. »Was sagen die denn?«

»Sie wollen wissen, was ihr gerade macht«, erwidert sie.

»Klar«, sage ich. »Ich glaube, ich gehe erstmal zu Thomas. Da können wir dann ja beraten, was wir machen. Die Brücken sind sowieso noch gesperrt.«

»Ja?«

»Ich glaub' schon.«

»Gut!«

»Ruf' Anja an, bitte.«

»Mach ich«, sagt sie. »Pass auf dich auf.«

»Du auch.«

Ich stehe vor dem Telefon und schaue auf die rote Lampe. Es gibt eine neue Nachricht. Mascha wartet neben mir, sieht mich an. Ich weiß nicht, ob ich die Nachricht hören soll. Ich stehe einfach nur da. Vielleicht löse ich irgendeine Katastrophe aus, wenn ich den Anrufbeantworterknopf drücke. Es kostet mich unglaubliche Anstrengung, den Arm zu heben, den Finger zu strecken und die Taste zu drücken, aber schließlich schaffe ich es.

»Hallo, hier ist Sabine vom *Spiegel*-Büro ... Hallo? ... Na ... ... Hallo??? ... Hier ist es kurz vor 12, so acht Minuten vor 12 ... Und Alexander rief gerade an ... Er

184

ist okay! Alles ist okay! Und er ist auf dem Weg zu Thomas Hüetlin, der ist in der 12. Straße, und seine Nummer hast du ja. Du kannst auch gerne im Büro anrufen. Ich bin hier.«

Ich drücke die Wiederholungstaste und höre mir die Nachricht nochmal an. Sabines Stimme ist leise, ihr Thüringer Dialekt klingt weich und vertraut. Ich stehe zwischen Küche und Wohnzimmer vor dem CD-Turm, auf dem sich unser Telefon befindet, und denke, dass das die schönste Nachricht ist, die ich je in meinem Leben bekommen habe.

Ich nehme Mascha auf den Arm, gehe auf die Terrasse und rufe Ferdinand im Garten zu: »Papa ist da«, was natürlich Unsinn ist, aber Ferdinand hat sowieso nichts verstanden, weil aus dem Rufen nur ein Flüstern geworden ist. »Papa«, konnte ich noch sagen, dann war meine Stimme weg.

»Papa?«, fragt Ferdinand von unten.

»Papa ist auf dem Weg zu seinem Kollegen. Alles ist okay«, wiederhole ich Sabines Worte.

Ich habe Sabine noch nie persönlich getroffen. Ich kenne sie nur aus Alex' Erzählungen. Ich weiß, dass sie vor dem Mauerfall in den Westen ausgereist ist und später mit ihrem Freund nach New York zog, wo sie als Filmproduzentin arbeitet und manchmal beim *Spiegel* aushilft, als Urlaubsvertretung. Sie ruft an, wenn sie Alex sprechen will. Ich rufe an, wenn ich Alex sprechen will. Wir tauschen ein paar Sätze aus. Sie fragt, ob wir uns gut eingelebt haben.

Ich erzähle ihr von der Schule oder wie schwer es ist, eine Autoversicherung zu bekommen, wenn man nur einen deutschen Führerschein hat. Sie gibt mir Tipps. Unsere Unterhaltungen sind manchmal dienstlich distanziert, manchmal vertraut. Alex ist Sabines Kollege, ich bin die Frau des Reporters, aber ich bin auch eine Deutsche, die versucht in New York klarzukommen, wie Sabine vor vielen Jahren. Das verbindet uns.

Als Kind habe ich mir oft vorgestellt, wie es sein wird, der Moment, wenn ich etwas ganz Besonderes erfahre, mir jemand einen Heiratsantrag macht oder mir der Frauenarzt mitteilt, dass ich ein Kind bekomme. Später habe ich darauf gewartet, dass mir jemand ein tolles Jobangebot macht oder verkündet, dass ich einen Preis gewonnen habe. Es war immer ganz anders, als ich gedacht habe. Einen Preis habe ich nie gewonnen, meine Jobs habe ich mir hart erarbeitet. Schwanger bin ich geworden, weil ich die Pille absetzte, nachdem mir ein Ostberliner Frauenarzt mitgeteilt hatte, ich könne keine Kinder bekommen. Der Mann, der hollywoodreif um mich geworben hat, kam für mich nicht in Frage und der, den ich wollte, hat mir in einer Silvesternacht beim Tanzen ins Ohr geflüstert: »In diesem Jahr müssen wir heiraten, Anni.«

Ich höre Sabines Nachricht gleich nochmal ab und nochmal, dann rufe ich Sabine an. Sie sagt, Alex habe im Büro angerufen, weil er nicht wusste, ob er zu mir nach Brooklyn durchkommt. Er habe nur noch einen Quarter gehabt. Ich überlege kurz, ob mich das stört, Sabine hebt es so hervor. Da ist aber nichts, kein Stich im Herzen, keine Enttäuschung. Alex ist wieder da, das ist alles, was zählt.

»Es hat ihn wirklich fast erwischt«, sagt Sabine. Er

war ganz dicht am Nordturm, als der zusammenfiel. Sie erzählt von einem Mann, der ihn weggeschickt hat, und von einem Keller, in dem Alex Schutz fand. So, wie sie es erzählt, klingt es ganz logisch, ganz folgerichtig, dass Alex versucht hat, in den Turm zu gehen, um zu sehen, was los ist, und später darüber zu schreiben.

Ich habe plötzlich unglaublichen Hunger. Meine Freundin Tinna hat mir vorhin am Telefon gesagt, dass sie jetzt erstmal mit Vincent in einen Diner auf der 7th Avenue geht, um ein Sandwich zu essen. Vincent ist ihr neuer Freund, ein irischer Barkeeper. Ich weiß nicht genau, was für ein Sandwich sie im Sinn hatte, aber ich stelle mir ein *BLT* vor. *Bacon, Lettuce, Tomatoes.* Schinkenspeck, Salat, Tomaten. Das wär's doch: Ich sitze mit einem Liebespaar auf roten Ledersitzen, draußen fällt Asche vom Himmel und wir beißen in unsere Sandwiches. Vielleicht ein Glas Wein dazu. Das ist so, habe ich gelesen, Frauen gehen tanzen, wenn an der Front der Krieg tobt. Die Frau eines Feuerwehrmannes, dessen Kinder in Ferdinands Schule gehen, hat um elf Uhr morgens das erste Glas Wein getrunken, weil sie nicht wusste, ob sie jemals ihren Mann wiedersehen wird. Dann hat sie mit Freunden Rommé gespielt, einfach, um irgendwas zu tun zu haben.

Ich schaue kurz auf die offene Weinflasche im Küchenregal, die von gestern Abend übriggeblieben ist. Aber dann höre ich die Kinder im Garten und trinke schnell ein Glas Wasser.

Ich fange an zu laufen. Zum ersten Mal seit zwei Stunden habe ich das Gefühl, dass sich die Dinge wieder einigermaßen ordnen. Ich weiß immer noch nicht genau, was eigentlich passiert ist, aber ich habe zumindest einen Plan. Ich kenne die nächsten Schritte. Zu Thomas gehen. Thomas wohnt mit seiner Familie in der zwölften Straße. Das ist eine halbe Stunde Fußweg. Ich laufe aus dem Schnee hinaus. Die Asche verschwindet und mit ihr die Aufgeregtheit.

Es gab mal eine Fernsehwerbung für irgendwelche Universalreifen, in der ein Auto aus den tiefverschneiten Bergen immer mehr in die Stadt rollt. Am Ende sieht man nur noch an den Dreckspritzern auf dem Lack, dass es eine weite Reise hinter sich hat. Dieses Auto bin ich. Die Straße wird immer sauberer und meine Schuhe werden immer schmutziger. Ich bin stolz auf meine staubigen Sachen, denn ich komme aus der Wüste wie Ralph Fiennes in *The English Patient*. Auch ich habe eine Geschichte, wenn auch keine romantische. Ich sehe an mir herunter, immer wieder. Es fahren keine Autos, die Straßen sind überhaupt seltsam leer, man sieht keine Krankenwagen oder Panzer oder was immer man in solchen Stunden erwarten würde, nur ab und zu jagt ein Feuerwehrauto vorbei und man hat stets das Gefühl, dass es zu spät kommt. Die Menschen auf den Bürgersteigen stehen zusammen, unterhalten sich, die Gesichter nach Downtown gerichtet. Sie haben jede Eile verloren, und so erinnern Soho, der Washington Square und das Greenwich Village an Dörfer. Manchmal sieht mich jemand mitfühlend an. In einem Hauseingang steht eine dunkelhaarige Frau mit einem Kaffeebecher und schaut mir direkt in die Augen. Ich schaue zurück und denke daran, sie zu küssen. Einfach hingehen, die Frau küssen und dann weitersehen. Ein neues Leben anfangen, vielleicht. Ich bin 39 Jahre alt, die Welt ist aus den Fugen. Für ein oder zwei Sekunden verlangsame ich meinen Schritt, dann gehe ich weiter.

Die Leute stehen in ihren sauberen Sachen auf der Straße und schauen auf die Katastrophe am Horizont. Sie sind nur Zaungäste, sie haben doch nichts erlebt, denke ich, nicht mal die Rauchwolke zieht in ihre Richtung, sie zieht nach Brooklyn.

Ich gehe mit Mascha auf die Terrasse und sehe hinunter in den Garten. Ferdinand sitzt auf der Schaukel, ohne zu schaukeln, er stochert mit einem Stock in der Pfütze unter seinen Beinen herum. Die Pfütze hat das Gewitter von gestern Abend hinterlassen, dieses gewaltige, unheimliche Gewitter, das mir jetzt noch unheimlicher vorkommt, weil ich denke, dass es diesen Tag schon angekündigt hat. Ich nehme das Mückenspray, das wir aus Deutschland mitgebracht haben, hinterm Grill hervor, sprühe Mascha die nackten Füße und Arme ein und laufe die Treppe hinunter zu Ferdinand. Das Gras ist schon wieder trocken, das bisschen Gras, das noch übrig ist. Unser Garten ist – wie immer um diese Jahreszeit – in einem erbärmlichen Zustand. Das Gras gelb, die Blumen verdrängt von hohen Brennnesseln und wild wucherndem Unkraut. Der heiße New Yorker Sommer hat all meine halbherzigen Versuche, hinterm Haus so was wie eine grüne Oase zu schaffen, zerstört.

Im Juli, als wir Maschas dritten Geburtstag vorgefeiert haben, sah der Garten so gut aus wie nie – meine Mutter hatte mir geholfen, Unkraut zu jäten, die Rosen und der Rhododendron blühten, als die Gäste kamen. Es waren viele Gäste. Mascha hatte sich einen richtigen amerikanischen Kindergeburtstag gewünscht, so, wie sie es bei ihren Freunden aus dem Kindergarten erlebt hatte. Ich hatte mich erst gesträubt, ich wollte keinen Clown oder ein Cinderella-Double nach Hause bestellen oder das Kinderkarussell im Park für drei Stunden anmieten. Kindergeburtstage in New York kosten ein Vermögen, die Eltern versuchen, sich gegenseitig zu überbieten. Mit Pinata und Riesentorte und Pizza und *goodie bags*, die mehr kosten als das Geschenk. Mascha und Ferdinand sind manchmal zu zwei oder drei Geburtstagen an einem Wochenende eingeladen, ich fahre sie hin, hole sie ab, und wenn es irgendwo draußen in Midwood oder Coney Island ist, sitze ich mit anderen Eltern zwischen Papptellern und Papierschlangen und warte darauf, dass ich wieder nach Hause fahren kann.

Zum Glück hatten wir den Garten, mit Schaukel und Baumhaus und Klettergerüst, es war genug Platz da für zehn Kinder und deren Eltern, die alle in ihrer freundlichen amerikanischen Art darauf bestanden zu bleiben, weil sie Angst hatten, ihre Kinder könnten in ihrer Abwesenheit vom Baumhaus fallen. Ich machte Limonade, breitete Decken auf der Wiese aus, kaufte buntes Papier, *Play-Doh*-Knete, einen Riesenkuchen mit einer

Sonne und einem Regenbogen darauf und einen hohlen *Pooh*-Bär, den ich mit Süßigkeiten füllte, ans Baumhaus band, damit die Kinder ihn mit Ferdinands Baseballkeule zerschlagen konnten.

Das alles ist unvorstellbar weit weg.

Ich laufe auf Zehenspitzen durch die Pfütze unter der Schaukel und frage Ferdinand, ob er andere Kinder gesehen hat. Ferdinand sagt, Maeve sei draußen gewesen, aber nur kurz. Bestimmt wegen der Pfütze, denke ich. Deswegen lässt Terry Maeve nicht raus. Pfützen sind stehende Gewässer, und in stehenden Gewässern legen Mücken ihre Eier ab. Mücken übertragen den West-Nile-Virus. Terry hat mir zu diesem Thema einen längeren Vortrag gehalten, im letzten Sommer. Er spritzt seine Sträucher mit Knoblauchlösung ab gegen die Mücken und hat mir Holzchips aus Zedernholz empfohlen. Zedernholz soll auch gut gegen Mücken sein. Alle zwei Monate kaufe ich neue Säcke mit Holzchips. Dann regnet es, und die Chips verschwinden. Lösen sich auf, verteilen sich, werden von Vögeln aufgefressen, was weiß ich. Auf jeden Fall ist die Pfütze schon wieder ziemlich groß, was Mascha nicht abschreckt. Barfuß läuft sie durch den Matsch und klettert in die gelbe Plastikschaukel. Ich stelle mich hinter sie, um sie anzuschubsen. In den zwei Jahren, die wir hier wohnen, habe ich einen Großteil meiner Zeit an dieser Stelle gestanden, die Schaukel angestupst und auf die Rückseiten der Häuser in unserer Straße gesehen, die von hinten, ohne den Stuck, ohne die Steintreppen und die gusseisernen Zäune ziemlich unspektakulär aussehen.

Unser Haus steht genau in der Mitte des Blocks und ist

eins der wenigen, die noch braun sind. Im letzten Jahr haben plötzlich fast alle ihre Häuser bunt angestrichen. Die Ersten waren Laura und Dan, Alices Eltern. Sie übernahmen das Haus von einer lesbischen Psychologin, die nach Manhattan zog, rissen Wände heraus, bauten Galeriefenster ein und strichen die Fassade. Die Nachbarn setzte das unter Druck, und einer nach dem anderen malte seine Vorderfront an, nur Bill nicht, unser Vermieter. Er hob verächtlich die Augenbraue, als er Lauras rotes Haus sah, und erklärte, Brownstonehäuser hätten braun zu sein, das sage ja wohl schon der Name.

Zwischen all den bunten Häusern sieht unseres nun aus wie das hässliche Entlein. Nur das rechts neben uns, Phyllis Cheslers Haus, ist noch grauer. Phyllis macht das Häuserspiel nicht mit. Wahrscheinlich verachtet sie ihre Nachbarn für ihren kleinbürgerlichen Konkurrenzkampf.

Im gelben Haus ganz links geht die Tür auf, und ich sehe Liz durch die Gärten auf uns zukommen. Sie hat ihre Tochter Elise auf dem Arm.

»Hi«, sagt Liz, umarmt mich, wirft einen prüfenden Blick in den Himmel und fragt, ob wir nicht lieber ins Haus gehen sollten. Ich würde gerne noch draußen bleiben, aber Liz ist schon auf dem Weg nach oben. Ich hebe Mascha aus der Schaukel und laufe hinterher. Wir sind kaum in der Küche, da schließt Liz die Fliegengittertür und anschließend die Glastür. Sie sagt, sie an meiner Stelle würde die Kinder nicht in den Garten lassen. Wegen der Wolke vom World Trade Center. Man wisse nicht, was da so drin sei.

Sie sieht gleichgültig aus, während sie das sagt, fast

gelangweilt und so wirkt die ganze Vorsicht angelernt. Liz fürchtet sich nicht, nachts alleine die Straße entlangzulaufen oder ein Segelboot durch den Sturm zu steuern – Liz ist eine großartige Seglerin. Ihre Angst beschränkt sich auf Krankheiten und Bakterien oder Schadstoffe, die diese Krankheiten auslösen könnten. *Germs* ist wahrscheinlich ihr meistgebrauchtes Wort. Keime. Sie wischt ihre Küche mit Desinfektionsmitteln ab, kauft nur biologisches Essen, gibt ihren Kindern lieber Vitamintabletten als Äpfel, und was ich meinen Kindern koche, ist ihr höchst suspekt. Das Einzige, was Elise bei uns bedenkenlos mitessen darf, nennt sich *Annie's Macaroni and Cheese* und ist eine Packung mit kleinen Nudeln und Käsesaucenpulver aus dem Supermarkt, die man nur noch mit Milch mischen muss. Alles ist schon fertig, ich kann nichts dazutun, was ihre Tochter vergiften könnte, das akzeptiert Liz.

Thomas mustert mich von oben bis unten, all den weißen Staub auf meinen Schuhen, meinen Hosen, meinem Hemd und meinen Haaren. Hinter seiner Stirn arbeitet irgendwas. Dann sagt er ärgerlich: »Mann, du Irrer. Hast du nicht schon genug Preise?«, und winkt mich in seine Wohnung. Ich trotte hinterher. Mir fällt ein, wie mir Erich Böhme, mein alter Herausgeber bei der *Berliner Zeitung*, mal sagte: »Zu viele Preise verderben den Journalisten.« Aber ich weiß nicht genau, ob das hierher passt. Ich weiß nicht mal, ob es stimmt.

Im Wohnzimmer sitzt eine Frau, die ich nicht kenne,

dahinter in der Küche schreibt Thomas' Frau Kristin am Computer. Kristin kommt auf mich zugestürzt, umarmt mich. Sie hat Tränen in den Augen, und zum ersten Mal an diesem Tag fühle ich, was eigentlich passiert ist, wie verletzlich wir sind, wir alle. Es wirft mich fast um. Mir schießen die Tränen in die Augen. Ich verstehe, wie viel Angst ich hatte, und wie allein ich mich da unten gefühlt habe zwischen den beiden Gebäudereinigern aus Brooklyn in der Dunkelheit. Hier sind meine Leute, es ist, als käme ich nach Hause. Ich würde sie am liebsten an den Händen halten, selbst die mir unbekannte Frau, die irritiert auf dem Stuhl in der Zimmermitte sitzt.

Thomas sieht mich an, schüttelt den Kopf. Ich glaube, er ist gar nicht ärgerlich, er ist besorgt. Er ist mit dem Fahrrad zum World Trade Center gefahren, als das zweite Flugzeug einschlug. Er hat gesehen, wie der erste Turm zusammenfiel, flüchtete mit Feuerwehrleuten zum Hudson River und fiel in den Staub. Dann ist er wieder nach Hause gefahren, zu seiner Familie. Als der zweite Turm fiel, war er bei seiner Frau. Er hat sich verhalten wie ein vernünftiger Mensch. Ich habe mich benommen wie ein Idiot. Ich schlucke meine Rührung hinunter und wackle mit den Armen.

Die Frau auf dem Stuhl stellt sich vor, sie ist auch aus Deutschland, ein Hausgast, eine Journalistin, die über die *Fashion Week* berichten soll. Kristin fragt, ob ich einen Müsliriegel haben will. Thomas geht nach oben und kommt mit einem Stapel Sachen zurück. Eine Jeans, ein Poloshirt, eine Boxer-Shorts, ein Paar Socken. Er drückt mir den Wäschestapel in die Hand, gibt mir eine Mülltüte für meine staubigen Klamotten und zeigt mir, wo die Dusche ist.

Die Asche, die ich mir aus den Haaren spüle, zieht in dicken, grauen Schlieren zum Abfluss. Ich schaue ihr mit ein wenig Bedauern hinterher, weil es ja auch ein Teil meiner Geschichte ist, den ich hier wegspüle. Einen Moment lang habe ich Angst, dass mir die Jeans zu eng sein könnten, aber sie passen. Schönes Poloshirt, riecht gut. Im Spiegel sehe ich aus, als würde ich vom Sport kommen.

Als ich wieder unten bei den anderen bin, esse ich einen von Kristins Müsliriegeln und dann noch einen und noch einen. Ich habe plötzlich unglaublichen Hunger und höre nur auf zu essen, weil ich das Gefühl habe, es wäre unhöflich, weiterzumachen. Ich sitze auf dem Sofa und glaube nicht, dass ich jemals wieder hochkomme. Die Frau in der Zimmermitte fragt, ob die *Fashion Week* nun ausfällt. Sie ist ja nur deswegen hier. So sicher kann man das natürlich nicht sagen, aber es ist ziemlich wahrscheinlich, dass sie jetzt erstmal nicht weitergeht. Ich muss an die Tochter von Mick Jagger denken, die ich vor ein paar Stunden, in einer anderen Zeit, auf der Titelseite der *New York Post* gesehen habe. Elizabeth. Sicher macht sich auch Mick Jagger Sorgen. Ich sollte meine Eltern anrufen. Aber zuallererst muss ich natürlich Anja anrufen. Ich probiere es, die andern sehen mich an. Ich bin ein bisschen erleichtert, dass ich nicht durchkomme, weil ich nicht genau weiß, ob ich ein Gespräch mit Anja jetzt überstehe, wo ich vorhin schon beinahe zusammengebrochen bin, als mich Kristin umarmte. Ich sitze auf dem Sofa und sehe im Fernsehen zum ersten Mal, wie das zweite Flugzeug in den Turm fliegt.

»Das bohrt sich rein wie ein Messer«, sagt Thomas.

Das ist ein gutes Bild, denke ich, während sie die Szene

wiederholen, vielleicht schreibt Thomas in Gedanken schon an einer Geschichte. Ich kann noch nicht. Es würde mich zu sehr anstrengen. Die Zeit dehnt sich und schrumpft, sie tröpfelt und rauscht, und ich sehe nur an dem hellen Mittagslicht, dass es noch nicht spät ist. Kristin hat jetzt eine Jacke an und eine Tasche über der Schulter und kündigt an, dass sie zum Blutspenden geht. Thomas springt auf, fuchtelt mit den Armen. Das Chaos da draußen sei zu groß, das Risiko, sich an einer dreckigen Nadel mit irgendetwas anzustecken. Sie müssten erstmal klären, wie sie sich als Familie verhalten. Ob sie hierbleiben oder die Stadt verlassen und wenn sie gehen, wohin. Im Fernseher zeigen sie schon wieder, wie sich das Flugzeug in den Turm bohrt. Ich kann gar nicht wegschauen. Ich muss das sehen. Wie ein Messer, Thomas hat recht. Kristin zieht die Jacke wieder aus und schreibt weiter E-Mails nach Deutschland. Im Fernsehen sagen sie, dass die Wahlen verschoben werden. Die Frau, die als Hausgast hier ist, glaubt nun auch nicht mehr, dass die *Fashion Week* fortgesetzt wird. Wieder das Flugzeug, wieder der Knall, dann irgendwelche bärtigen Männer hinter einem schief aussehenden Podium, darunter steht ein Ort in Afghanistan. Die Taliban sind verantwortlich, sagen sie, ich höre den Namen Osama bin Laden, und ich glaube nicht, dass ich den schon mal bewusst wahrgenommen habe. Osama bin Laden soll verantwortlich sein. Der Name sagt mir wirklich nichts. Ich kenne die Taliban nur wegen der alten Kunstschätze, der riesigen Gottesfiguren in Bamiyan, die sie zerstört haben. Ich bringe das alles nicht zusammen, ich reise wie ein Wahnsinniger um die Welt und begreife nichts. Ich bin ein schlechter Weltbürger. Das Flugzeug jagt ins World Trade Center, die Bilder mit den bärtigen Männern kippeln im *Split Screen*, als erreiche sie die Detonation, als gebe es einen Zusammenhang, eine Druckwelle, die über den Atlantischen Ozean und das europäische Festland hinwegrollt bis nach Afghanistan. Unter den Bildern mit den ärgerlichen Bartträgern wird jetzt die Stimme von Henry Kissinger eingeblendet, der offenbar am Telefon spricht. Er redet davon, dass man diese Provokation beantworten muss. Es sei ein Angriff auf Amerika, der vergolten werden müsse. Umgehend, sagt Kissinger. Seine Stimme klingt, als spreche er aus dem Grab zu uns.

»Und das alles mit Bush, diesem Idioten«, sagt Thomas. »Wenn wir den anderen hätten, den *Nerd*, würde ich mir nicht solche Sorgen machen. Aber mit dem *Bully* im White House, der dreht doch sofort durch.«

Ich schließe alle Fenster im Wohnzimmer, weil Liz es so will, nicht, weil ich Angst vor Schadstoffen habe. Die Qualität der New Yorker Luft ist mir völlig egal. Ich denke nicht an Spätfolgen in zehn Jahren, ich bin froh, dass wir leben, hier und jetzt, dass Alex lebt, dass in den letzten drei Stunden keine Flugzeuge mehr abgestürzt und keine Häuser umgefallen sind.

Mascha freut sich, dass sie mit Elise spielen kann. Die beiden gehen hoch ins Kinderzimmer. Liz und ich gehen hinterher, setzen uns auf den Teppich in Maschas Zimmer, lehnen uns gegen die Wand, wie wir es so oft gemacht haben, bevor Liz aus dem Haus ihrer

Mutter auszog und sich eine eigene Wohnung ein paar Straßen weiter mietete.

Liz' Mutter ist heute früh die drei Straßen zu Liz hinübergegangen, sie ist mit ihr und ihrem Mann aufs Dach gestiegen. Sie haben die Videokamera mitgenommen und die brennenden Türme gefilmt. Es war bereits klar, dass es ein Terroranschlag war, kein Unfall, und dort oben auf dem Dach hat Liz erklärt, dass Amerika das verdient hat.

»Was hast du gesagt?«, frage ich ungläubig.

»Amerika hat das verdient, sie mischen sich überall ein, und jetzt kriegen sie die Rechnung«, sagt Liz. »Das geschieht uns ganz recht.«

»Wow«, sage ich und stelle mir Liz vor, oben auf dem Dach, neben ihrem großen, kahlköpfigen Mann und ihrer kleinen, korpulenten Mutter. So ein Statement. Liz hat an ihrem Volvo Pro-Al-Gore- und Anti-Bush-Sticker kleben, aber es überrascht mich immer wieder, wie sich Liz, die überbesorgte Mutter, von einer Minute auf die andere in eine hippiehafte Bürgerrechtlerin verwandeln kann.

Das erste Mal erlebte ich Liz' Verwandlung, als sie und John uns zu einem Grillabend ins Haus ihrer Mutter einluden. Erst gab es Bier, dann Steaks, und mit Einbruch der Dunkelheit wurde ein Joint herumgereicht. Bei der ersten Runde lehnte ich ab, und auch bei der zweiten. Ich war mein Leben lang davon überzeugt, Marihuana sei nur der erste Schritt zum Heroin. Die anderen zogen den Rauch tief ein, seufzten kurz und redeten ganz normal weiter, ich kam mit der blonden Frau neben mir ins Gespräch, von der mir Liz schon erzählt hatte. Ihr

Name war Ivy, und sie war die Enkeltochter von Julius und Ethel Rosenberg, die in der McCarthy-Ära auf dem elektrischen Stuhl hingerichtet wurden. Ich hatte in der Schule etwas über die Rosenbergs gelernt. Sie waren Helden für mich. Ivy sagte, sie habe lange überhaupt nichts gewusst, weil ihr Vater nie darüber sprach. Sie kannte nur das Bild ihrer Großeltern, gemalt von Picasso. Es hing bei ihnen im Wohnzimmer, aber alle paar Monate kam ihr Onkel zu Besuch, nahm das Bild ab und hängte es in seiner Wohnung auf. Die Brüder teilten sich den Picasso. Als Kind habe sie sich gewundert, warum manche Menschen ihr mit so großer Verehrung begegneten, während andere sie regelrecht hassten, sagte Ivy. Sie erzählte von einem Besuch in Kuba, wo ihre Familie herumgereicht wurde – wie Staatsgäste wurden sie behandelt. Und von dem Jungen im Ferienlager, der ihr eine Kelle Kartoffelbrei auf den Teller knallte und sagte: »Das ist die Bombe, die deine Großeltern an die Russen verraten haben.«

Es war ein milder Abend, wir saßen auf der Terrasse von Liz' Mutter, bei der dritten Runde zog ich am Joint, ich merkte nichts, mir fiel es nur leichter, mit Leuten zu reden, die ich gar nicht gut kannte. Es war eigentlich ganz angenehm. Ich hatte meinen ersten Joint mit einer Enkelin der Rosenbergs. Das passte dann doch.

Kurze Zeit später war Liz wieder schwanger und lud mich zu einer *Babyshower* ein, die in der Wohnung einer Freundin stattfand. Ich fragte Liz, was eine *Babyshower* ist. Sie antwortete, eine Freundin richte eine kleine Party für sie aus, es gebe etwas zu essen und zu trinken und Geschenke fürs Baby. »Was schenkt man

denn da so?«, fragte ich, und Liz sagte in ihrer gleich-
gültigen Art, ich solle mir keine Gedanken machen,
sie könne alles gebrauchen. Ich suchte also den Keller
nach alten Sachen von Ferdinand durch, packte einen
Sack mit gebrauchten Jeans und Shirts und kaufte dazu
einen Strampelanzug in dem H&M-Laden, der gerade
in Manhattan eröffnet worden war.

Die *Babyshower* fand an einem Samstagnachmittag in
einem schicken Penthouse am Prospect Park statt. Es
gab Champagner und Schnittchen. Liz stand vor einem
Berg mit in Seidenpapier eingewickelten Paketen, um
sie herum 20 Frauen auf hochhackigen Schuhen und
mit Sektgläsern in der Hand, die mit Sicherheit nicht
auf Liz' und Johns Kiffergrillparty gewesen waren. Liz,
die sonst immer nur mit Schlabberhosen und Birken-
stocksandalen herumlief, hatte ein weit ausgeschnitte-
nes Kleid an und war noch beim Friseur gewesen. Sie
nahm sich jedes Geschenk einzeln vor, bewunderte
das Papier, las die Karte laut vor und brachte unter
vielen Ahs und Ohs aller versammelten Frauen die
reizendsten Dior-Hemdchen, Tiffany-Mützchen und
Gucci-Schühchen zum Vorschein. Die Frauen applau-
dierten, riefen: »Oh, how cute.« »Adorable.« Ich goss
mir schnell ein Glas Sekt ein. Vielleicht würde Liz ja
die Tüte mit Ferdinands Sachen ignorieren und nur
das H&M-Geschenk auspacken. H&M war nicht Gucci,
aber wenigstens neu. Aber Liz, die gute alte Liz, stellte
meinen Kleidersack zwischen ihre Beine und hob Ferdinands abgewetzte Jeans mit der gleichen Emphase in
die Höhe wie das Tiffany-Mützchen. Ich machte mich
gleich nach der Bescherung aus dem Staub.

Als Liz mich später fragte, warum ich so früh gegangen war, und ich ihr meine Nöte beichtete, sagte sie: »Oh, don't worry«, und jedes Mal, wenn ihr Sohn Jack etwas aus meinem Kleidersack trug, schwärmte sie.

Die Mädchen spielen mit Maschas Puppen, draußen rennt Ferdinand durch den Garten und kämpft gegen einen unsichtbaren Feind. Ich erzähle Liz von Alex' Aufbruch nach Manhattan. Ich beschreibe, wie ich erst mitgehen wollte, wie ich nicht wusste, wo er war, bis ich Sabines Nachricht bekam. Ich berichte von meiner Erleichterung und Ferdinands Schuldgefühlen. Es tut gut, darüber zu reden. Liz unterbricht mich nicht, nur manchmal sagt sie: »Oh, my god. That's scary.« Und als ich fertig bin, nimmt sie meine Hand und wir sitzen einfach nur da und gucken unseren Töchtern zu, die fröhlich plappern und nichts wissen und nichts verstehen. Genauso fühle ich mich auch: Ich weiß nichts, ich verstehe nichts, mein Kopf ist leer. Ich könnte ewig so im Kinderzimmer sitzen.

Nach einer Weile sagt Liz: »Wir sollten heute Abend Gin Tonics zusammen trinken. Kommt ihr rüber?«

»Ja«, antworte ich. »Gin Tonics wären super.«

Über uns donnern Düsenjäger. Wir zucken zusammen. Thomas sagt, dass man eigentlich die Stadt verlassen müsse, und ich glaube, er hat recht, auch wenn ich keine Ahnung habe, wo wir hin sollten. Nach Deutschland zurück will ich eigentlich nicht. Aber hier sind wir wohl nicht mehr sicher. Die Düsenjäger scheinen direkt über unseren Köpfen vorbeizuschießen, so laut sind die. Vielleicht haben die Flugzeuge auch so geklungen, kurz bevor sie in die Türme flogen. Ganz dicht, ganz laut. Die Bilder im Fernsehen vermischen sich, die Männer mit den Bärten, das Flugzeug, das wie ein Messer in den Südturm fährt, die implodierenden Türme, die rennenden Menschen, die schwarzen Fahnen, die über der Stadt wehen. Ich rutsche immer tiefer in das Sofa meines Kollegen. Und dann ruft Anja an.

Kristin gibt mir das Telefon.

»Hey«, sage ich.

»Hey«, sagt Anja.

»Ich habe auch schon versucht, dich anzurufen«, sage ich. Der erste Satz, gleich eine Verteidigung. Aber was denn sonst. Ich bin auf der anderen Seite des Flusses, wieder einmal. Auf der falschen Seite jetzt, vorhin, vor anderthalb Stunden war es noch die richtige. Sie hat von Sabine erfahren, dass ich bei Thomas bin. Ich erzähle ihr ein bisschen vom Keller, sie hört zu. Sie sagt mir, dass sie Ferdinand aus der Schule geholt hat. Sie sind jetzt alle zu Hause. »Gut«, sage ich. Es ist ein Gespräch auf der Oberfläche, ein Gespräch, das wir in der Öffentlichkeit führen. Die Sorgen und die Vorwürfe, die Schwüre und die Flüche werden ausgespart. Vielleicht ist es auch gut so. Man muss vorsichtig sein mit Emotionen in solchen Situationen. So fühlen sich Fußballer, die unmittelbar nach einem unglücklich verlorenen Spiel interviewt werden.

»Wann kommst du nach Hause?«, fragt Anja.

»So schnell, wie's geht«, sage ich.

»Wann ist das?«, fragt sie.

»Ich weiß nicht. Fährt denn die Subway wieder?«, frage ich.

»Keine Ahnung«, sagt Anja.

»Hör zu, ich berede mit Thomas noch, was wir als Nächstes machen und dann komme ich«, sage ich.

»Grüße alle«, sagt sie.

Dann donnert wieder ein Düsenjäger, wir zucken zusammen, die Bilder im Fernsehen, ein weiterer Müsliriegel, Kristin schreibt Mails. Es ist immer noch so hel draußen, früher Nachmittag, Spätsommer. Ein Studioexperte erwähnt den Anschlag auf das World Trade Center im Jahr 1993, und plötzlich fällt mir ein, dass ich auch damals in der Stadt war. Wahnsinn. Ich war 1993 Stipendiat an der Duke University in North Carolina. Im *Spring Break*, den Semesterferien, kamen mich Anja und Ferdinand besuchen. Ich flog für ein paar Tage nach New York, am letzten nahm ich meine Familie am Flughafen JFK in Empfang und reiste mit ihnen nach Durham weiter. Als ich mit der Subway zum Flughafen fuhr, explodierte unterm World Trade Center die Bombe. Wir haben die Bilder der Explosion auf den Bildschirmen an unserem Gate gesehen. Unser Flug hatte ewig Verspätung. Ferdinand weinte, er war ja noch so klein. Wir hatten auf dem Flug nach Durham nicht mal einen Platz für ihn. Er schlief in seinem Babysitz auf der Erde, direkt neben der Bordküche. Und als wir in North Carolina ankamen, hatten die ruppigen amerikanischen Transportarbeiter den Kinderwagen total ruiniert. Er rollte als Wrack auf dem Gepäckband an, Anja weinte, als sie den kaputten Kinderwagen sah. Ein polnischer Kommilitone holte uns mit dem Auto ab. Es war dunkel in North Carolina, mein Motelzimmer war winzig, und es gab keine Bürgersteige, auf denen Anja mit Ferdinand spazierengehen konnte. Ferdi weinte die ganze erste Nacht, und als ich ihn meinen ganzen Kommilitonen vorstellte, kotzte er Adam, einem polnischen Fernsehjournalisten, aufs Hemd. Anja bekam einen Lachanfall, mir war es peinlich. In den ersten Nächten habe ich gedacht, dass es ein Riesenfehler war, sie mit hierher zu holen, in diese Studentenwelt. All das erschien mir damals viel bedrückender als der Anschlag auf das World Trade Center, bei dem ja auch eine Menge Leute starben. Er hatte nichts mit mir zu tun. Ich habe es später mal ausgerechnet, ich bin mit der Subway genau unterm World Trade Center entlanggefahren, etwa eine Stunde, bevor die Bombe hochging.

Ich erzähle die Geschichte und merke, während ich sie erzähle, wie winzig sie ist, verglichen mit dem, was wir hier gerade erleben. Wir versuchen auszurechnen, wie viele Leute in den Häusern waren, und kommen auf 20 000, vielleicht 25 000.

»Eine Kleinstadt«, sagt Thomas.

Das ist wirklich Krieg. Wir schauen auf den Fernseher – Bärte, Flugzeuge, Experten. Es ist ein großer Fernseher.

Ich wähle die Nummer, die Sabine mir auf den Anrufbeantworter gesprochen hat. Ich kann es kaum erwarten, mit Alex zu sprechen, aber ich habe Angst, dass er jetzt ein anderer Mensch ist. Ich habe Angst, dass wir uns plötzlich fremd sind. Ich weiß ja nicht, was er erlebt hat, dort drüben. Am liebsten würde ich die Zeit zurückdrehen und ihn festhalten und nicht nach Manhattan gehen lassen. Ich denke an die Szenen, die ich im Fernsehen gesehen habe. Menschen, die vor der Wolke fliehen, sich hinter Autos verstecken, Polizisten, die Menschen stützen und ihnen Taschentücher vor den Mund halten, obwohl sie selbst fast zusammenbrechen. »They are jumping out of the window«, hat eine Frau in die Kamera geschrien. »Sie springen! Ich habe mindestens zwanzig Menschen springen sehen.«

Wir haben keine Erfahrung mit diesen Dingen, Alex nicht, und ich auch nicht.

Mein Großvater war im Zweiten Weltkrieg. Er hat ein Bein verloren und einen Finger, er war im Lazarett und in russischer Kriegsgefangenschaft. Er muss Schreckliches erlebt haben, aber er hat es immer versucht zu überspielen, ist trotz Prothese Rad gefahren und Paddelboot, hat mit meiner Schwester und mir Federball gespielt und versucht, uns mit dem ewig gleichen Trick zum Lachen zu bringen. Er hat den verbliebenen Stumpf seines Fingers an sein Nasenloch gehalten und getan, als stecke die Fingerspitze in seiner Nase. Ich fand das ungefähr so lustig wie Hänsel und Gretel.

»Hast du gesehen, wie Menschen gestorben sind? Hast du jemals einen Menschen erschossen?«, habe ich ihn oft gefragt. Sein Blick wurde dann immer ganz abwesend und er erzählte Anekdoten. Ich hakte nach, es war mir wichtig, ich wollte nicht, dass mein Opa ein Böser war. Er sagte, dass er immer nur in die Luft geschossen habe. Mein Opa ist heute ein alter Mann und lebt im Heim. Neulich hat er mich gefragt, wann

205

denn endlich der Krieg aufhört. »Es ist kein Krieg mehr, Opi«, habe ich gesagt. »Warum soll denn Krieg sein?« Er hat auf die Frauen im Rollstuhl gezeigt und die Männer mit ihren Krücken und gesagt, dass hier so viele Verletzte seien.

Wenn Alex wüsste, dass ich ihn mit meinem Opa vergleiche, würde er sofort einen Witz machen, mir vorspielen, er säße im Rollstuhl, alt, krank und hilflos und keiner kümmere sich um ihn. Er muss alles brechen – mit seinem Spott, mit seiner Ironie. Er kann im Kino hemmungslos weinen, aber wenn ihm wirklich etwas nahegeht, eine Beerdigung etwa, flüstert er mir absurde Kommentare über die Trauergäste oder die Sargträger zu, bis wir uns fast die Lippen blutig beißen, um nicht zu lachen.

Es klingelt, ich warte darauf, dass Thomas oder Kristin sich melden, und es ist mir ein bisschen unangenehm. Ich weiß nicht, was sie gerade durchmachen, da drüben in Manhattan, im Kriegsgebiet. Vielleicht packen sie schon die Sachen zusammen.

Kristin ist dran und gibt mich zum Glück gleich an Alex weiter.

»Hey«, sagt Alex leise.

»Wie geht es dir?«, frage ich.

»Ich mache so was nie wieder«, sagt er. Ich höre kein bisschen Spott in seiner Stimme. Er sagt nicht, was er mit »so was« meint, aber ich hoffe: Ich setze mein Leben nicht mehr aufs Spiel. Ich bleibe bei euch. Wir werden uns nie mehr trennen.

Das ist das, was ich hören will.

Ich drücke den Hörer an meine Wange, ich könnte

ewig so zwischen Küche und Wohnzimmer stehen und einfach seinen Atem hören. Aber Alex ist nicht alleine im Raum. Ich höre Stimmen im Hintergrund. Das wird kein langes Gespräch. Sein Kollege ist da, und in Anwesenheit von Kollegen ist Alex ein anderer Mensch, kühler und verhaltener. Wenn wir in Berlin Hand in Hand einem seiner Kollegen auf der Straße begegnen, lässt er schlagartig los und beschleunigt seinen Schritt. Auf Empfängen steht er neben mir, als wären wir uns nie zuvor begegnet. Es gibt ein Foto von unserer Hochzeit, auf dem Alex seine Hand mit seinem Hochzeitsring, den ich ihm gerade angesteckt habe, in die Kamera hält und mit der anderen Hand wischt er sich über die Augen, als würde er weinen. Ich stehe daneben und lache.

Ich lache meine Zweifel weg, meine Unsicherheit. Früher habe ich Gläser zerschmissen. Inzwischen bin ich immer mehr wie Alex' Eltern, die sich auf seinen Lesungen in die letzte Reihe setzen und sich anschließend unauffällig zurückziehen. Für Alex gibt es nichts Schöneres, als in ihr kleines Sommerhaus in Brandenburg zu fahren, auf der Hollywoodschaukel zu sitzen, über die Gartennachbarn zu reden, Würste zu grillen und auf dem Motorradrücksitz seines Schwagers Bier von der Tankstelle zu holen. Aber vor Menschen, mit denen er zusammenarbeitet, fühlt er sich beobachtet, verletzlich, angreifbar.

Das Schöne in New York ist, dass das hier alles keine Rolle spielt. Es besteht nicht im Geringsten die Gefahr, jemanden auf der Straße zu treffen, der irgendwas mit der Arbeit zu tun hat. Es gibt nur Tim und Tom von

Gegenüber, Mike und Roxy, Barbara mit ihrem großen weißen Hund, die schöne Tinna und die seltsame Phyllis Chesler.

Alex kann aus dem Bett Telefonate mit Hamburg führen. Der *Spiegel* wird in weiten Teilen Amerikas für einen Verkaufskatalog gehalten, so was wie der Otto-Versand. Wenn ab und zu ein Kollege von Alex aus Berlin zu Besuch kommt, sitzen wir stundenlang am Küchentisch oder auf der Terrasse, reden über New York, zeigen unser Viertel, gehen mit den Kindern durch den Park, auf den Markt am Grand Army Plaza, schlendern die 7th Avenue entlang, und alle, die uns hier erleben, sagen, so glücklich hätten sie uns noch nie gesehen.

In diesem Moment aber, als wir telefonieren, ist die Distanz wieder da, sein Unbehagen, Persönliches und Dienstliches so dicht beieinander zu haben.

»Ich muss jetzt aufhören. Wir müssen hier noch was besprechen. Ich bin ja bald zu Hause. Dann erzähle ich dir alles. Ja?«

Ich versuche noch, ihn zu halten, sage, dass ich Ferdinand mittags aus der Schule abgeholt habe, dass Mascha bei Elise spielt und Liz uns zu Drinks eingeladen hat. Aber Alex ist nicht mehr bei mir. Ich verliere ihn wieder.

Die Bärte in Afghanistan, die Experten im Studio, die *Anchormen* auf den Dächern, der Rauch im Hintergrund, die besorgten Gesichter, Sirenen, die Trümmer. Irgendwann kommt die Chefredaktion zu uns durch. Keine Ahnung, wie sie das machen. Den ganzen Tag über bekomme ich keine einzige Verbindung nach Deutschland, nicht zu meinen Eltern, nicht zu meinem großen Sohn, nicht zu meinen Freunden, aber die Chefredaktion des *Spiegel* kommt durch. Der Chefredakteur und sein Stellvertreter sind am Telefon. Thomas erzählt ihnen, was hier los ist. Er sagt, dass ich von oben bis unten mit Staub bedeckt war, als ich hier ankam. »Der Osang hockte im Keller.« Es gibt keine Konkurrenz mehr zwischen uns, es ist unsere gemeinsame Geschichte. Die sind dort, und wir sind hier. Das ist jetzt das Prinzip. »Wir fühlen uns hier nicht mehr sicher«, sagt Thomas. »Wir müssen irgendwohin mit den Kindern, weg aus New York.« Dann gibt er mir das Telefon. Ich höre die Stimmen der beiden Chefredakteure gleichzeitig. Machen Sie sich mal keine Sorgen, sagen die Stimmen. Das geht nicht so weiter. Das wird jetzt kein Krieg. Das ist vorbei.

Ich stelle mir vor, wie sie in einem der beiden Chefbüros in der zwölften Etage des *Spiegel*-Hochhauses sitzen, hinter ihnen die Speicherstadt, Wasser, der Abendhimmel in Hamburg. Sie fragen, was ich denn da im Keller gemacht habe. Ich erzähle die Geschichte.

»Wunderbar!«, ruft der Chefredakteur. »Schreiben Sie das alles auf.«

»Wir ziehen das Heft vor«, sagt sein Stellvertreter.

»Nehmen Sie sich so viel Platz, wie Sie brauchen«, sagt der Chefredakteur.

Es ist natürlich aberwitzig und ich verstehe das auch so, bin aber trotzdem stolz jetzt. Ich habe den beiden Männern vor zwei Jahren in einer winzigen Hamburger

Kneipe gegenübergesessen. Es roch nach Zigaretten-qualm und nach Bratwürsten, und wir sprachen über einen Reportervertrag für Amerika. Es war alles ziemlich kompliziert. Ursprünglich wollte ich für den *Stern* nach New York gehen, aber dann bot mir das auch der *Spiegel* an. Sie gründeten ein neues Magazin, das *Spiegel-Reporter* heißen würde. Es sollte, wie fast alle deutschen Magazin-neugründungen, eine Mischung aus *New Yorker* und *Vanity Fair* werden. Reportagen, Kurzgeschichten, Kolum-nen, Cartoons, Interviews. Es sollte von einem Mann geleitet werden, dem ich vertraute und der fast all die Kol-legen dort versammeln wollte, die ich gern las. Besser ging's eigentlich nicht. Allerdings hatte ich beim *Stern* bereits unterschrieben. All die Jahre hatte ich auf ein Ange-bot für New York gewartet und jetzt bekam ich gleich zwei auf einmal. Wir saßen also ziemlich konspirativ in der Brat-wurstkneipe.

Irgendwann fragte mich der Chefredakteur: »Kennen Sie sich denn so ein bisschen in Amerika aus? Können Sie überhaupt Englisch?«

Ich habe ihm von meinem Studienaufenthalt in North Carolina erzählt, von den vielen Reisen, die ich bis da-hin schon durch Amerika gemacht hatte, von einem Crashkurs auf der *Berlitz School* und auch von meinem siebenjährigen Englischunterricht in der DDR. Ich habe nichts von meinem Traumland Amerika erzählt, das ich mir als Kind zusammengereimt habe, dem Land von Huckleberry Finn, Harry Angstrom, Holden Caulfield, John Yossarian, Dean Moriarty und Philip Marlowe. Ich erzählte nicht, wie sehr ich dieses Land liebe, ich sagte nicht, dass meine erste Westreise nach dem Mauerfall nach Amerika ging und meine Hochzeitsreise auch. Ich wollte nicht naiv wirken und nicht zu *desperate*, nicht wie ein Risiko, sondern so berechenbar und kaltblütig, wie ich mir einen *Spiegel*-Reporter vorstellte. Ich habe oft an die Frage gedacht, die mir mein Chefredakteur in der Bratwurstkneipe stellte. Können Sie überhaupt Englisch? Für ihn war ich ein Ostler, der nach New York wollte. Er war dabei, die Katze im Sack zu kaufen. Er wollte mich haben, weil ihm gesagt worden war, ich sei ein interessanter Mann. Und sicher wollte er mich haben, weil der *Stern* mich haben wollte. Meine erste amerikanische Geschichte für den *Spiegel* war ein Porträt über Joschka Fischer als Läufer beim New York Marathon. Danach hat mich der Chefredakteur in unserem Büro in Manhattan angerufen und gesagt: »Allein dafür hat es sich gelohnt, Sie einzustellen.« Ich hatte den Eindruck, dass er das mehr zu sich sagte als zu mir.

Das ist jetzt vorbei, denke ich. Ich erzähle ihm meine Geschichte. Der Chefredakteur hängt an meinen Lippen. Ich habe es über den Fluss geschafft. Ich bin eine gute Investition. Ich kann Englisch.

Ich lege auf, ich sehe fern, ich rede mit Thomas über die Geschichten, die wir schreiben werden, ich sitze auf dem Sofa. Ich habe jede Vorstellung von der Zeit verloren, aber es ist immer noch hell. Irgendwann findet Kristin im Internet heraus, dass die Subways wieder fahren. Ich kann jetzt gehen.

Ich umarme Kristin zum Abschied und schließlich auch Thomas. An diesem Nachmittag holt er mich zurück in diese Welt, und das vergesse ich ihm nie. Er ist jetzt mein Freund. Ich laufe in seinen Jeans zurück in die Stadt.

Ich versuche, in Berlin anzurufen. Ich komme nicht durch. Nicht bei meiner Mutter, nicht bei meiner Schwester, nicht bei Alex' Eltern. Die Leitungen nach Europa seien gestört, sagen sie im Fernsehen. Nur meine Freundin Ariane aus Berlin schafft es irgendwie, nach Brooklyn durchzukommen.

Sie ist überrascht, meine Stimme zu hören, und fragt vorsichtig, wie es mir geht.

»Gut«, sage ich.

»Gut?«, fragt sie.

»Ja, ganz gut«, sage ich und gebe ihr einen kurzen Abriss meines Tages.

»Wir haben seit dem Nachmittag den Fernseher an und sind hier alle total hysterisch und du bist so ruhig.«

»Du weißt doch, wie es ist«, sage ich. »Ich bin mit den Kindern zu Hause. Mascha versteht überhaupt nicht, was los ist.«

»Und Ferdi?«, fragt sie.

»Ferdi denkt, dass er Schuld hat, weil er gespielt hat, wie Flugzeuge in seine Lego-Türme fliegen.«

»Oh Gott, der Arme«, sagt Ariane. Sie mag Ferdinand. Der Sohn ihrer Schwester ist im gleichen Alter wie er. Als Ariane in New York war, hat sie mit Ferdinand im Garten Fußball gespielt, ist mit ihm am Strand von Coney Island auf Felsen geklettert und hat ihm das Frisbeespielen beigebracht. Ariane ist die coole Freundin unserer Familie, eine, mit der man Pferde stehlen kann.

Ich habe sie in der Lokalredaktion der *Welt* kennengelernt, Mitte der 90er Jahre. Sie kommt aus Hamburg, ihr Vater ist früh gestorben, sie hat eine Schwester, während ihres Studiums war sie drei Monate in Russland. Sie hat bei der *Welt* angefangen, obwohl ihr die *taz* näher war. Wir sind uns ähnlich, aber wir sind auch ganz verschieden. Als wir uns kennenlernten, war Ariane Volontärin, lebte in einer WG, hatte eine lose Beziehung zu einem kiffenden Jurastudenten und schon die halbe Welt bereist. Kinder kamen für sie noch lange nicht in Frage.

Ich dagegen war schon ein paar Jahre lang Redakteurin, hatte eine Scheidung hinter mir, lebte in einer festen Beziehung, hatte ein Kind, wollte ein zweites und meine weiteste Reise unternahm ich zu einem Ferienhaus mit Pool in Florida. Familienurlaub.

Arianes Leben kam mir vor wie ein Gegenentwurf zu meinem. Und ich dachte manchmal darüber nach, wie mein Leben verlaufen wäre, wenn ich im Westen aufgewachsen wäre wie Ariane. Es wäre langsamer gewesen, ich hätte nicht gleich studiert und geheiratet, ich hätte länger zu Hause bei meiner Mutter gewohnt, wäre später erwachsen geworden. Und damals bei der *Welt* hätte ich jeden Abend mit meinen Kollegen ausgehen und am nächsten Morgen ausschlafen können, anstatt nach Hause zu meiner Familie zu gehen.

Manchmal fand ich die Vorstellung reizvoll, manchmal nicht. Und ich glaube, Ariane ging es genauso. Sie schaute auf mein Leben mit der gleichen neidlosen Neugierde wie ich auf ihres und wir dachten über die gleichen Fragen nach, über die großen Fragen des Lebens: Wie lebe ich? Warum lebe ich so? Wäre ich glücklicher, wenn ich ein anderes Leben hätte?

Wir schreiben uns Mails, wir telefonieren, sie freut

sich mit mir über jeden kleinen Schritt, der uns das Ankommen erleichtert. Sie hält mich über Berlin und ihr Leben dort auf dem Laufenden. Sie ist auch nicht mehr bei der *Welt*, sondern beim *Tagesspiegel*. Dort steht sie jetzt, in der Potsdamer Straße, das Telefon in der Hand, den Fernseher vor Augen. Genau wie ich. Sie ist aufgeregt. Ich bin ruhig. Es müsste andersherum sein. Oder gerade nicht. Ariane kriegt dort in Berlin wahrscheinlich mehr mit als ich, sie liest Agenturmeldungen und sieht Sondersendungen. Und immer wieder die brennende Stadt.

Im Fernsehen bekommt man den Eindruck, als stehe nicht nur Downtown Manhattan in Flammen, sondern auch der Rest von New York. Dabei ist hier in Brooklyn nur der Himmel dunkler. Und stiller ist es, weil der Flugverkehr eingestellt ist. Es ist fast unheimlich, wie normal alles ist.

Ich würde mich gerne der Situation angemessen verhalten, ein bisschen aufgeregter klingen. Aber ich weiß ja nicht mal, was angemessen heißt. Niemand scheint das zu wissen. Debbie verschanzt sich in ihrer Wohnung. Liz hat Angst vor Partikeln in der Luft. Kate und Terry sind mit Freunden in den Park gegangen, um nicht länger vorm Fernseher sitzen zu müssen. Phyllis Chesler redet von Krieg. Eine Mutter aus Maschas Kindergarten hat mir erzählt, wie sie Koffer packte, um mit ihrer Familie aus der Stadt zu fliehen. Als sie fertig war, die Koffer gepackt und das Auto beladen, ging sie zurück ins Haus, weil sie ihren Plan auf einmal unsinnig fand. Unser Freund Richard, der als Anwalt in Downtown arbeitet und wie Alex in die Aschewolke geriet, sitzt in seinem Wohnzimmer und kippt sich *Tequi-la-Shots* in den Rachen, bis er das Gefühl hat, stark genug zu sein, um seinen Sohn Teddy, Ferdis besten Klassenkameraden, aus der Schule abzuholen. Teddy ist eines der letzten Kinder in der Schule. Er sieht in den Gesichtern der Lehrer, dass etwas passiert, etwas Großes, etwas Ungeheuerliches. Er weiß noch nicht was. Aber er freut sich, dass endlich mal was los ist in seinem Leben.

Im Internet beschreibt Else Buschheuer in ihrem *Blog*, wie sie vom Einschlag des zweiten Flugzeuges wach geworden ist – was sie nun macht, was sie denkt. Sie holt sich einen Bagel und eine Flasche Wasser, sie hört Leute schreien, sie kotzt, sie holt ihre Wäsche ab, sie überlegt, ob sie evakuiert wird. Else Buschheuer wohnt in Downtown Manhattan, ich kenne sie nicht persönlich, aber es beruhigt mich, dass nicht weit von mir eine Frau lebt, die meine Sprache spricht und auch nicht weiß, wie es weitergeht.

Mein Verhältnis zu New York war immer stark durch meine hohen Erwartungen belastet. Als die Mauer fiel und ich zum ersten Mal den Westteil meiner Heimatstadt besuchte, war ich ziemlich enttäuscht. Ich hatte auf der anderen Seite so etwas wie das New York aus meinen Büchern und Filmen erwartet, und dann war da Westberlin. Verkehrsberuhigte Zonen, kleine Geschäfte, Eckkneipen, Sechzigerjahrehäuser mit winzigen Fenstern und weniger Staub als im Osten. Ich bin dann relativ schnell nach Amerika gefahren, um zu sehen, ob ich mir das alles nur eingebildet hatte. Ich war zusammen mit fünf anderen ostdeutschen Journalisten von der US-Regierung zu einer Rundreise eingeladen worden. Wir kamen in Washington an, was sicher ein Fehler war. Washington sah aus wie eine osteuropäische Metropole, all die großen, flachen Verwaltungsblöcke, in denen die wichtigen Männer mit den hochgezogenen Hosen saßen, Parkanlagen, Museen und ein kleines Viertel namens Georgetown, auf das sie so unglaublich stolz waren wie die Ostberliner auf die Kollwitzstraße. Wir fuhren dann weiter nach Virginia und North Carolina und Minnesota, das wirkte alles ziemlich ungemütlich, provisorisch und planlos, Häuser, die zufällig am Straßenrand verteilt worden waren, keine richtigen Zentren, viel Gerümpel, kein Charakter. Die meisten Städte sahen aus, als könnten sie ohne großen Aufwand in 24 Stunden eingepackt und abtransportiert werden. Wir waren in San Francisco, das sehr hübsch war, aber eben hübsch, viele Pastellfarben, eine kleine Straßenbahn und Ausflugsdampfer nach Alcatraz.

Erst in New York fand ich das, was ich hinter der Mauer vermutet hatte. Eine Energie, die mich nicht schlafen ließ. Wir waren nur drei Tage da, und ich lief alle drei Tage durch die Straßen und die Nächte auch. In der ersten Zeit nach dem Mauerfall hatte ich nie Angst, dass sie die Tore wieder zumachen könnten, aber hier, im Sommer 1990 in New York, fürchtete ich, dass ich die Stadt nie wiedersehen würde. Ich fühlte mich unfassbar frei, so weit weg von meiner verspannten Heimat wie noch nie. Ich krallte mich in dem Gefühl fest. Dann fuhr unsere Reisegruppe weiter nach Boston, ich ging ins Hotel, legte mich ins Bett und schlief zwanzig Stunden, während sich die anderen ostdeutschen Delegierten Cambridge anguckten und Hintergrundgespräche mit irgendwelchen Politikwissenschaftlern führten.

New York war die einzige Stadt in der Welt, die mit meinen Erwartungen mithalten konnte, und ich wollte hier irgendwann leben. Dann, neun Jahre später, klappte es. Ich bekam einen Job in New York, ich bezog ein Haus in einem Viertel in Brooklyn, wo auch Paul Auster wohnte und Steve Buscemi, ich fuhr morgens mit der Subway über den East River nach Manhattan, mit im Zug saß die ganze Welt – Chinesen, orthodoxe Juden, Muslime, Russen, Lateinamerikaner –, ich fuhr bis zum Times Square, lief durch die wimmelnden Menschen zu meinem Büro in der Fifth Avenue, ich schlängelte mich wie die anderen zu meinen Zielen, niemand stand sich hier im Weg wie in Deutschland, wie kleine Teilchen, die einander abstoßen, flossen die Passanten über die *Sidewalks*. Ich fuhr mit Fahrstühlen schweigend in den Himmel Manhattans, ich redete mit dem Bürgermeister und dem *Police Commissioner*, ich sah Al Pacino auf einer Studentenbühne, Philip Seymour Hoffman am Broadway und Meryl Streep, John Goodman und Kevin Kline in der *Möwe* im Central Park, ich besuchte *Yankees* und *Mets Games,* badete im Sommer am Rockaway Beach, reiste im Herbst zum *Indian Summer* nach New Hampshire und im Winter zum Skilaufen nach Vermont. Ich fuhr ein Auto mit einem New Yorker Nummernschild, ich hatte Visitenkarten mit einer New Yorker Adresse, ich hatte eine New Yorker Telefonnummer, einen New Yorker Kabelanschluss, einen New Yorker Mietvertrag und das Mitgliedskärtchen einer New Yorker

Videothek, aber ich hatte noch nicht das Gefühl, hier wirklich angekommen zu sein, dazuzugehören. Ich habe immer gedacht, eine Stadt wie New York kann man nicht einfach beziehen, man muss sie erobern. Ich glaube, ich habe mir einfach ein bisschen zu viel vorgenommen.

Ich laufe die 12th Street bis zur Fifth Avenue und dann nach unten in Richtung Washington Square, um eine Bahn nach Brooklyn zu bekommen, und ich habe das seltsame Gefühl, zum ersten Mal wirklich in die Stadt hineinzulaufen. Ich habe diesen Tag mit all den Leuten erlebt, die hier geboren wurden und aufwuchsen. Ich bin jetzt einer von ihnen. Es ist auch meine Stadt. Ich muss nichts erobern, es genügt schon, hier zu sein. Ich bin müde, aber entspannt. Ich gehe nach Hause. Ich bin ein New Yorker.

Die Leute in der Subway sind langsamer und stiller als sonst, aber die rasselnde Stimme an den Stationen ist dieselbe. *Stand clear of the closing doors, please.* Die Bahn fährt nicht über die Brücke wie sonst, sie fährt durch den Tunnel, kein Blick zurück auf die rauchende Stadt. Unter dem East River stoppt der Zug, er ruckelt ein bisschen und bleibt dann stehen. Das passiert jeden Tag in New York, Züge bleiben auf offener Strecke stehen, weil sie auf irgendetwas warten müssen, meistens aufeinander. Es gibt hier keinen Fahrplan wie in Berlin. Sie schicken einfach eine bestimmte Anzahl Züge los und gucken, was passiert, nehme ich an. Alles schaukelt sich von allein zurecht. Man stellt sich auf den Bahnsteig und wartet auf die U-Bahn. Irgendwann kommt eine, irgendwann fährt der Zug weiter. Kein Grund zur Sorge. Bis jetzt. Die Leute im Waggon schauen auf, sie schauen sich an, und da ist etwas Fragendes in ihren Blicken, das mir neu ist. Geht es weiter? Ist das wirklich nur ein normaler Stopp? Seit heute gibt es Antworten, die niemand für möglich gehalten hat. Ich habe keine Angst, noch nicht.

Es ging alles zu schnell. Es ist noch nicht da, noch nicht wirklich in meinem Kopf angekommen. Ich schaue relativ gelassen in die fragenden Augen der Menschen in meinem Waggon und warte, dass es weitergeht. Bevor wir hierher zogen, habe ich in irgendeinem New York-Ratgeberbüchlein gelesen, dass man direkten Blickkontakt mit den Bürgern der Stadt vermeiden soll. Am Anfang habe ich mich wirklich danach gerichtet. Es war nicht einfach, weil ich gern Leute anschaue, Anja sagt, ich starre. Ich habe jedenfalls krampfhaft keine Leute angeschaut in den ersten Wochen, bis ich davon überzeugt war, dass meine Art wegzuschauen ein viel größeres Ärgernis darstellte. Seitdem schaue ich Leute an. Bisher ist mir nichts passiert.

Ich habe den Fernseher ausgemacht. Es sieht fast so aus, als würde heute kein Flugzeug mehr kommen, kein Haus mehr einstürzen, kein Krieg beginnen. Tinna denkt sogar darüber nach, die Kindergeburtstagsfeier für ihren Sohn morgen Nachmittag doch nicht abzublasen. Paolo wird sieben. Vor einer Woche hat sie Einladungen verschickt. Heute Abend wollte sie Kuchen backen und *goodie bags* füllen.

»Was meinst du, kann man nach so einem Tag Kindergeburtstag feiern?«, fragt sie mich.

Ich sage ihr, was sie in Ferdinands Schule gesagt haben, dass es für die Kinder das Beste sei, wenn das Leben so normal wie möglich ist. Dabei fällt mir ein, dass ich noch gar kein Geschenk für Paolo habe. Er wünscht sich ein *Bionicle*, eine von diesen neuen Lego-Figuren, mit Reißzähnen und Leuchtaugen, die wie Aliens aussehen und in runden Büchsen stecken. Ich wollte es heute kaufen, im Spielzeugladen in der 7th Avenue, auf dem Rückweg von Ferdinands Schule, aber ich habe Paolos Geschenk aus den Augen verloren wie so viele Dinge an diesem Tag. Und ich kann mir nicht vorstellen, dass der Spielzeugladen jetzt noch aufhat, dass Leute losgehen, um Puppenstuben, Plüschbären und Plastikkrieger zu kaufen.

Ferdinand schlägt das Internet vor, die Lego-Webseite. Er holt einen Stuhl und setzt sich neben mich in mein kleines Arbeitszimmer auf der Kinderetage, das unser Gästezimmer war, bis es mir in der Kammer neben Alex' Büro zu eng wurde. Wir warten, bis sich der Computer ins Internet eingewählt hat. Es ist eine Nummer aus Brooklyn, sie funktioniert. Langsam baut sich die Legoseite auf mit ihren bunten, kurzbeinigen Männchen. Ferdinand tippt mit dem Finger auf den Bildschirm, dahin, wo das Zeichen für die Bionicles ist, und die freundlichen kurzbeinigen Männchen weichen gruselig aussehenden Kriegern mit Insektenbeinen. Es gibt Gute und Böse, Paolo will einen Bösen, sagt mein Sohn. Ich drücke die Bestelltaste, gebe meine Adresse und Mastercardnummer ein, klicke bei Lieferoptionen auf »Overnight-Express« und gehe dann zu AOL, um auf die Bestätigungsmail zu warten.

Ich habe neun neue Mails. Die erste ist vom Chefredakteur der *Mitteldeutschen Zeitung* in Halle, der mir
noch nie geschrieben hat. Er fragt mich, ob es mir gut-
gehe »angesichts der schrecklichen Ereignisse in New
York und Washington« und »falls das so ist: Könnten
Sie uns etwas schreiben?« Annette, die Frau von Alex'
Kollegen Jan, erkundigt sich aus White Plains: »Ihr
Lieben, seid ihr ok? Wir sind völlig fertig, es ist grauen-
haft. Wir haben uns Sorgen um Alexander gemacht
und hörten dann, dass er zu Hause geblieben ist. Wie
gut.«

Corinna, eine Freundin aus Berlin, die im Reisebüro
arbeitet und immer für uns die Flüge nach Deutschland
bucht, hofft, dass wir »wohlauf« seien. »Da ist einem
schon unwohl zu wissen, dass ihr so nah dran seid.
Die Leute hier sind alle sehr betroffen.« Dagmar, die
Chefsekretärin der *Berliner Zeitung*, bittet mich, ihr zu
schreiben, ob alles in Ordnung sei und ob sie irgendwas
für uns tun könne. Ralf, ein ehemaliger Kollege von der
Welt, fragt mich, wie es mir geht. Thomas vom *Magazin*
der *Berliner Zeitung* schreibt, wir könnten uns sicher
vorstellen, welchen Schrecken die Bilder bei ihnen in
Berlin ausgelöst haben und bittet Alexander, sich zu
melden, »auch wegen der Kolumne am Wochenende«.
Die längste Mail kommt von Ricarda und Ralf aus Mittenwalde. Mittenwalde ist ein Dorf in Brandenburg.
Ralf ist dort seit Kurzem Pfarrer, er will die schöne alte
Kirche sanieren und die Gemeinde neu aufbauen. Gestern haben Ricarda und ich noch lange miteinander
telefoniert. Heute schreibt sie: »Wir sind entsetzt und
total geschockt. Unsere Gedanken sind bei euch und

den Kindern. Wir hoffen innigst, dass es euch gutgeht.«
Ralf versuche gerade, »das Unfassbare in Worte zu fassen, für einen Trauergottesdienst in der Kirche«. Ihre Kinder seien auch ganz durcheinander. »Immanuel will immerzu wissen, was Ferdi gerade macht.«

Es rührt mich, dass so viele Menschen an mich denken, aber ich schäme mich auch ein bisschen für meinen unspektakulären Tag. Ich bin nicht gestorben, ich bin nicht verletzt, ich bin nicht mal eingestaubt wie mein Mann. Else Buschheuer musste wenigstens kotzen. Und ich? Bestelle einen Plastikkrieger für 26.48 Dollar im Internet.

Ich scrolle weiter durch die Mails, in der Hoffnung, eine Nachricht von der *Zeit* zu finden. Aber die letzte *Zeit*-Mail ist von heute Morgen, da war noch alles in Ordnung, da waren die USA noch das Land, in dem literarische Wunderkinder geboren werden, und nicht eine Nation im Ausnahmezustand. Dave Eggers ist klein geworden im Laufe dieses Tages, unbedeutend, eine Randmeldung, und mein Text Altpapier. Ich habe viele Jahre in der Redaktion von Tageszeitungen gearbeitet, ich weiß, dass kein Mensch zwei Tage nach den Terroranschlägen ein Porträt über die verrückten Einfälle eines jungen aufstrebenden amerikanischen Schriftstellers lesen will. Wenn mein Text mitkommt, dann nur, weil es zu spät war, ihn rauszuschmeißen.

Ich sehe schon, wie die Redakteure am Donnerstag in der großen Konferenz sitzen, das Magazin in der Hand mit Dave Eggers auf dem Titel, wie sie meinen Text stirnrunzelnd überblättern und über die anderen reden, die Geschichten, die man jetzt unbedingt aus

Amerika erzählen muss. Vielleicht rufen sie mich an und fragen, ob ich etwas erlebt habe, ob ich in Manhattan war. Und ich sage: »Nein, tut mir leid, mein Mann ist nach Manhattan gefahren, ich bin bei den Kindern in Brooklyn geblieben. Ich habe ferngesehen wie Sie und ich habe versucht, einen Hampelmann zusammenzubasteln.«

Ich verfasse ein paar kurze Mails. Lebenszeichen. Annette lasse ich wissen, dass es uns gutgeht, »auch wenn Alex natürlich nicht zu Hause geblieben ist«. Sie antwortet prompt und fragt, ob wir zu ihnen nach White Plains kommen wollen. An Ricarda schreibe ich, dass hier bei uns Asche vom Himmel fällt, dass Alex nach Manhattan gelaufen ist, als er noch dachte, es handele sich um einen Flugzeugabsturz. »Er ist jetzt bei Freunden in Manhattan, die Kinder spielen. Danke, dass ihr euch sorgt. Die *Twin Towers* waren Ferdis Lieblingsgebäude in Manhattan, wir konnten sie von unserem Dach aus sehen.«

Ich steige Jay Street aus der Subway, ich stehe zwischen den Brücken, der Himmel ist blau, ein Nachmittagsblau, in dem die graue Wolke ausläuft wie Wischwasser. Ich laufe nach Brooklyn Heights weiter und komme mir sehr langsam vor, verglichen mit dem rennenden Mann, der hier heute Vormittag ankam. Sechs Stunden ist das jetzt her oder fünf oder sieben. Ich habe jedenfalls keinen Strafzettel bekommen, obwohl mein Auto, wie ich erst jetzt sehe, mit einem seiner fetten Geländewagenreifen auf dem Bürgersteig steht. Es ist unglaublich friedlich hier in dieser schattigen kleinen Straße von Brooklyn Heights. Kein Zeichen der Katastrophe, nichts. Lange Schatten fallen auf den Bürgersteig. Hier kann man eine Weltkatastrophe komplett verschlafen. Ich sehe mich in der Fensterscheibe des kleinen Lebensmittelladens, und dahinter den Mann an der Kasse, der vor dem Zigarettenregal steht, und auch die gelben und roten und weißen und grünen Rücken der Schachteln. Ich glaube, ich rauche jetzt eine. Ich habe vor vier Jahren aufgehört, während einer Rerchereise durch Polen. Ich habe Lech Wałęsa von einer Wahlkampfveranstaltung zur nächsten verfolgt, eines Morgens hatte ich meine Zigaretten im Hotel vergessen und habe einfach keine neuen gekauft. Ich habe in Polen, wo jeder rauchte, aufgehört und fange in New York, wo niemand raucht, wieder an. Ich laufe jetzt, ich bereite mich auf den Marathon vor, aber wer weiß, ob es jemals wieder einen New York Marathon gibt. Dies ist der perfekte Moment für eine Zigarette, ich werde rote Marlboros kaufen, wenn schon, denn schon. Ich betrete den Laden, hole mir eine Flasche Wasser und bringe sie zu dem Mann an der Kasse – ein Inder, schätze ich, oder ein Pakistani.

»Ist das alles?«, fragt er.

»Nein«, sage ich und schaue auf das Regal in seinem Rücken. Dann nehme ich schnell einen grünen Apfel aus dem Obstkorb und lege ihn auf den Tresen. Ich glaube, es beginnt doch kein neues Leben. Es geht weiter wie bisher. Und in diesem Leben will ich eigentlich nicht mehr rauchen. Ich will den Marathon laufen.

Ich gehe mit meinem Apfel und der Wasserflasche

noch einmal zur Brooklyn Heights Promenade, um hinüber auf die Insel zu schauen. Ich will Abschied nehmen von dem Tag, denke ich, aber wahrscheinlich suche ich nur ein Schlussbild für meine Reportage. Es fällt mir schwer, mich von Dingen zu trennen. Ich weiß nie, wann ich wirklich Schluss machen muss. Nicht in meinen Texten und nicht in meinem Leben, ich möchte immer noch ein klein bisschen weiter, um die nächste Ecke, nur noch fünf Minuten, diesen einen Satz, dann ist Schluss.

Ich stehe auf der Promenade wie auf einer Beerdigung. Fünfzig Leute sind da, vielleicht hundert, einige haben Videokameras dabei und Fotoapparate, die sie über den Fluss richten. Die Stimmung ist nicht touristisch und auch nicht voyeuristisch, alle reden leise, gedämpft. Die Skyline sieht ganz gewöhnlich aus auf einmal. So wie die Skyline von Oklahoma City oder Pittsburgh oder Boston. Das Besondere ist weg, der Stolz, das Großmäulige, das Einmalige. Wer immer das geplant hat, hatte einen Sinn für Symbolik. Sie haben New York in die Fresse geschlagen. Die Türme fehlen wie zwei Frontzähne, denke ich und schreibe es auch gleich in meinen Block.

»Die Insel raucht wie eine alte, zahnlose Frau«, schreibe ich.

Ferdinand sagt, Derek solle zu ihm kommen. Es ist keine Frage. Es ist eine Aufforderung. Er hat die Nase voll von diesem Tag. Erst muss er mittags den Unterricht verlassen, heute, wo sie ausnahmsweise mal Computerspiele machen können. Dann sage ich ihm, dass die *Twin Towers* eingestürzt sind, seine Lieblingstürme. Und nun wartet er den ganzen Nachmittag darauf, dass eines der Nachbarkinder sich mal im *Backyard* sehen lässt, aber der Einzige, der kurz an unserer Schaukel vorbeigeschaut hat, war der kleine Robert von gegenüber, der noch nichts begreift.

Ich verstehe Ferdinand. Normalerweise würde an einem warmen, schulfreien Nachmittag wie diesem Debbies Sohn zu uns kommen und mit Ferdinand im Garten spielen. Und später würde Debbie ihn abholen und wir würden zusammen kochen und auf der Terrasse sitzen.

Aber Debbie setzt heute keinen Fuß mehr vor die Tür, und nie im Leben wird sie Derek zu uns lassen, sie lässt ihn ja nicht mal an normalen Tagen bei uns übernachten, weil sie denkt, er könne Heimweh bekommen oder von unserem Kater angegriffen werden.

Ich möchte Ferdinand auch nicht gehen lassen, nicht heute. Ich will ihn bei mir behalten, ihn trösten, wenn er noch einmal sagen sollte, dass er die Türme hat einstürzen lassen.

Ferdinand sagt, wenn Derek nicht zu ihm kommen wolle, könne er ja zu Derek gehen.

»Nee, Ferdi, nicht heute«, sage ich.

»Aber ich weiß nicht, was ich machen soll. Mir ist langweilig«, sagt er.

Ich lege die Arme um ihn und erkläre, dass Papa bald wiederkommen wird und dass er ihn doch heute bestimmt sehen möchte. Er reißt sich los, geht in sein Zimmer, ich höre ihn auf der anderen Seite der Wand schluchzen. Nicht das noch. Nicht weinen. Bitte nicht.

Ich nehme das Telefon in die Hand und wähle Debbies Nummer.

Debbie redet gleich los. Dass sie auch gerade anrufen wollte, dass sie die ganze Zeit versucht hat, ihre Mutter in Florida zu erreichen, aber nicht durchkommt, dass sie gerade mit ihrer Cousine telefoniert hat, dass alle okay sind, nur Lisa, ihre Schwester, sei ziemlich fertig. Sie hat im Weinladen den ganzen Tag Wasser an Leute verteilt, die aus Manhattan zurück nach Brooklyn gelaufen kamen, Menschen, die aussahen wie Gespenster.

Mich überrascht, dass der Weinladen überhaupt noch aufhat.

»Oh ja«, sagt Debbie. »An Tagen wie diesen trinken die Leute viel.« Sie habe sich auch gerade das erste Glas des Tages eingeschenkt, sie lacht, und ich muss daran denken, dass wir eigentlich heute Abend anstoßen wollten, auf Martys Sieg. Bald würden die Wahllokale schließen und dann die Auszählung beginnen. Und morgen hätte Debbie vielleicht einen neuen Job.

»Bist du enttäuscht?«, frage ich.

»Nein, nein«, versichert Debbie und wechselt schnell das Thema, fragt nach Alex und nach den Kindern. Als Debbie hört, dass Ferdinand zu Derek kommen will, holt sie zu einer längeren Analyse der derzeitigen Lage aus, erklärt mir, dass in den letzten zwei Stunden nichts mehr passiert sei, dass man jetzt mal abwarten müsse, wie Bush reagiere, aber momentan sehe es eher nicht nach Krieg aus. Ferdinand ist zu mir gekommen. Er wartet direkt neben mir. Er hofft. Ich fühle mich wie ein Versager, weil ich es nicht schaffe, dem Trotzanfall eines Achtjährigen zu widerstehen.

Debbie schlägt vor, dass Ferdinand dann gleich bei
Derek schlafen könne, was bei mir die üblichen Ab-
wehrreflexe auslöst, weil ich genau weiß, wie der
Abend verlaufen wird: vor dem Abendbrot Computer
spielen und nach dem Abendbrot ein Video sehen.
Aber ich sage nur: »Okay!« Und dann rede ich mir ein,
dass Dereks Abendprogramm jetzt wahrscheinlich genau das Richtige für Ferdinand ist.

Zehn Minuten später klingelt es an meiner Tür. Ein
kleiner dünner Mann mit langen schwarzen Haaren,
schwarzer Lederjacke und schwarzer Jeans huscht an
mir vorbei in die Diele. Es ist Walter, Debbies Mann,
der Ferdinand abholen soll. Walter sieht noch blasser
aus als sonst, und er redet noch weniger. Ich frage ihn,
ob er kurz reinkommen will. Er setzt einen Schritt in
Richtung Wohnzimmer, dann noch einen, kurz vor
der Tür bleibt er stehen. Wahrscheinlich hat Debbie
ihm gesagt, er solle sofort wieder nach Hause kommen.
Walter führt Debbies Anweisungen immer gewissenhaft aus. Die Beziehung ist mir ein Rätsel. Sie haben
sich in der U-Bahn kennengelernt. Debbie war Anfang
40 und hatte gerade beschlossen, ihr ruheloses Leben
als Musikagentin zugunsten eines Kindes aufzugeben,
sie brauchte nur noch einen Mann, und da sah sie Walter im *Q-Train*. Walter lächelte. Sie heirateten, bekamen ein Baby, Walter zog bei Debbie in Brooklyn ein.

Debbie redet viel, Walter wenig. Debbie sagt immer,
dass das an Walters Arbeit liegt. Walter ist Dekorateur
bei Macy's in Brooklyn. Er baut Feiertagsdekorationen
auf – und wieder ab. Valentinstag, Ostern, Halloween,
Thanksgiving, Weihnachten. Herzen, Osterhasen, Mas-

ken, Kürbisse, Schneeflocken. Immer wieder das Gleiche. Jahr für Jahr. Und nur eine Woche Urlaub im Jahr.

Gerade ist Halloween in den Schaufenstern, dahinter werden die Kulissen für Weihnachten vorbereitet.

Ferdinand kommt die Treppe heruntergerannt, mit seinem Rucksack auf dem Rücken. »Hast du deine Zahnbürste?«, frage ich. »Deinen Schlafanzug?« Er nickt. Ich knie mich zu ihm nieder, zupfe an ihm herum und sage ihm, dass wir ihn anrufen, wenn Papa da sei und wenn er es sich anders überlege, könne er einfach Bescheid sagen und wir würden ihn wieder abholen.

»Mach dir keine Sorgen, Mama«, sagt er und hüpft fröhlich neben Walter die Treppe hinunter, unsere kleine Straße entlang, an den Häusern unserer Nachbarn und der Privatschule vorbei, ich sehe noch, wie sie über die Ampel gehen. In Höhe der Kirche an der Ecke 6th Avenue verschwinden sie aus meinem Blick.

Im Autoradio reden sie, berichten, staunen, trauern und analysieren, zwischendurch läuft Klassik, nur eine Station wagt sich, Pop zu spielen. Der Song heißt *Superman*, er läuft schon seit ein paar Wochen auf den Popkanälen, aber nun, während ich durch die Brownstonehäuserstraßen von Brooklyn rolle, begreife ich, dass er genau für diesen Tag geschrieben wurde. Er passt jetzt. Die Nachmittagssonne färbt die Steine orangerot, *I'm only a man, in a funny red sheet*, singt die Band. Und sie singt: *Men weren't meant to fly with clouds between their knees.* Mehr muss man nicht sagen. Ich könnte ewig zuhören, denn hier geht's um mich. Der Song wird ein Hit werden in Amerika, weil überall Männer in Geländewagen durch die Gegend fahren, die verstehen, dass sie die Dinge nicht mehr im Griff haben. Wir versuchen es ja. Ich will ja alles richtig machen. Aber es ist nicht einfach.

It's not easy to be me, wenigstens bekomme ich einen wunderbaren Parkplatz, direkt in unserem Block. Carroll Street, zwischen 6th und 7th Avenue.

Ich sitze noch einen Moment im Auto, um die Augen trocken zu bekommen, die ein wenig feucht sind vom Selbstmitleid. Am Ende der Straße sehe ich, wie Mike, unser irischer Nachbar, eine riesige amerikanische Fahne hisst. Die Fahne ist wirklich extrem groß und breit, man sieht den Supermarkt an der Ecke kaum noch. Es ist der erste patriotische Reflex, den ich wahrnehme, und ich kann ihn hier hinter meinem Lenkrad, den *Superman*-Schlager im Hinterkopf, völlig verstehen. Ich habe noch nie in meinem Leben eine Fahne gehisst, obwohl ich in einem Ostberliner Wohnblock aufwuchs, der mit Fahnen-haltern an den Fenstern ausgestattet war. Wir hatten keine Fahne im Haus, und mein Vater hätte mich enterbt, wenn ich eine angeschafft hätte. Der Vater meiner ersten Freundin hat seine Fahnenhalterung in einem Akt des lei-sen Widerstandes sogar abgesägt. Ich war nie ein deut-scher Patriot, aber offensichtlich habe ich das Zeug zum amerikanischen. Es ist ein seltsames, unbekanntes Gefühl, wahrscheinlich rennt man so in Kriege.

Mike hat die Fahne seit Jahren im Schrank, weil er sie einfach nicht wegwerfen konnte. Es ist Billys Fahne. Billy war ein Weltkriegsveteran, der in einem Haus in Fort

Greene wohnte, das Mike in den 70er Jahren gern gekauft hätte. Billy war alt, krank und lebte allein, das Haus war heruntergekommen, aber Mike erkannte das Potenzial des Viertels. Er besuchte Billy immer wieder, warb, hatte ihn fast so weit. Aber bevor Billy einen Vertrag unterschreiben konnte, starb er. Mike ging zu seiner Beerdigung, weil er hoffte, dort Erben zu treffen, mit denen er weiter verhandeln konnte. Aber da waren nur Soldaten, die Billy einen militärischen Abschied gaben. Mike war der einzige Zivilist, sie drückten ihm die Fahne in die Hand, die auf Billys Sarg lag. Er hat das Haus nicht bekommen, aber die Fahne. Sie lag fast dreißig Jahre in seinem Schrank. Heute ist ihr Tag.

Ich gehe durch die *Backyards* zu Liz' Haus, aber außer Pepper, der rothaarigen Katze von Roxy und Mike, sehe ich niemanden. Pepper ist der wildeste unter den Katern in den *Backyards*. Er läuft einfach in unsere Küche und frisst Willis Futter auf, er macht ihm das Revier streitig und Mascha hat er schon mal im Gesicht gekratzt. Ich habe mit Mike darüber gesprochen, aber die New Yorker verhalten sich ihren Haustieren gegenüber genauso loyal wie ihren Kindern. Sie entschuldigen alles. Pepper hockt zwischen unserem und Terrys Garten, er faucht mich heute mal nicht an, als ich an ihm vorbeigehe, sondern kommt mir hinterher. Vielleicht die Luft, denke ich. Oder das Licht. Es scheint früher Nacht zu werden heute.

Bei Kate und Terry brennt Licht in der Küche, auch

bei Ken, der seinen Söhnen vor vielen Jahren das Baumhaus gebaut hat – neben unserer Schaukel die größte Attraktion in den *Backyards*. Ich öffne die Tür zu Liz' Garten, ganz ohne Attraktion, abgesehen von seinen Ausmaßen. Es ist der größte im ganzen Hof, vermutlich der größte im ganzen Viertel. Neben dem schmalen Schlauch, der zu jedem Haus gehört, geht es rechts noch weiter, zu einem Teil, der eigentlich Liz' Nachbarn gehören müsste, einer schwarzen kinderreichen Familie. Die Geschichte hat Liz mir nur zögernd erzählt, weil sie ihr unangenehm ist. In den 70ern war der Garten öffentliches Land und gehörte der Stadt. Liz' Vater fand das durch einen Zufall heraus, kaufte es für 595 Dollar, baute einen Zaun darum und verstritt sich auf alle Zeit mit der Familie, die die Fläche hinter ihrem Haus nun nicht mehr nutzen konnte.

Ich kenne Liz' Vater nur von Fotos. Er starb vor fünf Jahren auf dem Weg zum Sommerhaus der Familie in Kanada. Er wollte unbedingt noch einmal nach Stoney Lake, an den Ort, wo sich sein irischer Großvater vor 150 Jahren niedergelassen hatte, aber er schaffte es nicht mehr. Über den Niagara-Fällen hörte er auf zu atmen. Liz' Mutter deckte ihn zu und tat bis zur Landung so, als würde er schlafen.

Bei Liz brennt Licht in der Küche, ich sehe ihren Mann John durch die Scheibe am Tisch sitzen und Liz' Mutter hinter dem Küchentresen arbeiten, dazwischen rennen Elise und Mascha hin und her.

Ich bin froh, dass ich jetzt dort hineingehen kann, in diese gemütliche Küche, zu einer Familie. Als ich Studentin in Leipzig war, bin ich an dunklen Sonntagabenden auf meinem Weg zurück ins Wohnheim oft an solchen Familienfenstern vorbei gelaufen und habe mir gewünscht, dort drinnen mit am Tisch zu sitzen. Ich klopfe an Liz' Terrassentür und sehe, wie John von seinem Stuhl aufsteht, Liz mir entgegenkommt und Liz' Mutter über ihre Brille aus der Küche in meine Richtung schaut. Ich bin eingeladen, ich bin willkommen. Wir werden zusammen trinken, essen, über den Tag reden, und später wird Alex dazukommen. Ich habe ihm eine Nachricht auf dem Küchentisch hinterlassen.

Unser Haus ist leer, auf dem Küchentisch liegt ein Zettel: *Sind bei Liz. Love you.*

Ich laufe einmal durchs Haus, besuche die Zimmer meiner Kinder im zweiten Stock, rieche an ihren Betten, berühre ihre Spielsachen, dann gehe ich nach oben in mein Arbeitszimmer und setze mich an den Schreibtisch. Ich klappe meinen Laptop auf, wähle mich ins Internet ein und schaue mir die Mails an, die heute gekommen sind. Es sind viele.

Die erste heißt »*soul kitchen*«, kommt von Ira Schneider und stammt aus einem anderen Zeitalter. Er hat sie mittags in Berlin abgeschickt, sie traf hier um sechs Uhr früh ein. Ira ist ein alter amerikanischer Jude, der seit vielen Jahren in Berlin lebt. Er ist Videokünstler und Fotograf, aber weil er davon nicht leben kann und weil die Aktien, mit denen er seinen Lebensabend sichern wollte, nichts taugen, kocht er auch noch auf Veranstaltungen. Er ist ein guter Koch. Wir haben uns in Berlin kennengelernt, aber er war auch schon hier. Zu den hohen jüdischen Feiertagen besucht er seinen Bruder auf Long Island und bleibt auch immer ein paar Tage in New York. Er schläft bei Künstlerfreunden, die zuerst am unteren Ende der Fifth Avenue wohnten, jetzt aber aus Kostengründen nach Flatbush, Brooklyn, ziehen mussten.

Da hole ich ihn dann mit dem Jeep ab und bringe ihn auch wieder zurück. Ira ist der einzige mir bekannte Mensch, der sich genauso selbstverständlich durch den Prenzlauer Berg bewegt wie durch Brooklyn. Es macht Spaß, mit ihm Lebensmittel in New York einzukaufen, vor allem Gemüse und Fisch. Er kann genau sagen, wann der Fisch gefangen wurde. Er sieht es an den Augen. Mich beeindruckt so was. Wir haben ein paar Bilder von Ira gekauft, großformatige Fotos von Berliner Baustellen, und sie mit nach New York genommen, sie hängen in unserem Wohnzimmer. Wenn er bei uns ist und kocht und unseren besten Rotwein trinkt, wirft er immer einen kurzen, anerkennenden Blick auf die Bilder. Er hat uns in seinem ersten Ausstellungskatalog als Sammler angegeben. »Ende der 90er machte ich die Bekanntschaft der Familie Osang. Sie sind Sammler.« Das klingt natürlich großartig. Bisher sind wir die einzigen Sammler, glaube ich. Ira hat uns in seine Biografie eingefügt wie die Rolling Stones, die er mit wackelnder Kamera in Altamont filmte, und Heiner Müller, den er zusammen mit Godard in dem Kurzfilm *Weekend at the Beach* in Kalifornien aufnahm. Ira redet fast immer nur über sich, es ist seine Art, durch die Zeit zu reisen. Mit Selbstbewusstsein. Hi, ich bin in *Venice*. Hi, darüber habe ich 1968 schon einen Film gedreht. Hi, hier ist ein Artikel aus der *New York Times*, der mich erwähnt. Hi, ich bin in Florida. Hi, morgen koche ich in einem Salon in der Münzstraße. Vielleicht ist es eine Frage des Alters. Der einzige andere Mensch, der sich sicher ist, dass sich die Zeit auf seiner Seite befindet, ist der Opa meiner Frau. Er ruft hier manchmal morgens um halb fünf an, weil ihm der Zeitunterschied egal ist.

»Es ist mitten in der Nacht, Walter«, sage ich ihm dann.

»Was?«

»Es ist halb fünf Uhr morgens.«

»Na, dann ist es ja langsam Zeit aufzustehen.«

Iras Mail überwindet die Zeit mühelos. *»I have a vernissage at soul kitchen, linienstr. 136. donnerstag, 13.9. 21 uhr. the show is called rock'n'roll. ira.«*

Es ist die letzte unschuldige Mail für lange Zeit. Aber sie gibt den Takt vor für den Tag. Wir rücken enger zusammen. Die Welt wird klein heute.

Um elf, als ich in der Wolke stand, traf die erste Katastrophenmail ein. Sie heißt: »armer osang«, stammt von Ulrike Posche. Sie ist eine *Stern*-Reporterin, die ich vor fünf Tagen in Saarbrücken getroffen habe, wo Oskar Lafontaine ein Buch von Gregor Gysi vorstellte. »Pass auf dich auf, Osang«, schreibt Ulrike Posche.

Zu spät. Alles zu spät.

Herr Dallmann, mein Sparkassenberater, macht sich Sorgen um mich. Dagmar, die kühle Chefsekretärin der *Berliner Zeitung*, fragt, ob sie etwas für mich oder meine Familie tun kann. Studienfreunde aus Erfurt, Potsdam, Berlin und Magdeburg wollen wissen, wie es mir geht. Leute aus dem deutschen Filmgeschäft, die ich gar nicht richtig kenne, schreiben mir, wie besorgt sie sind. Roland, der am *Deutschen Theater* arbeitet, schreibt: »Gott segne Euch.« Frank, mit dem ich vor zwölf Jahren Nordkorea besucht habe, um über die Weltfestspiele der sozialistischen Jugend und Studenten zu berichten, schickt eine »Umarmung«, Matthias, mit dem ich vor einem Jahr bei den Olympischen Spielen in Sydney war, schreibt, dass ich auf mich aufpassen soll. Gunnar, mit dem ich sowohl nach Nordkorea als auch nach Sydney gereist bin, fragt aus Los Angeles, wo er heute als *dpa*-Korrespondent arbeitet, ob er helfen kann. Es ist ein unerhört warmer, freundschaftlicher Ton in all den Mails, die manchmal von Leuten kommen, die ich seit Jahren nicht gesehen habe. Und oft von Leuten, die sich normalerweise hinter derselben Ironie verstecken wie ich. OL, der Berliner Cartoonist, der die besten Kotzbilder in ganz Deutschland zeichnet, bittet mich um ein Lebenszeichen. Es gibt kein Schutzschild, keine Berechnung, keinen Spott, keinen Neid. Ich sehe auf das OL-Bild, das vor mir an der Wand hängt. Eine dicke Frau mit einem winzigen Hut, darunter steht: *Mutter.*

Ich habe es nach fünf Bier auf einer Ausstellungseröffnung in der Oderberger Straße gekauft. Ich klappe den Computer zu, trenne die Verbindung zur Welt, bevor wir wieder auseinanderfallen. Es wird dunkel vor meinem Fenster und einen Moment lang denke ich daran, noch schnell eine Runde um den Park zu laufen. Ich muss doch laufen, aber das geht nicht, glaube ich. Heute nicht.

Auf dem Schreibtisch steht ein gerahmtes Hochzeitsfoto – Anja mit wehenden Haaren, einem Strauß in der Hand, unser Sohn Ferdinand, drei Jahre alt, klammert sich in einem kleinen blauen Anzug an ihr fest. Sie lächelt, aber es ist ein brüchiges Lachen. Wir hatten die ganze Nacht vor unserer Hochzeit wachgelegen, weil wir nicht wussten, ob wir einen Fehler machen. Ich hatte bis zum Schluss in der Redaktion der *Berliner Zeitung* gesessen, um einen Text über die deutsche Fußballnationalmannschaft zu schreiben, die es gerade in das EM-Finale 1996 geschafft hatte. Dann ging ich noch zu der Abschiedsparty eines Stellvertretenden Chefredakteurs, der mir nicht wichtig war. Anja wollte nicht, dass ich dort hingehe, und ich bin am Ende nur da gewesen, um ihr zu zeigen, dass ich es selbst dann tue, wenn sie es nicht will. Dass ich es immer tun werde, dass ich mein Leben nicht aufgeben werde als verheirateter Mann. Ich bin nach Mitternacht nach Hause gekommen, es waren noch zehn Stunden bis zu unserer Hochzeit, und ich hatte noch nicht mal Schuhe, die zu meinem Anzug passten. Am nächsten Morgen waren die Zweifel weg. Die Sonne schien und wir hatten noch viele Dinge zu erledigen. Christian, mein Trauzeuge, stand vor der Tür, wir mussten noch zum Friseur, und ich musste mir noch Schuhe kaufen.

Ich war erstaunlich erleichtert, nachdem ich JA gesagt hatte.

Wir haben unsere Hochzeitsreise nach Amerika gemacht. Ich habe nur die Tickets nach Boston gebucht und den Mietwagen, der Rest sollte sich von allein ergeben. Neuengland, dachte ich: das Meer, die weißen Holzhäuser auf grünen, rollenden Bergen, Verandas, Schaukelstühle. Ich las damals viel John Irving. Ich wollte uns in diese Landschaft führen, in diese Geschichten. Es war im Sommer, Hochsaison. Die erste Nacht haben wir in einem Motel in der Nähe des Flughafens geschlafen, dann wurde es schwierig. Wir fanden ein halbfertiges Haus in Maine, wo wir eine Woche blieben, dann zogen wir wie Heimatvertriebene durch New Hampshire, Vermont, New York State, Massachusetts und Kanada. Als wir in Montreal waren, erfuhr ich in einer Telefonzelle, dass die kranke Sängerin Tamara Danz, die ich gerade mehrmals interviewt hatte, gestorben war. Ich sagte Anja, dass ich zur Beerdigung fahren müsse. Nur für den Tag, dann würde ich zurückkommen.

»Fahr doch«, sagte Anja, und ich war so erschrocken über die Antwort und den Blick, dass ich blieb.

Wir fuhren noch ein paar Tage ziellos durch den Nordosten Amerikas, immer auf der Suche nach den Bildern in meinem Kopf. Dann brachen wir die Reise ab und flogen anderthalb Wochen früher als geplant nach Hause. Es ist ein Wunder, dass mir meine Frau überhaupt hierher gefolgt ist. Ich bin nicht auf dem Hochzeitsbild, aber man sieht mich im Gesicht meiner Frau, in dem verlorenen Lächeln.

Ich öffne den Rucksack, nehme den Block heraus und lege ihn neben meinen Laptop. Es war Anjas Block, aber er ist mein Block geworden, denke ich, oder wenigstens unser Block. Ich hab ihr auch den Block weggenommen. Ich muss aufpassen, dass sie nicht irgendwann fühlt, ich stehle ihr Leben.

Vor ein paar Monaten hat Anja den Schauspieler Maximilian Schell für die *Berliner Zeitung* interviewt. Schell spielte in der Inszenierung von *Das Urteil von Nürnberg* am Broadway. Es war ein gutes Interview, aber am Ende hat Schell versucht, Anja in seiner Garderobe zu küssen. Sie kam ziemlich aufgelöst nach Hause, aber ich habe das

238

alles nicht so ernst genommen. Wir gingen zur Premiere. Das Stück war ganz ordentlich, aber es lief schlecht, ganz im Gegensatz zu *The Producers* von Mel Brooks, das in diesen Tagen alle Broadway-Rekorde brach. Zwei Nazistücke, ein ernsthaftes, ein komisches, aber nur das komische war ein Erfolg in New York. Ich dachte, dass das vielleicht eine Geschichte wäre, und ließ mir von Anja Schells Telefonnummer geben. Sie wollte nicht, dass ich mich mit ihm treffe, aber am Ende habe ich sie überredet. Ich verstand mich sehr gut mit Schell. Wir sprachen nicht über den kleinen Übergriff in seiner Garderobe. Schell lud mich zu einer privaten Aufführung ein. Wir gingen ein paar Mal Essen, einmal trafen wir Marcia Gay Harden, die gerade einen Oscar gewonnen hatte. Er zeigte mir sein Apartment im Essex House, in dem er für die Zeit seines Engagements wohnte. Wir sahen von dort über den Central Park, tranken Tee, Schell erzählte mir von den Problemen in seiner Ehe und von der jungen Wienerin, die er gerade in einer Ausstellung in New York getroffen hatte. Er weihte mich in die Aktion ein, mit der er mehr Aufmerksamkeit für das Stück gewinnen wollte. Eines Nachts malte er mit weißer Farbe ein riesiges Hakenkreuz auf das Plakat am Theater. Die Zeitungen berichteten darüber, aber es half nichts mehr. Das Stück wurde abgesetzt. Ich schrieb meinen *Spiegel*-Text und half Maximilian Schell beim Ausräumen seiner Wohnung. Er schenkte mir zum Abschied eine silberne Zuckerdose aus dem Wohnzimmer. Am Ende hatte ich Anja nicht nur die Geschichte genommen, ich hatte auch den Kuss in der Garderobe sanktioniert. Ich hatte meine Frau für eine Broadway-Reportage verraten.

Ich muss wirklich aufpassen.

Ich gehe ins Bad, wasche mein Gesicht und spüre zum ersten Mal, dass meine Halsschlagader heftiger pulsiert als sonst. Ich sehe es nicht im Spiegel, aber es trommelt in meinem Hals und mein Kopf scheint zu schwellen. Ich lasse mir kaltes Wasser über die Handgelenke fließen, bis das Pochen ein bisschen nachlässt. Aus dem Augenwinkel sehe ich, wie in einem der Gärten hinter unseren Häusern ein paar Leute zusammenstehen. Es ist der *Backyard* von Laura und Dan. Laura ist eine Kinderpsychologin und Dan ist irgendwas bei der Arbeiterpartei New Yorks. Ich kann die beiden nicht ausstehen, vor allem Laura nicht, die für eine Kinderpsychologin erstaunlich hysterisch auf alle Kinder reagiert, die sich nicht so verhalten wie ihre eigenen. Etwa ein Dutzend Leute stehen um einen Busch herum. Sie scheinen zu beten, aber man kann es nicht richtig erkennen, weil die Bäume davorstehen. Plötzlich verlässt eine Person die Runde und läuft schnell in meine Richtung. Es ist mein Nachbar Terry, er läuft kopfschüttelnd durch seinen Garten und verschwindet in seinem Haus.

Ich probiere im Spiegel einen Gesichtsausdruck für meinen Auftritt bei Liz, meine Miene für Anja.

Hi, Anja«, ruft Liz und umarmt mich, kaum, dass ich die Tür hinter mir geschlossen habe. Sie hat ein Glas in der Hand, es ist fast leer. Johns auch. Liz' Mutter trinkt Weißwein. Sie bereitet das Abendbrot vor, es riecht nach Kohl und Fleisch. »Corned Beef«, erklärt Gail, Liz' Mutter.

»Wir dachten, wir kochen heute mal was ganz Traditionelles«, sagt Liz. »*Comfort Food*«, ergänzt John.

Er sitzt am runden Küchentisch neben dem Kamin und starrt auf einen kleinen Fernseher, der oben im Wandschrank befestigt ist und auf dem zum hundertsten Mal an diesem Tag das zweite Flugzeug in den Südturm des World Trade Centers fliegt.

»Gin Tonic?«, fragt er mich. Ich nicke und laufe durchs Zimmer zu den Mädchen, die unterm Fenster mit Elises Puppen spielen.

Das Haus von Liz' Familie sieht von außen genau wie unseres aus, aber von innen ganz anders. Es gibt noch Stuck an den Decken, Kamine und Waschbecken aus Marmor zwischen den Schlafzimmern. Die schönen alten Details kommen jedoch kaum zur Wirkung. Das Souterrain ist ein dunkler Raum mit flachen Decken. Die Küche ist hier, der Esstisch und der Gartenzugang, es gibt selten Grund, in die hellen und hohen Räume der oberen Stockwerke zu steigen. Sie verwaisen. Dabei ist die erste Etage traumhaft schön. Ein riesiger Raum mit honigfarbenem Parkett, einem gewaltigen Kamin und viereinhalb Meter hohen Decken, den keiner mehr nutzt, seit Gails Mann, Liz' Vater, gestorben ist. Hier ist seine Bibliothek, die alten, in Leder gebundenen Ausgaben von Joyce, Faulkner, Austen, die Bände von Thomas Mann, Stendal, Proust und Balzac, die schmalen Bücher von Whitman, Shakespeare und Frost stapeln sich bis unter die Decke, alle mit leichtem Staub bedeckt. Die Familie benutzt die Beletage als Durchgangszimmer. Liz hat mit ihren Kindern und ihrem Mann John im dritten Stock gelebt, ihre Mutter im vierten, wo die Räume wieder kleiner werden und flacher. Vor einem halben Jahr sind die Jüngeren ausgezogen, weil Liz das Gefühl hatte, sich lösen zu müssen von ihrer dominanten Mutter und den Hinterlassenschaften ihres Vaters.

Ihre Eltern haben das Haus 1969 gekauft, für 6500 Dollar, das war seinerzeit der höchste Preis, der jemals für ein Haus in der Carroll Street bezahlt wurde, sagt Gail. Liz wuchs in der Carroll Street auf, als sie noch nicht so angesagt und so teuer war, als die Leute noch ihren Müll in den *Backyards* vergruben, ihre Wäsche dort aufhängten und es noch keine *Backyard*-Philosophie gab. Sie muss eine traumhafte Kindheit gehabt haben, in dem großen Haus in Brooklyn und dem Sommerhaus in Kanada, aber sie wirkt selten glücklich hier. Ihre Eltern schickten sie auf Saint Ann's, eine Privatschule in Brooklyn Heights, in der es keine Zensuren gab und die Lehrer mit den Schülern zusammen einen Joint rauchten, um die Kreativität wachzuküssen und vielleicht auch andere Dinge. Ich weiß nicht, was genau damals passiert ist, ich weiß nur, dass Liz kurz vor ihrem Abschluss abgehauen ist und nächtelang im Central Park zwischen Pennern geschlafen hat, und dass sie die Schule hasst und allen Eltern davon abrät, ihre Kinder dorthin zu schicken, obwohl Saint Ann's mittlerweile als beste Schule der Stadt gilt. Die Schulzeit muss irgendwas mit Liz' dunkler Seite zu tun haben, mit ihrer Angst.

John reicht mir ein Glas, wir stoßen an. »Schön, dich bei uns zu haben«, sagt Liz' Mutter und umarmt mich.

Ferdinand und Mascha in der Carroll Street.

Ich setze mich zu John an den Tisch und nehme Mascha auf den Schoß.

John schließt die Videokamera an und zeigt das Video, das sie heute Morgen auf dem Dach gedreht haben. Das Bild wackelt, und man sieht nur Dächer und andere Leute mit Videokameras auf den Dächern und ganz weit hinten auch ein bisschen Rauch.

»Den Kollaps der Türme haben wir leider verpasst«, sagt Gail aus der Küche.

»Da waren wir schon wieder unten«, ergänzt Liz. Sie scheinen nicht besonders erschüttert zu sein.

»Wann kommt Alex?«, fragt Gail.

»Daddy«, ruft Mascha.

»Er muss gleich kommen«, sage ich und denke daran, dass es merkwürdig sein wird, ihn hier vor allen zu begrüßen. Vielleicht sollte ich lieber rübergehen und auf ihn warten. Eine gute Ehefrau würde das machen, denke ich und dann überlege ich, dass ich heute schon genug gute Ehefrau gewesen bin, und nippe an meinem Drink.

Kate steht in ihrem Vorgarten, als warte sie auf irgendjemanden. Es ist seltsam, ausgerechnet Kate hier wiederzutreffen, die einzige Nachbarin, die ich heute früh schon sah. In einer anderen Zeit. Sie ist nicht nach Manhattan gefahren. Sie ist zur 4th Avenue gelaufen und hat noch zehn Minuten auf eine Subway gewartet, sagt sie, aber es fuhren schon keine Züge mehr, und irgendwann ist sie mit den anderen nach oben gegangen und dann nach Hause. Sie hat ihren Mann Terry geweckt, dann haben sie ferngesehen. Irgendwann konnten sie nicht mehr und gingen mit ihrer Tochter Maeve in den Park. Maeve hat später mit Kreide eine Zeichnung auf den Bürgersteig gemalt, weil Terry wollte, dass seine Tochter ihre Gefühle rauslässt. Es ist ein Hochhaus, aus dem Leute springen, und weil das so nicht bleiben konnte, hat Maeve noch ein Kreuz darübergemalt, wie auf einem Verbotsschild.

»Und du?«, fragt Kate, und während ich erzähle, entdeckt sie den Staub auf meinen Schuhen. Es ist eindeutig weißer World Trade Center-Staub, das sieht man sofort, warum weiß ich auch nicht. Ich habe nicht mehr an den Staub auf meinen Schuhen gedacht, und ich glaube, er ist dort auch nur noch, weil es sich um halbhohe schwarze Stoffschuhe handelt. Auf dem Stoff klebt die Asche natürlich besser als auf Leder. Jedenfalls zeigt Kate auf die Schuhe und fängt plötzlich an zu weinen.

»Deine Schuhe«, sagt sie.

Ich nicke. Und dann kommt Terry hinzu, der ganz blass ist. Wir sehen alle drei auf meine Schuhe, Kate beruhigt sich. Und weil ich keine Lust habe, meine Geschichte zu erzählen, frage ich Terry nach der seltsamen Szene, die ich eben aus unserem Badfenster beobachtet habe.

Sie hatten sich dort spontan versammelt, um einen mittelöstlichen Busch zu pflanzen, den Laura in einem Baumarkt besorgt hatte, sagt Terry. Sie hoben ein kleines Loch aus und beerdigten dort ein paar der Papierfetzen, die aus dem World Trade Center bis hierher nach Brooklyn geweht waren. Wer wollte, sprach einen Segen oder ein Gebet. Laura bat alle, für die Opfer zu beten, für die Hinterbliebenen der Opfer. Am Ende wollte sie, dass wir auch für die Terroristen beten, sagt Terry. Da sei er gegangen. Er könne jetzt nicht für die Terroristen beten. Kate schüttelt den Kopf, sie habe ihm ja gleich gesagt, dass so eine Hinterhofversammlung Unsinn sei. Es bringe nichts. Ich grinse schief. Es ist die erste komische Geschichte, die ich seit Stunden höre. Der mittelöstliche Busch, die Kinderpsychologin Laura, die Terroristen und Terry. Es ist schwer, sich zu so einer Tragödie in Beziehung zu setzen, aber Terry kommt aus dem Mittelwesten, er will irgendetwas tun. Er hat Maeve die Zeichnung machen lassen. Und das Verbotskreuz. Morgen will er sich Gummistiefel kaufen, eine Atemmaske und ein Fahrrad, um am *Ground Zero* mitzuhelfen. Man muss jetzt was machen. Kate sagt, dass ihr Sender für den nächsten

Monat eine dreiteilige Miniserie von *Law & Order* geplant hatte, bei der es um einen terroristischen Anschlag auf New York gehen soll.

»Das fällt ja dann wohl aus«, sagt sie.

Terry nickt, und aus irgendeinem Grund nicke auch ich, als sei ich ein Experte für amerikanische Fernsehproduktionen. Und dann sage ich, dass ich jetzt wirklich schnell zu Anja und den Kindern müsse.

Ich sehe Alex vor den anderen. Liz' Mutter stellt gerade Teller auf den Tisch, als ich einen Schatten an der Tür erblicke. Er streicht sich mit der Hand durchs Haar, bevor er auf den Klingelknopf drückt.

»Alex«, ruft Liz' Mutter, läuft zur Tür und umarmt meinen Mann wie einen heimgekehrten Sohn. Liz läuft ihrer Mutter hinterher, John steht vom Tisch auf. Mascha kommt die Treppe hinuntergerannt. Alex nimmt sie auf den Arm und für einen Moment mache ich mir Sorgen, dass er anfängt zu weinen. Wir schauen uns an. Dann nimmt er mich in den Arm und lässt mich erst wieder los, als er John seinen Gin Tonic abnimmt.

Jetzt erst fällt mir auf, dass er ein grünes Lacoste-Shirt trägt. Er sieht aus, als würde er zum Golfspielen gehen.

Gail öffnet die Tür schwungvoll, sie lächelt, schwankt leicht. Eine ältere, runde Dame mit einer spitzen Nase. Weiße Haare, rote Wangen. Sie hat bereits mit den Gin Tonics begonnen, denke ich, als sie mich an ihre Brust zieht. Ich blinzle über ihre Schulter in das Souterrain ihres Hauses, wo sich das Familienleben abspielt.

Mascha kommt sofort auf mich zugerannt. Sie fliegt in meine Arme. »Daddy is back.« Ich küsse sie, rieche ihre Haare – ein zappelndes, kleines Äffchen, das sich an mir festklammert. Eine Geste, auch für ihre Freundin Elise. Wir sind jetzt auch wieder komplett. Eine ganz normale Familie.

Über den Kopf meiner Tochter schaue ich Anja an, die lächelt, ein Glas in der Hand. Sie steht ganz still, kein Bruch ist in ihrem Lachen, kein Vorwurf, nur Zufriedenheit. Ich grinse schief, nicke den anderen zu.

Liz fällt mir um den Hals, John fragt, ob ich einen Gin Tonic will, ich sage: »Ja, gern.« Ich rieche das Essen, in dem Gail, ein Weinglas in der Hand, rührt. Es duftet nach Fleisch, und während ich das alles mache und denke, bewege ich mich auf Anja zu, die am Tresen steht und mich anlächelt, ganz still. Und dann erreiche ich sie und nehme sie in den Arm. Sie weint nicht und ich weine auch nicht, obwohl es der Moment für Tränen wäre. All die Versprechen in der Dunkelheit habe ich ihr gegeben. Ich habe mit ihr geredet. Sie ist der wichtigste Mensch in meinem Leben, aber wir stehen hier in einer fremden Küche, und ich kann ihr nicht zeigen, was ich fühle. Ich kann nicht mal richtig fühlen, wenn mir Liz' Mutter dabei zuschaut. Wie ein verzaubertes Tanzpaar stehen wir da, Mascha redet mit Elise, Liz mit ihrer Mutter, der Fernseher an der Decke brabbelt und von draußen rumpelt die gewaltige Klimaanlage, die Gails Nachbar Ken an seiner Küche installiert hat.

Ein kleines, nimmermüdes Kraftwerk, um das ein jahrelanger Nachbarschaftskrieg tobte. Meine Gedanken treiben zu Ken, dem seltsamen Rentner, der im Sommer den grünen Gymnastikball mit einem Messer zerstochen hat, mit dem Ferdi und sein Kumpel Nino in seinem *Backyard* spielten. Einen AOK-Gymnastikball, der eine lange Reise hinter sich hatte. Wo ist eigentlich Ferdi? Das denke ich, während ich meine Frau im Arm halte. John wartet mit meinem Glas neben uns wie ein Kellner.

»Na«, sage ich.

»Na«, sagt meine Frau.

Dann nehme ich John das Glas ab.

Wir stoßen alle an. Gail erwähnt den Weltfrieden, während auf dem kleinen Fernseher an der Zimmerdecke Menschen vor Aschewolken wegrennen, immer wieder von vorn. Ich nehme einen großen Schluck und schaue den Flüchtenden mit Distanz zu, sie sind nun Menschen im Fernsehen.

Wieder und wieder laufen die Ereignisse des Tages auf dem Bildschirm ab. Die Flugzeuge, die Türme, das Pentagon, Pennsylvania, die Taliban, immer wieder die Türme.

Es tut gut zu lachen, es tut gut zu essen und zu trinken und mit Menschen zusammenzusein, denen man nichts erklären muss. Ich habe mich oft gefragt, ob

John, Solveig, Liz, Barbara, Alexander, Walter, Debbie, Tinna (v. l.).

New York schon mein Zuhause ist oder nicht, und ich glaube, an diesem Abend habe ich das erste Mal wirklich das Gefühl, dass ich hier nicht mehr fremd bin, kein Gast mehr. New York ist nicht mehr die starke, glitzernde Stadt, die ich in Berlin vor Augen hatte, die man erobern muss, um dazuzugehören. Es ist eine Stadt, die brennt, die schwach ist und verletzlich. Es ist die Stadt, in der wir wohnen, in der ich unseren Sohn heute von der Schule abgeholt habe und in der er morgen Kindergeburtstag feiern wird.

Alex erzählt von seinem Tag. Irgendwann mittendrin stürzt auch noch das World Trade Center 7 ein, das bekomme ich gar nicht richtig mit.

»*Oh, my god*«, ruft Liz.

John lacht, als der Reporter fragt, wie das passieren

konnte. Alle haben Angst, dass noch ein Terroranschlag folgt, noch ein Flugzeug in ein Haus fliegt, noch mehr Menschen sterben, und dann taumelt so ein kleiner Turm hinterher, um den sich niemand ernsthaft gesorgt hat.

Es sind gute Leute, die Armstrongs – Liz' Familie. Im letzten November, zu unserem ersten gemeinsamen Thanksgiving, haben sie uns zum Essen eingeladen, Gail hat den Tischsegen gesprochen, in dem wir auch vorkamen, die neuen Nachbarn aus Übersee, die sich hier wohlfühlen sollten. In ein paar Wochen werden wir hier sicher wieder *Turkey* essen. Die Besuche erinnern mich an die Besuche bei meinen Eltern. Ich muss mich um nichts kümmern, irgendjemand kocht, macht mir ein Bier auf, zündet den Ofen an. Ich kann einfach nur dasitzen, zugucken und einen Witz einstreuen, wenn mir danach ist. Niemand arbeitet bei den Medien, niemand fragt mich, woran ich gerade schreibe, niemand sagt: »Von dir habe ich aber lange nichts mehr gelesen.« Oder: »Deine frühen Sachen fand ich eigentlich besser.« Ich kann die Rüstung ablegen, weil hier niemand ist, der mich verletzen will. Meinungsverschiedenheiten enden hier nie im Streit, und wenn ich meinen amerikanischen Freunden einen Plan vorstelle, sagt niemand: »Oh, das habe ich aber vor Kurzem so schon in der Süddeutschen Zeitung gelesen.« oder »Das Thema ist ausgeschrieben.« Sie sagen: »Klingt gut.«

Der Alkohol kickt ein, ich halte Anjas Hand verstohlen

unterm Tisch. »Wo ist eigentlich Ferdi«, frage ich, während ich ihre Hand streiche. Sie sagt mir, dass er bei seinem Freund Derek schläft, und schaut unsicher. Ich sage, dass es eine gute Idee sei. Bei Derek gibt es nur die überbesorgte *Jewish Mom* Debbie, den stillen Beatles-Fan Walter und eine Katze, die keine Krallen mehr hat. Es ist der sicherste Platz in New York City. Debbie und Walter gehören auch zu meiner amerikanischen Familie. Debbie hat früher bei den *Bay City Rollers* gearbeitet, dann einen Secondhand-Laden für Baby-Sachen geleitet und betreut nun den demokratischen Bürgermeisterkandidaten von Brooklyn. Das ist eine Karriere, die mir gefällt. Walter ist Dekorateur bei Macy's. Sein Jahr ist eingeteilt in Valentinstagdekoration, Osterdekoration, Sommerdekoration, Vatertagsdekoration, Muttertagsdekoration, Thanksgivingdekoration, Weihnachtsdekoration. Auch kein schlechtes Leben. Wie mit einem sehr alten Freund kann man mit Walter immer wieder über dasselbe reden, ohne sich zu langweilen. Ich trinke mein Glas aus und John mixt sofort einen neuen Drink. Dann erzähle ich meine Geschichte, zum ersten Mal erzähle ich sie auf Englisch.

Ich beschreibe, wie ich mich an den Polizisten vorbei auf die Brücke drängte, wie der erste Turm fiel, als ich zwischen den Pfeilern der Brooklyn Bridge stand, vom weihnachtlich anmutenden Downtown erzähle ich, vom Feuerwehrmann, der mich wegschickte, und vom Keller in der Beekman Street. Es ist ein Reisebericht für die Zuhausegebliebenen. Erstmals spüre ich die Ruhe, die einzieht, wenn ich die schwarze Wolke über mir zusammenschlagen lasse, aber auch, wie ungehörig es ist zu sagen:

»In diesem Moment dachte ich, ich sterbe.« Die Geschichte lässt sich gut erzählen, sie fängt langsam an, wird immer schneller, sie ist klein und groß zugleich und hat ein *Happy End*. Sie funktioniert. Aber als ich fertig bin, fühle ich mich leer wie ein umgekippter Eimer. Ich hatte noch diese eine Geschichte, und die ist jetzt raus – das war's. Ich habe alles gesagt.

Ich trinke das zweite Glas aus, wir essen das Fleisch und zwischendurch fällt auf dem Fernseher an der Zimmerdecke noch ein Gebäude um. Es ist ein breites, mächtiges Haus, und es sinkt zu Boden wie ein müdes Pferd. Die Stimmen der Reporter werden wieder lauter, am Bildschirmboden steht LIVE, offenbar fällt das Haus gerade vor unseren Augen zusammen. So spät noch. Die anderen im Raum seufzen und stöhnen, aber ich kann nicht mehr. Ich kann mich nicht mehr wundern, weil ich mich schon so viel gewundert habe heute, und ich versteh' es auch nicht. Ich begreife nicht, warum jetzt, wo alles vorbei ist, immer noch ein Haus umfällt, so ein großes Haus, und eigentlich begreife ich sowieso gar nichts.

Ich bin wie eine Motte zum Licht geflogen und dann ging das Licht aus, und das ist der einzige Grund, aus dem ich noch am Leben bin. Und deswegen bin ich jetzt still. Ich trinke und höre der Aufgeregtheit der anderen zu, den weltpolitischen Erwägungen der aufrechten Linken Liz und John, die die Bilder aus dem Fernsehen bereits einordnen, wegstecken, sortieren. Das wird jetzt alles zu einem summenden Hintergrundteppich, vor dem ich die Leere in meinem Kopf genieße. Ich fühle mich wie auf der Hollywoodschaukel bei meinen Eltern, mein Vater steht am Grill, meine Mutter erzählt mir irgendeine Geschichte

von den Gartennachbarn, ich habe ein Bier in der Hand
und im Hintergrund läuft ein Rasenmäher.

Ich steige auf Wein um, das ist die einzige Entscheidung, die ich im Moment treffen kann.

Wir verabschieden uns von Liz' Familie, als hätten
wir nicht zwei Stunden, sondern zwei Wochen miteinander verbracht. Alle bringen uns zur Tür, alle umarmen uns, wünschen uns alles Gute. Bevor die Tür
zuschlägt, ruft Liz mir zu, ich könne ja morgen Vormittag mit Mascha bei ihr vorbeikommen. Der Kindergarten werde ja nun sicher doch noch nicht aufmachen.

Dann stehen Alex und ich auf der Straße. Alex hat
Mascha auf dem Arm, ich halte mich an ihm fest. Langsam gehen wir zu unserem Haus zurück. Ich genieße
die Stille. Es wurde so viel geredet in der letzten Stunde,
Alex hat seine Geschichte erzählt, ich habe neben Liz
und John und Liz' Mutter gestanden und zugehört
und Fragen gestellt. Ich konnte nicht weinen, ihm
nicht sagen, was ich für Angst um ihn hatte, wie
wütend ich war, wie ich unseren Beruf verflucht habe.
Er war wieder da, aber er war immer noch weit weg,
stand unter dem kleinen Fernseher wie der Gast einer
Talkshow, ein Augenzeuge, der von seinen Erlebnissen
berichtet, noch unter Schock, bei sich.

Alex sagt, er habe im Keller beschlossen, den Beruf
aufzugeben, nichts mehr zu schreiben, nicht mehr
wegzulaufen von uns. Aber wie er das sagt, »im Keller«,
klingt es bereits wie ein Vorsatz aus der Vergangenheit,

so wie damals, als er sich vorgenommen hat, mit dem Rauchen aufzuhören und bei der nächsten Party die Versuchung dann doch zu groß war. Er ist Reporter, er jagt nach Geschichten, das ist Teil von ihm, von seiner Persönlichkeit, und ich kann mir nicht vorstellen, was für ein Mensch er ohne seinen Beruf wäre.

»Nur noch die eine Geschichte«, sagt er, »dann höre ich auf.«

Ich sehe ihn an, ich glaube ihm kein Wort. Es hat mit seinem Blick zu tun, aber vielleicht auch mit der Fahne, die an Mikes Haus hängt, eine gigantische amerikanische Fahne, mindestens so groß wie die DDR-Fahne, die jedes Jahr zum 1. Mai an meinem Haus in Berlin-Lichtenberg flatterte. Die Fahne ist zu groß für Mikes kleines Haus, zu groß für unsere schmale Straße mit den beiden Kirchen, der roten Backsteinschule und den altmodischen Feuerhydranten.

»Mikes Fahne«, sagt Alex und lächelt. So guckt er, wenn er Details im Alltag entdeckt und abspeichert, um sie später in einer Kolumne oder in einer Geschichte zu verwenden.

Er geht vor mir die Treppe hoch, und als wir auf dem Absatz neben dem Blumenkübel stehen, sehe ich eine andere Fahne, die vorhin auch noch nicht da war. Sie ist viel kleiner und unscheinbarer als Mikes und sie hängt nicht an der Fassade, sondern steckt hinter Phyllis' Fenster.

»Guck mal, Phyllis hat auch eine Fahne«, sage ich Alex und erzähle ihm von unserer Begegnung zwischen den Mülltonnen. Alex hört nicht richtig zu, was an Mascha liegt, die sich an seinen Hals klammert und

sich weigert, alleine die Treppe zu ihrem Zimmer hoch-
zugehen.

»Ich mach das schon«, sage ich, nehme Alex unsere
müde Tochter ab, sie ist völlig zerschlagen, aber immer
noch energisch genug, das gleiche abendliche Proze-
dere einzufordern wie jeden Tag. Die Geschichte von
den Zahnteufeln beim Zähneputzen, die Gutenachtge-
schichte im Bett, drei Gutenachtlieder: »Schlaf, Kind-
lein, schlaf«, »Der Mond ist aufgegangen«, »Lalelu,
nur der Mann im Mond schaut zu«. Die Nachtlichtlam-
pen an der Wand – der Mond und der Stern – tauchen
ihren Raum in ein warmes Licht. Ich sitze neben
Mascha, meiner kleinen treuen Begleiterin durch den
Tag, und halte ihre Hand so lange fest, bis ihr die Augen
zufallen. Ich frage mich, was dieser Tag wohl für ihr
Leben bedeuten wird, was sie mitbekommen hat, was
ihr in Erinnerung bleibt von dem großen Feuer in Manhattan.

Irgendwann führt mich Anja zurück auf die Straße wie
ein Kind. Die Tür zu Gails Haus fällt zu, das Hintergrund-
summen verstummt, Mascha ist müde, ich nehme sie auf
den Arm. Anja umarmt mich, und ich sage ihr, dass ich
mich leer fühle und aufhören werde. Dass ich nicht mehr
wegrennen möchte, sondern hierbleibe. Sie nickt und
lächelt. Ich weiß nicht, ob sie mir glaubt, ich weiß nicht,
ob sie sich so ein Leben mit mir vorstellen kann, ob sie
sich so ein Leben wünscht. Vor ein paar Wochen habe
ich in Miami den Film *Any Given Sunday* gesehen, in dem

ein alternder *Quarterback* seinen Sport aufgeben will, weil er müde ist, weil die Jungen ihn jagen und alles wehtut. Seine Frau hört sich seine Pläne geduldig an, dann sagt sie kühl, er solle sich zusammenreißen und weitermachen. Vielleicht steckt das in jeder Frau. Keine Ahnung. Ich weiß nur, dass sich irgendetwas ändern muss. Wir steigen die Treppen zu unserem Haus hinauf, wir machen erstmal weiter. Anja bringt Mascha ins Bett, ich höre das Wasser rauschen und die Türen klappen, das Schnattern, das Warnen und das Klagen. Ich nehme das Telefon und rufe Ferdinand an.

Debbie ist dran, sie sagt nur kurz, dass sie sich freut, dass ich wieder da bin. Dann gibt sie den Hörer gleich an Ferdi weiter. Debbie weiß immer, was gemacht werden muss. Sie hat diese gerade Art. Wenn wir bei ihr zu Gast sind, erzählt sie schon in der Tür, dass ihr Essen grauenvoll ist. Sie ist keine gute Köchin, aber es ist ihr auch nicht so wichtig. Ferdi ist höflich, aber einsilbig. Ich stelle mir vor, wie Debbie ihn vom Fernseher oder vom *Game Cube* weggeholt hat, wo sein Freund Derek jetzt auf ihn wartet.

»Oh, Dad, hi. Gut, dass du zurück bist. Wie geht's?«, sagt mein Sohn.

Die Höflichkeit hat er hier gelernt, glaube ich. Er grüßt die Nachbarn, fragt, wie es ihnen geht, fragt, ob er zu laut ist, ob er helfen kann. Die Deutschen finden diese Freundlichkeit im amerikanischen Alltag ja oft oberflächlich. Ich finde sie sehr angenehm. Ich mag es, wenn mich die Kassiererin im Supermarkt *Darling* nennt. Es hellt meinen Tag auf. Ich mag es, einen höflichen Sohn zu haben, der die Nachbarn grüßt. In diesem Moment aber verstehe ich, wie die Höflichkeit mich von ihm trennt. Er tarnt damit

256

seine Ungeduld und vielleicht auch seine Gefühle. Er will weiterspielen und auf keinen Fall will er vor seinem Freund Derek mit mir über die Türme reden, die wirklichen Türme und die Türme auf seinen Zeichnungen. Wenn er Ängste hat, möchte er sie bestimmt nicht jetzt loswerden. Er ist erst acht Jahre alt und kommt mir oft schon so groß vor.

»Es geht gut«, sage ich. Ich erzähle ihm von unserem Besuch bei Liz und von dem Busch, den Laura gepflanzt hat. Das freut ihn. Als ich ihm beschreibe, wie Terry vor Laura geflüchtet ist, lacht er.

»Wir sehen uns morgen«, sage ich.

»Ja, bye, Dad.«

Ich halte das Telefon in der Hand. Oben singt Anja Mascha das erste Schlaflied. Ich schaue auf das Telefon, es zerrt wieder, kein Vergleich zu heute Morgen, aber etwas zerrt da noch, ein leichtes Reporterzerren, womöglich ein Phantomschmerz. Aber ich glaube, es ist eher das Zeichen, dass die Dinge bleiben, wie sie sind. In diesem Moment spüre ich, dass ich irgendwann weiterrennen werde, aber es ist zu früh, das einzusehen. Ich wollte so oft still sein heute, und ich habe immer weitergeredet. Noch einen Satz. Und noch einen letzten. Okay, gut, das mache ich noch zu Ende. Ich nehme mir den Block und rufe die Menschen an, mit denen ich heute Mittag im Keller saß, um herauszufinden, wie es ihnen geht, weil ich nicht weiß, ob ich morgen noch die Kraft habe. Und weil ich nicht weiß, ob sie morgen noch mit mir reden werden. Noch hält uns der Tag zusammen.

Sammy Fontanecs Nummer auf dem Polizeirevier ist besetzt, David Liebman geht nicht ans Telefon. Aber Steve

Weiss, der junge Mann mit den asiatischen Gesichtszügen, ist da und aufgedreht wie vorhin. Er ist den ganzen Tag durch die Stadt gerannt, sagt er und schläft heute Nacht bei einem Freund in der Upper West Side. Er kann nicht nach Hause nach Staten Island zu seinem Vater. Er wird doch hier gebraucht. Er wolle helfen, sagt er. Im Hintergrund hört man Stimmen, Gepolter, Energie. Ich kann da nicht mehr mit, ich fühle mich schwach und alt. Steven Garrin, der Anwalt und Kafka-Liebhaber, war ein paar Stunden im Krankenhaus, sie haben ihn durchgecheckt, ihm Sauerstoff gegeben, er ist jetzt wieder zu Hause und soweit in Ordnung. Vier Stunden hat er für seinen Heimweg gebraucht, er ist ganz langsam gelaufen. Das Krankenhaus war beinahe leer, sagt er, die Krankenschwestern waren sehr nett. Er klingt ruhig, besonnen. Amy Lindsey meldet sich nicht. Eileen McGuire sitzt mit ihrem Mann im Wohnzimmer. Sie war um drei Uhr zu Hause und ist dann mit ihrem Mann in die Kirche gegangen. Den restlichen Nachmittag und ganzen Abend saßen sie am Telefon und haben versucht, Kollegen von Marsh & McLennan zu erreichen. 1700 Menschen arbeiten in ihrer Firma. Bis jetzt wissen sie, dass 60 überlebt haben, sagt Eileen.

Ich schreibe mir die Zahlen in den Block. 1700 und 60 steht da. Es sind die letzten Aufzeichnungen des Tages. Zwei Zahlen.

Die Teile des Hampelgeigers, den wir zusammenbasteln wollten, liegen immer noch auf dem Küchentisch verteilt, die Glocke ist auf die Erde gefallen, unser Kater schiebt sie mit seinen Tatzen vor sich her, als wäre sie eine Maus. Ich sammle den Rumpf und die Beine und die Arme, die Haken und die Glocke ein und packe sie zurück in die Tüte und gieße mir ein Glas Rotwein ein. Alex hat bereits eins in der Hand. Er sitzt vor dem Fernseher, da, wo ich einen großen Teil des Tages verbracht habe, und telefoniert. Erst denke ich, er redet mit Ferdinand, aber an seiner Haltung, der Art, wie er in den Hörer hineinlauscht, gierig, mehr zu erfahren, merke ich, dass er mit einem der Menschen redet, mit denen er im Keller saß.

Wahnsinn! Das hätte ich nicht gedacht. Ich meine, ich wusste ja, dass Alex nicht aufhört zu arbeiten, aber dass er gleich in den ersten Minuten nach seiner Rückkehr schon wieder recherchiert, das hätte ich wirklich nicht gedacht. Er ist mir ein bisschen fremd in diesem Augenblick. Gleichzeitig stachelt er meinen Ehrgeiz an, auch etwas zu machen, auch über diesen Tag zu schreiben. Nur was?

Als ich zu ihm ins Wohnzimmer gehe, verabschiedet er sich und ich rufe nochmal Ferdinand bei Debbie an. Ferdinand klingt wie immer, das beruhigt mich. Er hat mit Derek *James Bond* gesehen, jetzt gehen sie schlafen, morgen werde ich ihn von Debbie abholen. Die Schule fällt aus, hat Rudolph Giuliani, der Bürgermeister von New York, im Fernsehen gesagt.

Ich frage Alex, ob wir nochmal aufs Dach gehen wollen. Ich habe Lust, etwas zu tun. Ich war den ganzen Tag mit den Kindern zu Hause und habe auf Alex gewartet. Ich bin hellwach.

Alex rutscht zur Seite, damit ich mich zu ihm setze.

»Du willst aufs Dach?«, fragt er müde. »Jetzt?« Er legt seinen Arm um mich, das ist seine Antwort. Er ist den ganzen Tag rumgerannt und will fernsehen und runterkommen. Ich habe den ganzen Tag ferngesehen und will mich bewegen. Es ist, wie es immer ist. Wir sind zusammen, und wir sind allein.

Ich lege meinen Kopf auf seine Schulter.

»Schreibst du morgen?«, frage ich.

»Ich weiß nicht«, sagt Alex.

»Ich weiß nicht« heißt Ja. Und es heißt, dass ich morgen früh wieder dran bin.

Ich gehe in die Küche, gieße mir ein Glas Rotwein ein und mache den Fernseher an. Das Flugzeug, die Türme, die Wolke, die rennenden Menschen, die Bärte, die Experten, die Landkarten, eine Endlosschleife. Ich schaue auf den Bildschirm wie in ein Aquarium, er beruhigt mich. Nach einer Weile setzt sich Anja dazu. Sie würde gern nochmal aufs Dach gehen, sagt sie, aber ich kann nicht mehr. Ich war heute schon auf dem Dach. Sie fragt mich, mit wem ich telefoniert habe, und ich sage es ihr.

»Schreibst du morgen?«, fragt sie. Ich zucke mit den Schultern. Sie lächelt.

An einem normalen Tag würde sie jetzt sagen: »Ach, ich dachte, du wolltest aufhören mit dem Beruf.« Ich würde antworten, dass dies ja immer noch Teil der allerletzten Geschichte ist. Sie würde mich an meine guten Vorsätze aus der Vergangenheit erinnern. Aber dies ist kein normaler Tag, und so sitzen wir auf dem Fußboden vor dem klei-

nen Sony-Fernseher und schauen auf die Bilder, die wir
schon kennen. Wir lehnen aneinander, trinken Wein und
schweigen. All die Dinge, die ich Anja heute sagen wollte,
bleiben ungesagt, weil ich glaube, dass sie sie weiß. Vielleicht geht es den schweigenden Ehepaaren in den Res-
taurants, die wir normalerweise so bedauern, ganz genauso. Vielleicht spüren sie die Gespräche, die sie führen
könnten. Vielleicht müssen sie mir gar nicht leid tun.
Irgendwann gibt Anja mir einen Kuss, löst sich von meiner
Schulter, bringt ihr Glas in die Küche und geht zur Treppe.

»Ich steh morgen mit Mascha auf«, sagt sie.

»Ich komme gleich«, sage ich.

»Ja«, sagt sie.

Die Treppen knarren, die Badtür quietscht, die Wasser-
leitungen ächzen. Dann ist Stille, ich stelle den Fernseh-
ton aus, weil ich ihn nicht brauche. Es ist ganz ruhig, nur
der riesige amerikanische Kühlschrank pumpt.

In den ersten sechs Wochen, im Herbst 1999, lebte ich
mit dem Kühlschrank und dem kleinen Sony-Fernseher
ganz allein in dem großen Haus. Der Fernseher war die
erste größere Anschaffung, die ich in Amerika machte.
Ich habe ihn bei PC-Richards auf der Atlantic Avenue gekauft, hierhergeschleppt und angeschlossen. Er hat sofort
funktioniert und ein paar Abende lang habe ich nichts
vermisst. Der Fernseher und der Kühlschrank, meine beiden Kumpels, schienen alles zu sein, was ich brauchte.
Ich bin so gern allein, aber jetzt wäre es furchtbar.

Vor vier Tagen habe ich in Hamburg meinen ehemaligen Herausgeber Erich Böhme besucht. Böhme, der lange
Jahre Chefredakteur beim *Spiegel* gewesen war, kam Anfang der 90er Jahre zur *Berliner Zeitung*. Er war der erste

große Westjournalist, den ich kennenlernte, und er machte mich vom Lokalchef zum Reporter. Ich war 27 Jahre alt damals, vielleicht sah er irgendetwas in meinem Blick, vielleicht fand er den Lokalteil auch nur zu schwach. Er hat mich beobachtet und begleitet, und bevor ich zum *Spiegel* ging, habe ich mich mit ihm beraten. Er hat mir zugeraten. Ich traf Böhme vorige Woche zufällig in Berlin, und er lud mich spontan nach Hamburg ein. Wir gingen in ein kleines italienisches Kellerrestaurant, das ihn irgendwie an New York erinnerte. »Sie sind doch Ami«, sagte er und kicherte. Wir aßen Fisch, tranken zwei Flaschen Weißwein, jeder einen Grappa, und dann gingen wir noch zu ihm nach Hause, um einen guten Roten zu probieren. Er zeigte mir sein Haus in Altona, ein riesiges, wunderschönes Haus, mit beeindruckenden Möbeln und kostbaren Bildern an den Wänden. Aber es war leer, keine Geräusche. Zum Weintrinken gingen wir in den Keller, ein winziger Verschlag, mit flachen Decken, an den Wänden hingen Holzbretter, auf die mit Lötkolben lustige Sprüche gebrannt waren. Hier schien sich Erich Böhme wohlzufühlen. Wir tranken zwei Flaschen wunderbaren Rotwein und mein alter Herausgeber erzählte mir Geschichten aus seinem Leben. Es waren Geschichten voller Verluste, Sehnsüchte und einer großen Einsamkeit. Nachts um drei stolperte ich betrunken zu meinem Taxi, Böhme stand in der Tür, winkte. Ich hatte das Gefühl, ihn in dem großen, schönen Haus alleinzulassen.

Vier Tage ist das her und eine Ewigkeit. Wenn mir Erich Böhme einen Rat geben wollte, habe ich ihn verstanden. Ich wohne in einem Haus, das lebt. Ich sollte ein glücklicher Mensch sein.

Als ich im Bett liege, ist Alex immer noch unten vorm Fernseher. Ich nehme das Buch in die Hand, das auf dem Tisch neben mir liegt. Kafkas »Amerika«, eine alte Ausgabe von 1967, dem Jahr, in dem ich geboren wurde. Alex' Mutter hat es uns geschenkt, als sie aus der großen Wohnung in Prenzlauer Berg in eine kleine Wohnung in Berlin-Steglitz umgezogen ist, und ich habe es nicht im Container einlagern lassen, sondern mitgenommen nach New York, weil es gut hierher passte.

Es ist die Geschichte von Karl Roßmann, einem jungen Deutschen, der mit dem Schiff nach Amerika kommt, sich hier durchschlägt und versucht, Geld zu verdienen, Menschen kennenzulernen, dazuzugehören. Kafka hat die Geschichte vor fast hundert Jahren geschrieben, ohne jemals in Amerika gewesen zu sein. Und er hat sie nicht zu Ende geschrieben. Man erfährt nicht, ob er je angekommen ist, der junge Deutsche, ob er eine neue Heimat gefunden hat. Hinter dem letzten Kapitel hängen nur noch Fragmente, darunter eine Szene, in der eine Vermieterin namens Brunelda zu Karl sagt: »Du musst ein wenig flinker sein, wenn du willst, dass man mit dir zufrieden ist.«

Als ich es das erste Mal las, dachte ich, Brunelda sage das zu mir.

Die Buchstaben verschwimmen vor meinen Augen. Mir ist heiß, ich habe das Fenster zugelassen und die Klimaanlage nicht angeschaltet, wegen der Luft. Auch die Klimaanlagen unserer Nachbarn scheinen ausgeschaltet zu sein. Es ist still, denke ich, zu still für New York. Ich weiß noch, wie ich Stunden nach unserer

263

Ankunft aus Berlin in diesem Haus lag und in die Nacht lauschte, als könnten mir die Geräusche dort draußen etwas mitteilen über die Stadt, die ich nicht kannte, und über mein Leben hier, von dem ich keine Vorstellung hatte. Es war kein Brodeln, kein Stampfen, wie ich es mir vorgestellt hatte. Die Stadt rauschte, aber auch einzelne Geräusche waren ganz klar zu erkennen. Eine Sirene, eine Frauenstimme, das Bellen eines Hundes. Die Geräusche fehlen mir, selbst Mikes und Roxys nervendes Windspiel vermisse ich in diesem Moment.

Ich lege das Buch zur Seite, schalte meine Nachttischlampe aus, schließe die Augen und warte auf Alex.

Der Kater kommt, er will nochmal raus. Ich lasse ihn, er hüpft die Treppen nach unten in den Garten. Ich stehe auf der Terrasse und warte, dass er zurückkommt. Es ist immer noch warm, die Sterne über New York leuchten matt. Es ist so still ohne die Flugzeuge. Die Grillen zirpen wie auf dem Land. Ich sehe an unserer Backsteinwand nach oben. Im dritten Stock, im mittleren Fenster brennt noch Licht. Anja liest. Ich renne nicht mehr weg, denke ich. Ich lasse euch nicht allein. Ich bleibe hier bei dir.

Dann geht das Licht aus.

Was danach passierte

Nach dem 11. September sind wir fünf weitere Jahre in New York geblieben. Seit 2007 leben wir wieder in Berlin.

Alexander hat seinen Beruf nicht aufgegeben. In den folgenden Wochen schrieb er vor allem Geschichten aus New York, aber schon ab 2002 führten ihn seine Recherchereisen wieder aus der Stadt. Er fuhr unter anderem zum Krieg in den Irak, zu den Tsunamiopfern nach Thailand, zur Überschwemmung nach New Orleans. Und natürlich: zur Fußball-WM nach Korea und Japan. Er ist immer noch Reporter beim *Spiegel* und hat kürzlich seinen dritten Roman veröffentlicht. Im November 2002 ist er den New-York-Marathon gelaufen.

Anjas Dave-Eggers-Geschichte wurde am 13. September 2001 in der *Zeit* veröffentlicht.

Am 14. September erschien auf der Seite 3 der *Berliner Zeitung* eine Reportage von Anja über die Tage nach der Katastrophe. Sie erhielt in der nächsten Zeit viele Aufträge und wurde 2002 freie Auslandskorrespondentin der *Berliner Zeitung*. Heute leitet sie dort das Wochenendmagazin.

Mascha und Ferdinand, inzwischen 12 und 18 Jahre alt, gehen auf eine Internationale Schule in Berlin, sprechen untereinander Englisch, aber mit uns, ihren Eltern, Deutsch.

Die *Primaries*, die demokratischen Vorwahlen, wurden am 25. September 2001 wiederholt. Marty Markowitz wurde zum Bürgermeisterkandidaten der Demokraten gewählt und ist heute in dritter Amtszeit Bürgermeister von Brooklyn. Debbie hat ihren Job bekommen und sich von Walter scheiden lassen. Walter arbeitet immer noch als Dekorateur bei Macy's in Brooklyn.

Liz und John sind kurz nach dem 11. September zurück in die Carroll Street gezogen. Liz' Mutter zog zu ihrem neuen Freund Eli in die Vorstadt. Liz hat mitten in der Finanzkrise angefangen, als Immobilienmaklerin in Park Slope zu arbeiten. Sie hat bislang eine Wohnung verkauft. John hat die Telefonfirma seines Vaters übernommen. Solange wir in New York lebten, feierten wir jedes Jahr mit ihnen Thanksgiving. Als wir nach Berlin zurückkehrten, haben sie uns in ihr Sommerhaus in Kanada eingeladen. Wir haben seitdem fast jeden Sommer dort verbracht.

Debbie, Derek, Aviva, Richard, Teddy, Ari, Tinna, Paolo, Solveig, Theo, Liz, John, Jack und Elise haben uns in Berlin besucht.

Unsere Nachbarin Kate ist immer noch Kommissarin der Fernsehserie *Law & Order.* Terry hat verschiedene Theaterstücke am Broadway inszeniert und in sechs Episoden der Fernsehserie *The Mentalist* mitgespielt. Dann musste er sterben. Terry und Kate haben sich getrennt. Terry wohnt immer noch im verwunschenen blauen Haus in der Carroll Street. Kate ist nach Cobble Hill gezogen.

Kates Hunde Maggie und Frieda, Mikes Kater Pepper und Debbies krallenlose Katze sind verstorben, unser Kater Willi lebt mit uns Berlin.

Aus Tinna und Vincent ist leider nichts geworden. Tinna ist immer noch die bestangezogene Frau in Park Slope.

Barbara hat den 11. September überlebt, aber nicht ihre schwere Krebserkrankung. Sie starb im Frühjahr 2008 und wurde auf einem jüdischen Friedhof in Upstate New York beerdigt.

Unsere Nachbarin Phyllis Chesler hat zwei Jahre nach dem 11. September ihr Haus in der Carroll Street verkauft und ist in die Upper East Side gezogen. Ihre Abneigung gegenüber der arabischen Welt ist unvermindert groß. Sie gilt inzwischen als rechte Feministin und sieht sich selbst in der Nähe von Geert Wilders. Die *New York Times* lehnt es heute ab, ihre Bücher zu besprechen.

Aus der P.S. 321, Ferdinands Schule, sind am 11. September drei Väter gestorben, darunter Scott McBrian, der Vater von Chloe aus Ferdinands Klasse. In der Methodist

Church, der Kirche an der Carroll Street, Ecke 7th Avenue, veranstaltete Chloes Mutter einen öffentlichen Gedenkgottesdienst, hielt sich danach jedoch von jeglichen Erinnerungszeremonien fern. Sie engagierte sich weiter als Präsidentin des Elternkomitees der Schule, bevor sie zu ihrem Beruf als Lehrerin zurückkehrte. Sie unterrichtete Ferdinand und später auch Mascha im Fach Naturwissenschaften. Chloe beendet in diesem Sommer die Highschool und wird ab September aufs College gehen.

Liz Philipps ist immer noch Direktorin der P.S. 321. Wenige Tage nach dem 11. September wurde in ihrer Schule eine neue Regel eingeführt, die eine heftige Diskussion unter Eltern und Lehrern auslöste. Bis heute ist diese Debatte nicht beendet. Die Regel besagt, dass jeden Morgen zu Schulbeginn der Eid auf die amerikanische Fahne geschworen werden soll. Die Mehrzahl der Lehrer weigerte sich, den Eid zu sprechen, einige Eltern und Lehrer bestanden jedoch darauf. Als Kompromiss lässt die Direktorin den Eid durch Lautsprecher in die Klassenzimmer übertragen, einmal in der Woche.

Die Schülerlotsin, unser geliebter Pinguin, ist vor zwei Jahren an Krebs gestorben. Ihr Name war Ms. Watkins. Zu ihrer Beerdigung sind viele Eltern und ehemalige Schüler gekommen.

Sara Greenfield, Ferdinands ehemalige Lehrerin, unterrichtet noch an der P.S. 321. Kurz nach dem 11. September kaufte sie sich ein Haus im Viertel Sunset Park, wo sie heute mit ihrer Lebensgefährtin lebt.

Kerstin ist inzwischen Chefin des New Yorker *Spiegel*-Büros. Sabine ist immer noch Filmproduzentin und hilft aus, wenn beim *Spiegel* jemand fehlt. Das Büro ist aus dem Dach-Bungalow in der Fifth Avenue ausgezogen, weil das alte Gebäude abgerissen werden soll. Heute sitzen die Kollegen im 34. Stock eines Büroturmes in der 40. Straße.

Thomas und seine Familie verließen New York im Sommer 2002. Er arbeitete als Londoner Korrespondent des *Spiegel* und ist heute wieder Reporter in Berlin.

Fünf Jahre nach dem 11. September hat Alexander die Menschen, mit denen er im Keller des Temple Court Buildings hockte, besucht. Eileen McGuire lebte inzwischen zurückgezogen im Weingebiet von Long Island. Sie hatte über 50 Beerdigungen ehemaliger Kollegen von Marsh & McLennan besucht. Steve Weiss studierte immer noch und wollte immer noch die Welt verändern. David Liebman und Steve Garrin arbeiteten weiterhin als Informatiker und Rechtsanwalt. Sammy Fontanec hatte noch sechs Jahre bis zum Ende seines Polizeidienstes, dann will er mit seiner Familie nach North Carolina ziehen. Im Sommer 2006 trafen sich Eileen McGuire und ihr Mann, Steven Weiss, David Liebman, Steve Garrin und Alexander noch einmal im Keller in der Beekman Street für ein Erinnerungsfoto.

*Maschas letzter Schultag in New York. Die Schülerlotsin
Ms. Watkins verabschiedet sich.*

Den alten Nissan Pathfinder verkauften wir im Jahr 2003 für 1000 Dollar und kauften uns einen Volvo-Kombi, wie viele Eltern in Park Slope. Wir nahmen ihn mit nach Berlin-Prenzlauer Berg, wo Volvos auch sehr populär sind.

Die Langlaufskier von Anja sind wieder in Berlin, immer noch mit dem Klebeband zusammengehalten, das die Umzugsarbeiter 1999 darumwickelten. Die schwarzen »Männerboxen« verkauften wir kurz vor unserem Auszug bei einem *Stoop Sale* für 25 Dollar pro Stück an zwei junge Mexikaner.

Im Oktober 2006 flog noch einmal ein Flugzeug in ein New Yorker Hochhaus. Alexander war nur anderthalb Blocks vom Unfallort entfernt bei einem Arzt in der Upper East Side. Anja war mit den Kindern in Brooklyn. Als Alexander die Praxis verließ, sah er Menschen rennen, roch Rauch und hörte Sirenen. Wieder ging er dem Rauch entgegen. Doch diesmal war es wirklich nur ein Sportflugzeug. Er stand am Fuß des brennenden Hauses und fotografierte es mit seinem Handy.